Heinz Zahrnt
Jesus aus Nazareth

Heinz Zahrnt

JESUS
AUS NAZARETH

Ein Leben

Piper
München Zürich

ISBN 3-492-3121-8
© R. Piper GmbH & Co. KG, München 1987
Gesamtherstellung: Clausen & Bosse, Leck
Printed in Germany

»Seht, welch ein Mensch!«
Johannes 19,5

*»Laßt uns aufsehen zu Jesus, dem
Anfänger und Vollender des Glaubens!«*
Hebräer 12,2

Inhalt

Vorwort

Ursprünglich war es meine Absicht, ein »Leben Jesu« zu schreiben. Natürlich wußte ich als Theologe, daß dies aufgrund der vorhandenen Quellen nicht möglich ist. Aber der Schriftsteller überrannte gleichsam den Theologen in mir und redete ihm ein, es trotzdem zu versuchen. Nun, ich habe es versucht und bin gescheitert – es geht wirklich nicht. Nachdem der Theologe in mir wieder die Oberhand gewonnen hatte, nahm er seinerseits den Schriftsteller in Dienst. Daraufhin bin ich zunächst noch einmal nach Israel gereist. Dort erging es mir wieder so wie bei meinem ersten Besuch: In Bethlehem und Jerusalem, an den Geburts- und Todesgedenkstätten Jesu, herrschte eine drangvoll enge, teils liturgisch würdige, teils drastisch abergläubische Verehrung der himmlischen Herrlichkeit Jesu. Ich war enttäuscht. Was ich hier sah und erlebte, war nicht »mein Jesus«.

Anders dagegen in Galiläa, am See Genezareth und in den Bergen ringsumher: Hier ist er gewandelt, den Weg dort unten ist er entlanggegangen, in dem Dorf da drüben hat er einen Kranken geheilt, dort am See hat er gepredigt und ist dann in einem Boot hinüber ans andere Ufer gefahren, und vielleicht hat er sogar an der Stelle, an der ich hier sitze, auch einmal gesessen und sich ausgeruht.

In dieser Landschaft ist mir neu aufgegangen: Von Jesus aus Nazareth muß man erzählen – um seinetwillen, weil er ein leibhaftiger Mensch war, und um der Zeitgenossen willen, damit sie ihn gleichfalls leibhaftig sehen. Dazu aber muß man »unten« einsetzen, auf der Erde, nicht im Himmel, in Raum und Zeit, nicht in der Ewigkeit, bei Jesu Geschick, bei seinen Worten und Taten, bei seinem Glauben, Verkündigen und Verhalten, bei seinem Leiden, Sterben und Auferstehen.

Und so ist dieses Buch entstanden: kein »Leben Jesu« im Sinne eines Lebenslaufes, wohl aber ein Bild seines Lebens, geformt aus den verschiedenen Aspekten seiner Erscheinung und so lebendig und anschaulich erzählt, wie Stoff und Autor es hergaben.

Solche »Christologie von unten« ist nicht mit einem primitiven »Jesuanismus« gleichzusetzen. Sie präsentiert nicht einen Jesus ohne Gott, unter Ausschluß jeglicher Transzendenz; sie leitet seine ewige Bedeutung nur nicht abstrakt aus einer angestammten, vorweg anzuerkennenden göttlichen Natur ab, sondern erschließt sie konkret aus seinem Glauben an Gott und einer entsprechenden Praxis der Mitmenschlichkeit. Gottesbeziehung und Lebenspraxis, Verkündigen und Verhalten durchdringen sich gegenseitig.

Es ist eine Illusion zu meinen, man könne von Jesus reden und dabei den Namen Gottes verschweigen. Die gesamte neutestamentliche Überlieferung ist von der Überzeugung bestimmt, daß Jesus im Namen Gottes geredet hat; mehr noch, daß der Sinn seiner Sendung einzig darin bestand, Gott zur Sprache zu bringen und Menschen zum Glauben zu ermutigen. In keiner anderen Religion wird das Verhältnis des Menschen zu Gott so einseitig als »Glaube« definiert und der Glaube wiederum so radikal als Vertrauen identifiziert wie im Christentum. Jesus und Glaube gehören im Neuen Testament so unmittelbar zusammen, daß das Kommen Jesu mit

dem »Kommen des Glaubens« gleichgesetzt werden kann
und Jesus deshalb der »Anfänger und Vollender des Glaubens« genannt wird. Auch was Jesus über den Menschen und
die Welt sagt, empfängt seine Geltung allein als Auslegung
seines Glaubens an Gott.

Nun kann man natürlich Jesu Glauben, seine ihm eigen-
tümliche Gottesbeziehung, als Illusion abtun. Nur ist dann
das, was er über den Menschen sagt, auch eine Illusion. Dann
wird seine Verheißung der endgültigen Befreiung des Menschen zum vollen, wahren Menschsein grundlos und seine
eigene Lebenspraxis der Mitmenschlichkeit ziellos. Was
übrigbleibt, ist zwar immer noch ein respektabler Humanis-
mus – jedoch, wie aller Idealismus, eine Leistung und Anstrengung des Menschen ohne Aussicht auf Erfüllung und
ohne Hoffnung im Scheitern. Warum aber dann als Anstifter
und Vorbild ausgerechnet dieser ferne Fremde vom See Genezareth?

Ich kann den Leser nur bitten, sich bei der Lektüre des Buches zunächst einfach auf die Vokabel »Gott« einzulassen.
Am Ende wird sich zeigen, ob die von Jesus erfahrene Lebenswirklichkeit, die er »Gott« nennt, für den Leser verständlich geworden ist oder womöglich gar sein Einver-
ständnis gewonnen hat. Es könnte ja sein, daß die Begegnung
mit Jesus im Horizont heutigen Fragens und Suchens nach
Gott so wie einst in einem Menschen Glauben erweckt und er
sich in die von Jesus entfachte Glaubensbewegung wie in ein
Kraftfeld hineinziehen läßt. Dies freilich steht in keines Au-
tors Macht mehr.

Das gibt es ja auch sonst, daß uns aus der Geschichte Leit-
bilder und Lebenshilfen zukommen; daß ein Ereignis, das unabhängig von uns oder längst vor uns eingetreten ist und zu
seiner Zeit die Situation verändert hat, wenn die Nachricht

davon zu uns gelangt, in unserer Zeit neu zum Ereignis wird und unsere Situation gleichfalls entsprechend verändert. In diesem Sinne möchte das Buch als »memoria Jesu« verstanden werden und durch solche Erinnerung eine Einladung zur erneuten Begegnung mit ihm sein.

Der sachgemäße Zugang zur geschichtlichen Überlieferung von Jesus besteht in der Aneignung ihrer Wahrheit durch Sehen und Hören im kritischen Umgang mit den Quellen. Sehen bedeutet nicht Phantasie, sondern Intuition und Hören nicht Hörigkeit, sondern Dialog. Aus den Quellen erwächst uns durch lebendige Anschauung ein Lebensbild Jesu, so daß wir unsererseits »im Bilde« sind und uns im eigenen Leben daran orientieren können.

Wie alle Geschichte redet auch Jesu Geschick nur zu dem, der sich selber einbringt. Wer nicht fragt, dem hat Jesus nichts zu sagen, und wer sich nicht beteiligt, dem teilt er sich nicht mit. Seine Gestalt und Botschaft erschließen sich nur im Dialog und in der Nachfolge seines Wandels. Wo immer dies geschieht, dort wird Jesus zum »ewigen Zeitgenossen«.

Es gibt kein persönlicheres Unternehmen, als ein Jesus-Buch zu schreiben. Denn niemand kann von Jesus erzählen, ohne dabei unausgesprochen von sich selbst zu sprechen. Darum verrät jedes Jesus-Bild auch etwas über seinen Autor. Von mir muß ich gestehen, daß mir über dem Schreiben des Buches Jesus aus einem Herrn zum Freund geworden ist, der mich jedoch alsbald von sich weiter an Gott verweist. Während auf Michelangelos Bild von der Erschaffung des Menschen zwischen dem Finger Gottes und dem des Adam ein Abstand bleibt, hat Gottes Finger den Finger Jesu berührt – das ist »meine Christologie«.

Heinz Zahrnt

ZWISCHEN DEN ZEITEN

Umwelt

»Als die Zeit erfüllt war, sandte Gott
seinen Sohn, geboren von einer Frau
und unter das Gesetz getan, damit er
die, die unter dem Gesetz waren, er-
löste.«*

»Als die Zeit erfüllt war« – was der Apostel Paulus heilsge-
schichtlich verstanden hat, das kann der Historiker auch
weltgeschichtlich bezeugen: Der geschichtliche Moment war
günstig für den Eintritt des Christentums in die Welt, das
Ohr der Zeitgenossen für die göttliche Erlösungsbotschaft
empfänglich.
Politisch lebte die Welt unter dem Gesetz der römischen
Ordnungsmacht.
Als Jesus in Palästina geboren wurde, war Augustus Kaiser
in Rom. Er war allseits als »Retter« begrüßt und die Nachricht von seinem Regierungsantritt als »Evangelium« verkündet worden; sein Geburtstag wurde als die Geburtsstunde
eines Gottes gefeiert. Es bestand Grund zu solcher religiösen
Verklärung. Die Herrschaft des Augustus brachte das Ende
einer langen Geschichte von Blut und Tränen, des fast hun-

---

* Die zitierten Bibelstellen werden am Schluß des Buches, nach Seiten
gegliedert, nachgewiesen.

dertjährigen römischen Bürgerkrieges mit seinen Schrecken und Leiden, mit Willkürherrschaft und Anarchie. Mit dem Sieg in der Seeschlacht bei Actium (31 vor Christus) hatte Octavian – so der ursprüngliche Name des Kaisers – seinen Rivalen Antonius ausgeschaltet; er hatte damit seine Alleinherrschaft über das Römische Reich begründet und dieses zugleich vor der Umwandlung in ein hellenistisch-orientalisches Sultanat bewahrt. Endlich war der ersehnte Friede eingezogen!

Der Kaiser hatte sich den Beinamen Augustus, der »Erhabene«, zugelegt, wie sonst nur die Götter benannt wurden. Wer wollte ihm dies verwehren, wer den Augustus nicht verehren? Ein göttlicher Kaiser – ein kaiserlicher Gott! Eine neue Weltzeit schien angebrochen zu sein. In seiner berühmten Vierten Ekloge beschreibt der römische Dichter Vergil das künftige Friedensreich als ein Goldenes Zeitalter und preist die Geburt des göttlichen Kindes, das es heraufführen soll: »Nun kommt die Jungfrau wieder, mit ihr die Herrschaft Saturns, nun steigt ein neues Geschlecht vom hohen Himmel herab. Das Kind, dessen Herrschaft das Eiserne Zeitalter enden wird und das Goldene der Welt bringt.... Siehe, wie die Welt auf ihrer unerschütterlichen Achse schwankt, wie die Erde, die Meere in ihrer unendlichen Weite, der Himmel und sein tiefes Gewölbe, wie die ganze Natur erzittert vor der Hoffnung der kommenden Zeiten.«

Auch wenn der im Römischen Reich waltende Friede nicht der ersehnte ewige Friede war, friedlicher als sonst ging es unter Augustus zu. Von Spanien im Westen bis Mesopotamien im Osten und wiederum von Britannien im Norden bis Äthiopien im Süden herrschte die Pax Romana – der mit der Gewalt des Schwertes und der Macht des Rechts hergestellte und aufrechterhaltene römische Friede. Augustus konnte in

dem von ihm vor seinem Tode verfaßten Rechenschaftsbe-
richt über seine Regierung darauf hinweisen, daß er das
Janustor, welches nur geschlossen wurde, wenn im ganzen
Reich Friede herrschte, während seines Prinzipats dreimal
schließen lassen konnte, während es vorher, seit der Gründung Roms, insgesamt nur zweimal verschlossen war.

Die Klammer des Römischen Weltreichs bildeten Heer,
Verwaltung, Wirtschaft und Verkehr, dazu als gemeinsame
Umgangssprache eine vereinfachte Form des klassischen
Griechisch, die sogenannte »Koine«. Sichere Straßen und ge-
schützte Seewege verbanden die entfernten Städte und Provinzen untereinander. Auf ihnen konnte jedermann frei und
unbehelligt reisen, ob marschieren, wandern, fahren oder se-
geln – Soldaten, Kaufleute, Beamte, wandernde Lehrer, Le-
gionäre wie Missionare.

Die äußere Klammer durch die staatliche Macht genügte
jedoch nicht, um die vielfältigen Völkerschaften und Rassen
des Weltreichs zusammenzuhalten. Dazu bedurfte es auch
eines inneren Bandes. Augustus versuchte deshalb, zunächst
in Rom von oben her, durch Gesetze und Erlasse sowie durch
eigenes Beispiel, die altväterliche Religion wiederherzustel-
len – zugleich als ein Bollwerk gegen Luxus und wachsenden
Sittenverfall. Doch die Restauration mißlang. Die vorhan-
dene religiöse Substanz reichte dazu nicht mehr aus. Durch
staatliche Repräsentation allein läßt sich keine neue göttliche
Präsenz erzwingen. Kraftlos waren die Gläubigen geworden
und ihre Götter daher machtlos.

Erfolgreich war dagegen der neuaufkommende Kaiserkult. Von Augustus geduldet und maßvoll begünstigt, wurde
er mehr und mehr zur Staatsreligion, die alle Bürger des Römischen Reiches umschloß, und bildete so die religiöse
Stütze des neuen Regierungssystems. Wer dem Kaiser op-

ferte, bewies damit seine Loyalität, und die Bevölkerung tat
dies, zumal im Osten des Reiches, gern – aus Dankbarkeit für
die kaiserlichen Segnungen, aber auch aus religiösem Bedürf-
nis. Denn die Anbetung des Kaisers kam dem natürlichen
Verlangen der Menschen nach Sehen und Sichtbarkeit entgegen. Während die himmlischen Götter unsichtbar blieben
und irgendwo weit weg in der Höhe im Verborgenen wohnten, vielleicht auch gar nicht, war der Kaiser sichtbar, gleichsam ein Gott zum Anfassen: »Heil dir! Die anderen Götter
sind ja weit entfernt und haben keine Ohren und existieren
nicht oder fragen nicht nach uns. Dich aber sehen wir leibhaftig gegenwärtig, nicht hölzern und nicht steinern, sondern
wahrhaftig seiend. Darum beten wir zu dir.«

Nur die Juden, denen ihre streng monotheistische, bildlose
Religion jede Anbetung eines Götterbildes verbot, waren
vom Kaiserkult dispensiert; dafür brachten sie für den Kaiser
im Tempel zu Jerusalem ihrem Gott täglich ein Opfer dar.

Am östlichen Rand des Römischen Weltreichs lag, klein und
bedeutungslos, das Land Palästina, die Heimstatt des jüdischen Volkes. Auch über ihm stand gebietend das politische
Gesetz Roms, aber es wurde überboten von dem Gesetz Gottes, wie es durch Mose offenbart war.

Das Judentum stellte innerhalb der antiken Religionswelt
eine eigene, in sich geschlossene und nach außen abgeschlos-
sene Welt dar. Die Juden selbst empfanden sich als Fremdlinge unter den Völkern; diese wiederum spürten ihrerseits
die Fremdheit der Juden und liebten sie deshalb nicht, ja verfolgten sie bisweilen sogar, auch schon vor Christi Geburt.

Was die Juden zutiefst von den anderen Völkern und ihren
Göttern unterschied und ihnen eine Ausnahmestellung ver-

lieh, war ihr exklusiver Gottesglaube. »Gott ist Einer« – dies war das Grunddogma der jüdischen Religion und der Lebensatem ihrer Frömmigkeit. Mindestens zweimal an jedem Tag, morgens und abends, betete der fromme Jude das Schema, das mit den Worten beginnt: »Höre, Israel, der Herr, unser Gott, ist *Einer*. Und du sollst den Herrn, deinen Gott, lieben von ganzem Herzen, von ganzer Seele und mit aller deiner Kraft« – und das mit der Zusage schließt: »Ich bin der Herr, euer Gott, der ich euch hinausgeführt habe aus Ägyptenland, um euer Gott zu sein . . .«

Kult, Gesetz, Theologie, Moral und Recht – alles bedeutete nur die Entfaltung des Bekenntnisses Israels zu dem Einen Gott. Dieser gebieterische Monotheismus war es, der der jüdischen Religion ebenso ihre strenge Einheit wie ihre großartige Geschlossenheit, aber auch ihre unduldsame Ausschließlichkeit verlieh.

Der Eine Gott – Jahwe ist sein Name, aber um seiner Heiligkeit willen darf der Name nicht genannt werden – hat unter allen Völkern der Erde das Volk Israel erwählt und mit ihm einen ewigen Bund geschlossen, damit es seinen Namen in der Welt bekannt mache. Damit war das jüdische Volk aus der übrigen Völkerwelt ausgegrenzt und in die Pflicht genommen: »Ihr sollt mein heiliges Volk sein!« Allein in der Erfüllung dieses mit der Erwählung gegebenen göttlichen Anspruchs hatte Israel seine Identität als Volk. Aus der Idee des heiligen Volkes, dessen König Gott selber ist, ergab sich als staatliche Verfassung die Theokratie: Nicht das Volk ist der Souverän – alle Staatsgewalt geht von Gott aus. Daher gab es auch keine Unterscheidung zwischen geistlichem und weltlichem Recht; Gottesgemeinde und Bürgergemeinde fielen zusammen.

Die Wirklichkeit sah indes ganz anders aus. Da war von der Königsherrschaft Gottes wenig zu sehen.

Seit dem babylonischen Exil besaß das jüdische Volk, von kurzen Unterbrechungen abgesehen, keine eigene staatliche Existenz mehr, sondern stand unter fremder Herrschaft. Und die fremden Herren wechselten rasch. Auf die Babylonier folgten die Perser, auf die Perser die Griechen, zunächst die makedonischen Statthalter Alexanders des Großen, sodann dessen Nachfolger, die Diadochen, anfangs die ägyptischen Ptolemäer, später die syrischen Seleukiden. Als der Seleukide Antiochus IV. mit brutaler Gewalt die Hellenisierung des Landes betrieb, den Tempel in Jerusalem entweihte, heidnische Standbilder aufstellen ließ und den Juden die Ausübung ihrer Religion beschnitt, entfesselte er damit den Freiheitskampf der Makkabäer. Noch einmal gewann das jüdische Volk für fast hundert Jahre seine politische Selbständigkeit zurück.

Dann aber traten die Römer auf den Plan. Von den rivalisierenden Parteien ins Land gerufen, zog Pompejus im Jahre 63 vor Christus in Jerusalem ein. Palästina wurde römisches Protektorat. Die Römer wurden von den Juden nicht nur als Besatzer nicht geliebt, sondern als Gottlose und Heiden verabscheut. Das steigerte die politische Feindschaft zum religiösen Haß.

Durch offiziellen Beschluß des römischen Senats zum König der Juden ernannt, regierte Herodes, mit dem Beinamen »der Große«, über dreißig Jahre das Land (37 bis 4 vor Christus). Er tat es geschickt und erfolgreich, aber auch verschlagen, rücksichtslos und grausam, Wohltäter und Mörder in einer Person. Nach außen stützte er sich auf die Macht der Römer; nach innen suchte er einen Ausgleich zwischen der jüdischen Religion und der hellenistischen Kultur. Doch we-

gen seiner idumäischen Abstammung galt er als Fremdling
und vermochte deshalb trotz vieler Bemühungen nie die
Gunst seiner Untertanen zu gewinnen. Die sichtbarsten Zeichen seiner gewalttätigen Herrschaft waren seine großarti-
gen Bauten, vor allem der Tempel von Jerusalem und unmittelbar daneben die Burg Antonia, am Mittelmeer die Stadt
Cäsarea mit einem künstlichen Hafen und, hoch über dem
Westufer des Toten Meers gelegen, die unzugängliche Fe-
stung Masada. Nach dem Tod des Herodes wurde seine
Herrschaft über Palästina unter seine Söhne und Enkel aufge-
teilt.

Schließlich wurden die Landesteile Judäa, Samaria und
Idumäa in eine römische Provinz umgewandelt, verwaltet
von einem Prokurator, der wiederum dem Legaten in Syrien
unterstand. Über die übrigen Gebiete herrschten von Rom
abhängige Vasallenfürsten. Herr über Galiläa und Peräa und
damit Jesu Landesherr war der »Tetrarch« (Vierfürst) Herodes Antipas (4 vor bis 39 nach Christus). Er baute sich am See
Genezareth seine Residenz und nannte sie nach dem römischen Kaiser Tiberias. Römischer Statthalter von Judäa und
Samarien war zur Zeit des Wirkens Jesu Pontius Pilatus (26
bis 36 nach Christus). Er residierte in Cäsarea am Meer und
kam, begleitet von einem Truppenkontingent, nur zu den
großen religiösen Festen nach Jerusalem hinauf, um dort in
den unruhigen Tagen für Ruhe und Ordnung zu sorgen. Pilatus galt als ein harter und rücksichtsloser Regent, der sich mit
dem Regieren nicht viel Mühe gab, alles in allem kein Böse-
wicht, aber ein Schwächling. Als die Beschwerden gegen ihn
überhand nahmen, wurde er seines Postens enthoben und
nach Gallien verbannt.

Insgesamt waren die Jahrhunderte nach dem babylonischen Exil eine Zeit politischer Unruhe mit ständigen Auf-

stiegen und Niedergängen. Aber durch allen Wechsel hindurch bewahrte das jüdische Volk seine unverwechselbare Identität. Die irdischen Herren kamen und gingen, aber Israels Herr blieb. Er galt als der Herr aller Völker und ihrer Geschichte, insbesondere aber als der Herr des Volkes Israel und Israel daher als sein Eigentum.

Es war ein bescheidenes Eigentum. Palästina war ein unbedeutendes Land, nicht nur politisch unfrei, sondern auch geographisch abgelegen, territorial klein und wirtschaftlich schwach.

Nur eine Woche brauchte man, um das ganze Land, von Dan bis Beerseba, zu Fuß zu durchmessen, zwei Tage, um von Nazareth nach Jerusalem, einen knappen Tag, um von Jerusalem nach Jericho zu wandern.

Der geographischen Randlage und territorialen Kleinheit entsprach die wirtschaftliche Schwäche, und diese wiederum erzeugte soziale Spannungen. Wohl gab es Großgrundbesitzer, die ihren Boden verpachteten, auch Geschäftsleute und Bankiers, insgesamt aber spielten sich Handel und Landwirtschaft in kleinem Rahmen ab. Die Kaufleute waren eher Krämer und die Bauern meistens arme Leute. Was fehlte, war ein gesunder Mittelstand. Daher herrschte ein schroffer Gegensatz zwischen arm und reich. Groß war die Zahl derer, die ihr Leben nur mühselig fristeten und sich an der unteren Kante der Gesellschaft bewegten: Tagelöhner, Arbeitslose, Sklaven, Bettler, Diebe, Räuber, Aussätzige. Und wie in der Politik spielte auch hier die Religion mit hinein und steigerte den sozialen Gegensatz zum religiösen Haß. Weil die »Armen« vor lauter Arbeit das Gesetz Gottes nicht studieren und befolgen konnten, wurden sie verachtet.

Trotz allem – trotz der geographischen Randlage, der territorialen Kleinheit, der politischen Abhängigkeit und wirtschaftlichen Schwäche – wohnte dem jüdischen Volk eine einzigartige Lebenskraft inne. Diese Kraft wuchs ihm aus seiner Religion zu.

Die jüdische Religion ruhte auf zwei Pfeilern: auf dem Gesetz und dem Tempel.

Das Gesetz bildete die Grundlage des gesamten Lebens – von der Geburt bis zum Tod, vom frühen Morgen bis zum späten Abend und noch bis in die Nacht hinein: »Es ist dir gesagt, Mensch, was gut ist, und was Gott von dir fordert.« Gesagt war es dem jüdischen Volk in der Bibel, vorrangig in den fünf Büchern Mose, dem Pentateuch – sie bildeten das Fundament der Thora. Der fromme Jude war stolz auf das Gesetz. Er empfand es nicht als eine Last, sondern als eine Gabe; denn es verhieß den Weg durch das Gericht hindurch zum Heil. Darum hatte er »Lust zum Gesetz und sann über es nach Tag und Nacht«, und darum gab es in Israel eigentlich auch nur ein einziges Buch, die Bibel, und entsprechend nur eine Wissenschaft, die Auslegung des Bibelbuches.

Sämtliche Lebensvorgänge waren durch das Gesetz peinlich genau geregelt: Alltag und Feiertag, Arbeit und Ruhe, Beten und Fasten, Almosengeben und Nächstenhilfe, Tempelkult und Verzehntung, Essen und Trinken, Kochen und Schlachten, Gesundheit und Krankheit, Ehe und Ehescheidung, Empfängnis, Geburt und Begräbnis. Alles war eingefaßt in Religion – alles war Religion. Darum standen auch alle im Gesetz enthaltenen Vorschriften – ethische, juristische, kultische und rituelle – gleichrangig nebeneinander. Weil Gott alle Gebote erlassen hat, müssen alle in gleicher Weise befolgt werden. Da gibt es kein Fragen und kein Unterscheiden: »Bei eurem Leben, nicht der Tote macht unrein,

und nicht das Wasser macht rein, aber es ist eine Verordnung
des Königs aller Könige. Gott hat gesagt: ›Eine Satzung habe
ich festgesetzt, eine Verordnung habe ich verordnet; kein
Mensch ist berechtigt, meine Verordnung zu übertreten;
denn es heißt: Dies ist die Satzung der Thora, die der Herr
geboten hat.‹«

Auf den Gehorsam also kam es im Glauben an, auf den
Gehorsam vor allem. Freilich war es weithin nur ein formaler
Gehorsam, der zwar streng auf die äußere Erfüllung der Ge-
bote achtete, der aber nicht den ganzen Menschen umfaßte.
Dahinter stand ebenso aufrichtige Ehrfurcht vor Gottes heili-
gem Willen wie bange Furcht vor seinem Gericht.

Aber gerade wenn das von Gott erlassene Gesetz buchstabengetreu erfüllt werden sollte, bedurfte es der immer neuen
Auslegung. Um die Erfüllung der Gebote Gottes auf jeden
Fall zu sichern, machte man einen »Zaun um das Gesetz«:
Gleichrangig neben die in der Bibel schriftlich niedergelegte
Thora trat die mündlich überlieferte und drohte die biblische
zu überwuchern. Diese vielfältige, sich immer weiter aus-
breitende Gesetzestradition ist später in der Mischna gesammelt und geordnet worden, und aus ihr ist schließlich, verbunden mit anderen im Umlauf befindlichen Erzählungs-
und Auslegungsstoffen, der Talmud erwachsen. Zur Zeit
Jesu gab es 613 Einzelsatzungen, und zwar 248 Gebote und
365 Verbote. Das Übergewicht der Verbote verrät, daß es
mehr um die Vermeidung des Bösen als um die Verwirklichung des Guten ging.

Die Auseinandersetzung darüber, was im täglichen Leben
geboten und verboten, was gerade noch erlaubt und was
nicht mehr erlaubt war, verführte zu einer gefährlichen Kasuistik und ging bisweilen ins Kleinliche, ja ins Groteske und
Absurde.

Eine besondere Rolle spielte in der Gesetzeskasuistik die Heiligung des Sabbats. Der Sabbat galt als ein »Zeichen zwischen Gott und seinem Volk« und darum als ein Tag der Wonne. Wer das Gesetz der Sabbatheiligung brach, verzögerte das Kommen des Messias um weitere sieben Jahre; hielte dagegen das jüdische Volk ein oder zwei Sabbate streng das Gesetz, so würde es sogleich erlöst werden. Darum waren die Definitionen und Distinktionen hier auch besonders übertrieben. Es gab eine Liste von 39 Arbeiten, die am Sabbat zu verrichten verboten war. Das reichte vom Pflügen und Säen bis zum Ernten und Dreschen, vom Mahlen und Sieben bis zum Kneten und Backen, vom Jagen und Schlachten bis zum Enthäuten und Einsalzen, vom Tragen eines Gegenstandes über das Binden und Lösen eines Knotens bis zum Nähen von zwei Stichen und zum Schreiben von zwei Buchstaben. Aber die bloße Aufzählung genügte noch nicht; sie bedurfte wiederum der Ergänzung durch genauere Ausführungsbestimmungen: Zwar war es verboten, am Sabbat ein Tier zu schlachten – aber durfte man einen Floh töten? Die strengen Gesetzesausleger verboten es, die liberalen hingegen erlaubten, dem Floh die Beine abzuschneiden. Oder: man durfte eine Lampe löschen, wenn man es aus Vorsicht vor Nichtjuden, Räubern oder einem bösen Geist oder auch aus Rücksicht auf einen Kranken tat, nicht aber, um die Lampe zu schonen und das Öl zu sparen, denn durch den verglimmenden Docht stellte man Kohle her, und das bedeutete wieder die Verrichtung einer Arbeit. Und wenn es verboten ist, am Sabbat Lasten zu befördern, darf man dann einen eingesetzten Zahn tragen?

Natürlich waren viele dieser Unterscheidungskünste nur geistreiche Spielereien, aber sie verrieten doch einen geistlosen Formalismus. Damit hatte der Sabbat weithin aufgehört, ein Tag der Wonne zu sein, und die Erfüllung des Gesetzes insgesamt wurde aus einer Lust zu einer Last, zu einem drükkenden Joch.

Die Aufgabe, das Alte Testament für die jeweilige Situation auszulegen und so die mündliche Überlieferung fortzuführen, lag in der Hand der Schriftgelehrten und verlieh ihrem Stande seine große Macht. Sie waren die Gesetzeskundigen, Theologen und Juristen in einer Person, und weil das Gesetz die Mitte der jüdischen Religion und Frömmigkeit bildete und an seiner Erfüllung Wohl und Wehe des Volkes hing, waren sie, die Fachleute für Religion und Techniker der Frömmigkeit, die eigentlichen Führer des Volkes, mächtiger und angesehener als die Priester und Politiker. Da sie ihren Lebensunterhalt meist als Handwerker verdienten, waren sie auch unabhängiger. Um Schriftgelehrter zu werden, mußte man bei einem möglichst angesehenen Rabbi in die Lehre gehen und unter seiner Anleitung sich die zahllosen Auslegungen des mosaischen Gesetzes durch möglichst wortgetreues Memorieren einprägen: »Rabbi X. hat gesagt...« Hielt der Lehrer die Ausbildung seines Schülers endlich für abgeschlossen, dann ordinierte er ihn unter Handauflegung zum Schriftgelehrten. Damit war dieser hineingestellt in die Traditionskette, die bis auf Mose zurückreichte. Fortan zählte er zu den »Meistern in Israel«. Er durfte das lange Gelehrtengewand tragen und sich mit »Rabbi« anreden lassen.

Wer das Gesetz Gottes besonders streng befolgen wollte, trat der Genossenschaft der Pharisäer bei – aber nicht alle Schriftgelehrten waren Pharisäer wie auch nicht alle Pharisäer Schriftgelehrte. Der Name charakterisiert den frommen Eifer der Gemeinschaft. Ihre Mitglieder hießen »Getrennte«, »Separatisten«, weil sie das wahre Israel, die heilige Gemeinde Gottes, zu verkörpern trachteten und sich deshalb gegen alles Unreine und Heidnische streng abgrenzten. Obwohl eine Laienbewegung, erfüllten die Pharisäer in ihrem alltäglichen Leben auch jene Reinheitsvorschriften, die im Alten Testament für die Priester galten. Darüber hinaus vollbrachten sie fromme Sonderleistungen, fasteten zweimal in der Woche, verteilten Almosen und verzehnteten alles gewissenhaft.

So bildeten die Pharisäer die Elite des auserwählten Volkes, gewissermaßen eine Elite innerhalb der Elite. Doch wie so oft drohte auch hier die Demut vor Gott in Hochmut gegen die Menschen umzuschlagen. Voller Stolz konnte der Pharisäer beten:»Ich danke dir, Herr, mein Gott, daß du mir mein Teil gabst bei denen, die im Lehrhaus sitzen, und nicht bei denen, die an den Straßenecken sitzen...«

Der zweite Pfeiler, auf dem die jüdische Religion ruhte, war neben dem Gesetz der Tempel, wobei das Studium des Gesetzes freilich den höheren Rang einnahm und den Tempelkult zu überflügeln begann. Trotzdem blieb der Tempel bis zu seiner Zerstörung im Jahre 70 nach Christus der religiöse Mittelpunkt der ganzen in der Welt zerstreuten Judenschaft und Jerusalem damit zugleich die ideelle Hauptstadt. Im Schicksal des Tempels spiegelte sich die Geschichte Israels wider. Vor tausend Jahren von König Salomo erbaut, von Nebukadnezar zerstört, nach der Rückkehr der Juden aus der babylonischen Gefangenschaft wiedererrichtet und von Herodes dem Großen schließlich prachtvoll erneuert, galt der Tempel zu Jerusalem als das herrlichste Heiligtum der Welt. Zur Zeit Jesu waren die Bauarbeiten noch im Gange. Erst im Jahre 64 nach Christus, nach insgesamt 80jähriger Bautätigkeit, war der neue Tempel endlich vollendet – um schon sechs Jahre später von den Römern endgültig zerstört zu werden.

Der Tempel galt als die Wohnstatt Gottes. Zu ihm wall-
fahrteten die frommen Juden an den Hauptfesten, nicht nur
aus Palästina, sondern aus der ganzen Ökumene. Er war nicht
nur eine Stätte des Opfers und des Gebets, sondern zugleich
öffentlicher Marktplatz, Schatzkammer, Bank und Verwal-
tungszentrum. Entsprechend weiträumig war die Anlage:
183 Meter in der Breite und 412 Meter in der Länge; die Zahl
derer, die in den weitläufigen Gebäuden Dienst taten, soll
weit in die Tausende gegangen sein. Alles in allem war es ein
»jüdischer Vatikan«.

Der Opferdienst am Altar oblag der Priesterschaft, die
streng hierarchisch gegliedert war. An ihrer Spitze stand der
aus den Reihen der höheren Priester gewählte Hohepriester.
Er hatte das höchste Amt inne, das in Israel zu vergeben war,
und genoß eine entsprechende, fast »päpstliche« Autorität.
Neben seinem Amt als Oberhaupt des Priesterkollegiums
führte er den Vorsitz im Hohen Rat.

Der Hohe Rat bildete die oberste jüdische Behörde. Sie
umfaßte siebzig Mitglieder: Priester, Älteste und Schriftgelehrte – auch sie ein aristokratisches Kollegium, in das die
Schriftgelehrten als letzte hineingekommen waren, in dem
sie aber als Fachleute für die Gesetzesauslegung sehr bald
einen wachsenden Einfluß gewannen. Entsprechend der
Deckung von Gottesgemeinde und Bürgergemeinde vere-
inigte der Hohe Rat in einer Hand die geistliche und weltliche
Gewalt und war daher zugleich oberster Gerichtshof und
höchste Entscheidungsinstanz in Glaubensfragen. Ohne ihn
ging nichts in Israel. Auch die Kontakte mit der römischen
Besatzungsmacht liefen über das Amt des Hohenpriesters,
der gemäß seiner konservativen Gesinnung stets um Ausgleich und Verständigung bemüht war.

Wie die Religionspartei der Pharisäer vornehmlich auf die

Seite des Gesetzes gehörte, so auf die Seite des Tempels die
Partei der Sadduzäer. Freilich waren die Sadduzäer eher eine
soziale Kaste als eine theologische Schulrichtung. Sie ent-
stammten vornehmlich der aristokratischen Oberschicht,
den Priesterfamilien und der Geschäftswelt, und waren entsprechend konservativ eingestellt. Daher galt für sie auch nur
das im Pentateuch geschriebene Gesetz des Mose und nicht
die weiterführende mündliche Tradition, und weil im Pentateuch nichts davon geschrieben stand, glaubten sie, anders als
die Pharisäer, auch nicht an die Auferstehung der Toten und
gleichfalls nicht an Engel und Dämonen. Überhaupt eignete
ihrem Glauben ein rationaler, diesseitiger Zug. Politisch waren sie zwar keine Kollaborateure, wohl aber Pragmatiker
und Realisten. Sie suchten sowohl religiös als auch politisch
den Status quo und damit ihren eigenen Besitzstand zu erhalten und verfehlten gerade darüber die Zukunft.

Die Zukunft gehörte nicht dem Tempel und damit den
Priestern und Sadduzäern, sondern den Schriftgelehrten und
Pharisäern und damit der Synagoge. In jeder Stadt, in jedem
Dorf stand eine Synagoge; auch in Jerusalem gab es deren
weit über hundert und selbst im Tempel eine. Die Synagoge
war ein »Bethaus« oder »Lehrhaus«. Hier wurden keine Opfer dargebracht, sondern das Gesetz und die Propheten gelesen und ausgelegt. Der Gottesdienst war Wortgottesdienst.
Er wurde von Laien getragen, und jeder konnte in ihm zu
Wort kommen. Als der Tempel unterging und die Brandopfer verlöschten, da lebte die Religion Israels weiter in den
kultlosen Wortgottesdiensten der Synagoge, und die religiösen Führer des Volkes waren nicht mehr die Priester, sondern
nur noch die Rabbinen.

Israel lebte also zwiefach unter dem Gesetz, als römisches
Protektorat unter dem verhaßten Gesetz Roms, als Volk Gottes unter dem verehrten Gesetz Moses – und sehnte sich nach
Erlösung. Über den beiden Pfeilern der jüdischen Religion,
dem Gesetz und dem Tempel, wölbte sich gleichsam als ge-
meinsames Dach die endzeitliche Hoffnung.

Seitdem das jüdische Volk unter ständig wechselnden
fremden Herren zu leiden hatte, war das Warten auf die Herrschaft des eigenen, allein wahren Herrn immer drängender
geworden und hatten sich der Eifer für das Gesetz Gottes und
die Hoffnung auf die Erfüllung seiner Verheißungen gegenseitig gesteigert. Bedrängt von der leidvollen Gegenwart,
grübelte man über Gottes Geschichtsplan: was er vorhabe
mit dem einzelnen, mit dem Volk, mit der Welt. Die Vorstellungen, die man sich von der Zukunft machte, gingen auseinander, teilweise auch wirr durcheinander, aber durch alle
Vielfalt und Widersprüchlichkeit zog sich ein und derselbe
kräftige Impuls: die Hoffnung auf Gottes ewiges Heil und
damit auf ein baldiges gutes Ende der Geschichte. Wo aber
menschliche Sehnsucht und religiöse Phantasie am Werke
sind, dort hat theologische Systematik keinen Raum.

Unter dem Volk lebte, neu entfacht, vor allem die messianische Enderwartung. Täglich beteten die frommen Juden
im Achtzehnbittengebet: »Sieh an unser Elend und führe unsere Sache und eile, uns zu erlösen! ... Stoße in die große Po-
saune zu unserer Befreiung und erhebe ein Panier, alle unsere
Verbannten zu sammeln von den vier Enden der Erde!
... Nimm deine Wohnung inmitten Jerusalems, deiner Stadt,
in naher Zeit, wie du geredet hast, und baue es als einen ewigen Bau eilends in unseren Tagen!«

Hier geht der Blick zurück in die Vergangenheit. Man
stellte sich die zukünftige Heilszeit nach dem idealisierten

Vorbild des einstigen Königreiches Davids vor und erwartete den kommenden Retter daher als einen neuen David: Von Gott selbst zum König gesalbt und mit wunderbarer Kraft ausgestattet, wird der Messias das jüdische Volk von der römischen Fremdherrschaft befreien, mit dem Wort seines Mundes alle Feinde Israels zerschmettern, das Haus Davids wieder aufrichten, die in aller Welt zerstreuten zwölf Stämme sammeln und Jerusalem in neuem Glanz erstehen lassen. Dann wird Israel endlich Gottes heiliges Volk sein und in Gerechtigkeit und Reinheit leben. Die Heidenvölker aber werden an der Königsherrschaft Gottes keinen Anteil haben, es sei denn durch Unterwerfung und Tributpflicht. Die Erlösung wird hier vornehmlich als Befreiung vom römischen Joch erhofft und somit nur als eine überhöhte Verlängerung des Diesseits verstanden.

Längst aber sprengte die endzeitliche Hoffnung den politisch-nationalen Rahmen und gewann kosmisch-universales Ausmaß. Der Horizont der Geschichte weitete sich ins Unendliche. Es ging nicht mehr nur um die Rettung Israels, sondern um das Schicksal der Welt. Das Heil wurde von der Erde in den Himmel verlegt und zu einem übersinnlichen Heilsdrama, das sich zwischen Himmel und Erde abspielt, ausphantasiert. Um ihre phantastischen Visionen und Auditionen zu legitimieren, beriefen sich die Verfasser der apokalyptischen Schriften auf die ehrwürdigen Gestalten der biblischen Vergangenheit. Ihre Weissagungen stammten angeblich von Daniel, Henoch, Baruch, Esra, Mose, den Zwölf Patriarchen oder anderen Vätern der Vorzeit.

Die Apokalyptik ist aus dem Iran in das Judentum eingedrungen. In ihr verband sich der Dualismus der iranischen Religion mit dem jüdischen Monotheismus. »Der Höchste hat nicht einen Äon geschaffen, sondern zwei.« Entspre-

chend wird der Weltlauf in zwei gegensätzliche Zeitab-
schnitte geteilt: in den gegenwärtigen alten Äon, der von
Sünde, Schuld und Leid beherrscht ist und deshalb vergeht,
und den zukünftigen neuen, der kommen und die Erlösung
von allem bringen wird. Diese erlösende Wende vom alten
zum neuen Äon steht nahe bevor, »denn die Welt hat ihre
Jugend verloren, die Zeiten nähern sich dem Alter«. Die
wachsenden Bedrängnisse der Gegenwart sind ein Zeichen
dafür, daß die »Wehen der Endzeit« bereits begonnen haben;
die Geburt des neuen Äons ist gleichsam schon eingeleitet.
Der endgültige Zeitpunkt freilich ist nur Gott bekannt, und
eben darauf richtet sich das Augenmerk der Apokalyptiker;
darum verfassen sie ihre Schriften. Sie spähen nach Vorzeichen aus, suchen den Ablauf der kommenden Dinge zu be-
rechnen und malen die künftigen Ereignisse, Wunder wie
Katastrophen, in grellen Farben und apokalyptischen Bildern. Ihre Bücher sind Buß- und Trostschriften. Sie wollen
die Zeitgenossen trösten, daß sie sich von den wachsenden
Leiden und Verfolgungen in ihrer Hoffnung nicht beirren
lassen, und wollen sie zugleich ermahnen, daß sie umkehren
von ihren gesetzlosen Wegen und bis zum Ende ausharren.
Sie können nur warten und unterdessen das Gerechte tun.
Sonst ist nichts zu machen – Gottes Kommen bestimmt allein
Gott selbst.

Wenn die Bosheit ihren Höhepunkt erreicht hat, bricht das
Ende herein. Es wird eingeleitet von der allgemeinen Toten-
auferstehung. Darauf folgt das Gericht: Die Frommen und
Gerechten gehen in das ewige Leben in himmlischer Herrlichkeit ein, die Gottlosen und Sünder in die ewige Ver-
dammnis in der Hölle. In der Ausmalung beider Zustände,
der himmlischen Herrlichkeit wie der höllischen Qualen,
kennt die Phantasie der Apokalyptiker keine Grenzen.

Der Vollstrecker und Herrscher der Endzeit ist im apokalyptischen Schrifttum nicht mehr der irdische Messias, sondern eine himmlische Gestalt – meist der »Menschensohn« genannt –, der jetzt bereits im Himmel bei Gott verborgen ist und zu der vorbestimmten Stunde erscheinen wird. Dabei wird zwischen der älteren national-messianischen und der jüngeren kosmisch-apokalyptischen Endzeithoffnung ein Ausgleich gesucht: Zuerst tritt der irdische Messias in einer Art Vorspiel auf den Plan, vertreibt die Feinde Gottes und Israels und richtet seine Herrschaft auf. Dieses messianische Zwischenreich dauert vierhundert oder tausend Jahre. Danach erscheint der himmlische Heilsbringer; mit ihm bricht die endgültige Königsherrschaft Gottes an.

Eine eigene, eigenwillige Ausprägung fand die apokalyptische Hoffnung bei den Essenern, deren Zentrum die Gemeinde von Qumran bildete. Sie waren neben Pharisäern und Sadduzäern zur Zeit Jesu eine dritte religiöse Gruppe, die sich noch strenger absonderte als die Schriftgelehrten, noch reiner lebte als die Priester und noch gespannter auf die Herrschaft Gottes wartete als die Apokalyptiker.

Um die Mitte des 2. Jahrhunderts vor Christus hatten sie sowohl das Band mit der politischen Macht als auch mit dem amtierenden Priestertum in Jerusalem zerschnitten und waren freiwillig in die Wüste gezogen – an jenen Ort, wo Gott einst mit dem Volk Israel seinen Bund geschlossen hatte und wo sie auch jetzt wieder dem Herrn den Weg bereiten wollten. In der Einöde am Toten Meer hatten sie in Qumran ihre klosterähnliche Siedlung gegründet. Dort und an anderen Stellen lebten sie in der Weltabgeschiedenheit wie Mönche – »ein Königreich von Priestern und ein heiliges Volk«.

Die Gemeinde von Qumran war eine Priesterbewegung.

Ihre Mitglieder beriefen sich auf den geheimnisvollen »Lehrer der Gerechtigkeit«, der einst den Bruch mit dem Hohenpriester vollzogen und die ersten Abtrünnigen in die Wüste geführt hatte. Sie verstanden sich als den »heiligen Rest« Israels, als die »Gemeinde des Neuen Bundes«. Die Mitglieder des Bundes lebten streng nach dem mosaischen Gesetz. Sie duldeten keinerlei Anpassung an die gewandelten Lebensumstände und erfüllten in ihrem klosterähnlichen Leben auch die nur für Priester geltenden Reinheitsgebote. Des zum Zeichen trugen sie bei ihren Mahlzeiten weiße Gewänder. In ihren Gemeinschaften herrschte eine strenge Disziplin. Der Tagesablauf war genau geregelt in pünktlichem Wechsel von Gebet, Arbeit, Waschungen und gemeinsamen Mahlzeiten. Es bestand Gütergemeinschaft; wer in den Orden aufgenommen werden wollte, mußte sein persönliches Eigentum einbringen und ein mehrjähriges Noviziat durchlaufen. Verstöße gegen die Regel wurden hart bestraft, vom Entzug des ohnehin kargen Essens bis zum Ausschluß aus der Gemeinschaft.

Glaube und Lehre der Gemeinde von Qumran waren von dem Gegensatz zwischen Licht und Finsternis beherrscht. Der Fürst des Lichts und der Engel der Finsternis führen Krieg miteinander; in ihrem Gefolge kämpfen die »Söhne der Gerechtigkeit« gegen die »Söhne des Frevels«. Jetzt ist die Stunde, in der sich die Geister scheiden. An jeden ergeht der Ruf zur Entscheidung, auf welche Seite er sich stellen will, auf die Seite des Lichts oder auf die der Finsternis. Die Leute von Qumran haben sich entschieden: Sie kämpfen den guten Kampf des Glaubens als Söhne des Lichts gegen die Söhne der Finsternis. Ebendies verlangte von ihnen ihre strenge Lebensführung in steter Bereitschaft, den Blick auf das Ende gerichtet.

Die Gemeinde von Qumran erwartete gleich drei messianische Amtsträger: den Propheten, der die messianische Zeit ankündigt, den königlichen Messias aus »Israel«, der das Volk nach dem Vorbild Davids regieren wird, und den priesterlichen Messias aus »Aaron«, der die Gemeinde geistlich leitet. Unter den dreien gebührt dem Priester der Vorrang.

Wo aber bleibt der verheißene Messias? Wann kommt er endlich? Kommt er überhaupt noch?

Etliche waren nicht mehr bereit, nur zu warten; sie trachteten das Reich Gottes mit Gewalt herbeizuzwingen. Es waren die »Zeloten«, die Eiferer, wie sie sich selbst nannten, von den anderen auch »Sikarier«, Dolchleute, genannt, nach den kurzen Dolchen, die sie bei sich trugen. Sie waren radikale Nationalisten mit einem starken sozialen Einschlag. »Freiheit und Brot« lautete ihr Programm. Das Bündnis zwischen Religion und Politik steigerte sich bei ihnen bis zum Gedanken des heiligen Krieges: »Wer das Blut eines Gottlosen vergießt, ist wie einer, der Gott ein Opfer darbringt.« Und so operierten die Zeloten von ihren versteckten Schlupfwinkeln aus im Untergrund, organisierten Überfälle, zettelten Aufstände an und sorgten auf diese Weise für ständige Unruhe im Lande.

Ihr besonderer Zorn richtete sich gegen die von Rom auferlegten Steuern und gegen jene Volksgenossen, die sich dazu hergaben, diese Steuern einzutreiben und dabei auch noch in die eigene Tasche wirtschafteten. Nicht so sehr die Höhe der Steuern war der Stein des Anstoßes – sie waren nicht drückender als woanders –, sondern die Tatsache, daß sie an den heidnischen Kaiser in Rom entrichtet werden mußten. Dies erschien den Juden als eine Verletzung des Ersten Gebotes, das allein Gott zu ehren erlaubte. Am Ende mündeten der

Eifer für Gott und der Haß gegen Rom in den alles verschlingenden großen Aufstand der Jahre 66 bis 70 nach Christus, in dem der Tempel unterging und das jüdische Volk für fast zwei Jahrtausende seine Freiheit verlor.

Als Jesus von Nazareth auftrat, war das jüdische Volk nicht mehr das Israel des Alten Testaments und noch nicht das Judentum des Talmud, aber seit der Rückkehr aus dem babylonischen Exil befand es sich auf dem Wege dorthin. Das Leben des Volkes war eingespannt zwischen Vergangenheit und Zukunft, nach rückwärts an die einmalige Offenbarung Gottes am Sinai gebunden, nach vorn auf das göttliche Endgericht ausgerichtet. Dies verlieh der Gegenwart den Charakter einer Zwischenzeit, in der keine neuen göttlichen Offenbarungen mehr stattfanden und es nur noch darauf ankam, die einst geschehene einmalige Offenbarung Gottes festzuhalten und buchstabengetreu weiterzugeben. Seit fünfhundert Jahren, seit dem Tode Sacharjas, war kein Prophet mehr in Israel aufgetreten, so daß der Psalmist klagte: »Kein Prophet predigt mehr, und keiner ist bei uns, der etwas weiß.« Die Tradition bestimmte ganz und gar das Leben in der Gegenwart und ließ keinen Raum für frische, unmittelbare Gotteserfahrungen.

Die korrekte Erfüllung des Gesetzes bildete die entscheidende Triebkraft aller Frömmigkeit. Der Glaube Israels war zur Leistungsreligion geworden. Das Prinzip hieß Gerechtigkeit, das Verfahren Vergeltung: Gott bestraft und belohnt die Menschen je nach ihrem Tun. Gleich einem Kaufmann legt er die Werke eines jeden auf die Waage oder schreibt sie auf eine Tafel und präsentiert am Ende jedem seine Rechnung. Und so bestimmte die Furcht vor dem Endgericht weithin das Glauben und Handeln der Frommen.

Gewiß, Gott ist auch gnädig – aber es ist keine totale, sondern nur eine partielle, eine korrigierende Gnade. Wenn Verdienste und Verfehlungen eines Menschen gleich groß sind, dann legt Gott von sich aus etwas hinzu; und wenn ein Sünder sich bekehrt, dann erbarmt Gott sich auch seinerseits über ihn. Aber auch die Buße ist ein verdienstliches Werk, durch welches man Gnade erwirbt; und Gott freut sich auf jeden Fall über einen Gerechten, der keiner Vergebung bedarf, mehr als über einen Sünder, der Buße tut.

Auf der Strecke blieb bei diesem System vor allem der »Am-ha-arez« – die »Leute vom Lande«, wie man verächtlich jene nannte, die vor lauter Arbeit und Daseinsvorsorge keine Zeit zur Religion hatten, daher das verzwickte göttliche Gesetz nicht studieren und es also auch nicht halten konnten. Der milde Rabbi Hillel, sonst kein Fanatiker, sagte von ihnen: »Sie haben kein Gewissen und sind weniger als Menschen.« Andere Schriftgelehrte verglichen einen Standesgenossen, der sich mit der Tochter eines »Am-ha-arez« vermählte, mit einem, der Unzucht mit Tieren treibt. Dabei machten die »Leute vom Lande« die große Mehrheit aus.

Am Ende blieb für alle, wie in jeder Leistungsreligion, die bange Frage: Wann hat ein Mensch vor Gott je genug getan? Wie kann einer wissen, ob seine Werke ausreichen und er im Endgericht bestehen wird? Die Folge war eine Unausgeglichenheit der Stimmung – der Ausdruck einer tiefen Heilsunsicherheit. Und so schwankte die Haltung der Frommen zwischen Hochgestimmtheit und Verzagtheit, zwischen Selbstbewußtsein und Bangen, zwischen Vertrauen und Angst. In jedem Fall war die Furcht vor Gott stärker als die Erfahrung seiner vergebenden Liebe. Alles in allem war es eine mühselige Religion, in der der Buchstabe mehr galt als der Geist.

So weit war es mit der Religion Israels gekommen. Wo

waren sie geblieben, die großen Gestalten des von Gott erwählten Volkes, die Erbauer der ersten Altäre, die Gesetzge-
ber, Geschichtsschreiber, Propheten, Sänger und Beter – die
Abraham, Mose, David, Amos, Hosea, Jesaja, Jeremia und
Hiob? Glichen diese Seefahrern, die sich weit auf das Meer
hinauswagten, um jenseits des vertrauten Horizontes Neu-
land zu entdecken, so war der Glaube jetzt nur noch wie eine
Insel, von der man zwar noch in die Ferne blickte, aber selbst
nicht mehr in sie aufbrach. Es schien nichts Neues mehr unter
der Sonne zu geben.

Das war die religiöse Welt des zeitgenössischen Judentums, aus der Jesus von Nazareth kam und in die er mit seiner
neuen Botschaft von Gott eintrat.

Von ganz anderer Art als der in sich geschlossene Lebenskreis
des palästinischen Judentums, aus dem Jesus stammte, war
die hellenistisch-heidnische Welt, die der erste große Schau-
platz der geschichtlichen Wirkung Jesu über Palästina hinaus
werden sollte. Auch sie lebte unter dem politischen Gesetz
Roms; gleichzeitig aber stand ihr Leben noch unter einem
anderen Gesetz. Drohend wie eine dunkle Wolke hing über
ihr das kosmische Gesetz eines allmächtigen, unentrinnbaren
Schicksals.

Längst war der Höhepunkt der klassischen griechischen
Kultur überschritten. Die Menschen, die im weiten Kreis
rings um das Mittelmeer wohnten, verstanden die Welt nicht
mehr, in der sie lebten; sie war ihnen zutiefst fragwürdig geworden. Dieser Wandel des Existenzverständnisses hing eng
mit der Auflösung der bisherigen Staatsform und Gesell-
schaftsordnung, auch mit den wirtschaftlichen Veränderun-
gen zusammen. In der Weiträumigkeit und Offenheit des Rö-

mischen Weltreichs kamen sich die Menschen unbehaust und verloren vor. Einst hatten sie in der überschaubaren »Polis«, dem griechischen Stadtstaat oder der römischen Republik, gelebt, politisch aktiv; nun waren sie zu privaten »Kosmopoliten« geworden – Weltbürger ohne Heimat. Mit diesem Verlust der Geborgenheit wurde die Welt ihnen zur unheimlichen Fremde.

Ohnmächtig fühlten sie sich übermächtigen außerirdischen Gewalten, Dämonen und Engelwesen, ausgesetzt, vor denen es keine Zuflucht gab, und am Ende von allem drohte unentrinnbar der Tod. Sorge, Unsicherheit und Angst beherrschten daher das Lebensgefühl der Menschen in allen Volksschichten, zumal in der großstädtischen Bevölkerung.

Ihren drastischsten Ausdruck fand das Gefühl der Preisgabe an ein allmächtiges, unentrinnbares Schicksal in einem vielfältigen Glauben an die Gestirne. Es herrschte ein astrologischer Fatalismus: Alles, was auf der Erde geschieht, hat seinen Antrieb und Sinn nicht in sich selbst, sondern ist bestimmt und gelenkt von der Macht der Gestirne, gegen die niemand etwas auszurichten vermag. Damit mußte alles menschliche Planen und Handeln sinnlos und nichtig erscheinen. Wo die Sterne regieren, hört die Verantwortung des Menschen für die Zukunft auf.

Gegenüber der Allmacht des Schicksals und des Todes gibt es nur zwei Verhaltensweisen: entweder eine entsprechende Lebenskunst oder die Hoffnung auf eine Erlösung von außen.

»Lebenskunst« sucht das Leben in der hiesigen Welt aus eigener Kraft zu bestehen. Es gab sie wie stets so auch damals in vielfacher Weise: auf niedriger, primitiver Stufe und in der höchsten, edelsten Form.

Für viele Menschen, durchaus auch in der sozialen Oberschicht, lautete die Lebensdevise: »Lasset uns essen und trin-

ken, denn morgen sind wir tot!« – was jedoch nicht daran
hinderte, dem Zufall gleichzeitig mit allerlei Praktiken nach-
zuhelfen. Und so wucherte ein wilder Aberglaube. Man trieb
Magie und Quacksalberei, vertraute auf Amulette und Zau-
berpapyri und ließ sich von Wahrsagern und Sterndeutern die
Zukunft vorhersagen. Wenn man das Schicksal im Großen
auch nicht zu ändern vermochte, so wollte man es doch wenigstens im Kleinen korrigieren.

Eine höhere Kunst, das Leben zu meistern, lehrte die Philosophie. Die Zeit der großen griechischen Philosophen und
ihrer weitausgreifenden Denksysteme war freilich vorüber.
Das Interesse haftete nicht mehr an der Metaphysik, sondern
an der Ethik; und auch hier war es vor allem eine aufs Prakti-
sche gerichtete Moralphilosophie, die ihre Anhänger suchte
und fand. Die einstigen Unterschiede zwischen den verschiedenen Philosophenschulen – zwischen Stoikern, Epikureern
und Kynikern – waren weithin abgeflacht. Das gemeinsame
Angebot bestand in einer Art praktischer Lebenshilfe, die
umherziehende Wanderprediger dem Volke zu vermitteln
suchten.

Diese »Popularphilosophie« bot keine politische, sondern
eine kosmopolitische, daher weithin private Ethik. Ihr Ziel
war die Sinnerfüllung des Lebens durch einen vernünftig dis-
ziplinierten Genuß. Sich gegen das Schicksal nicht erbittert
auflehnen, auch nicht gierig so viel Lebensgenuß wie möglich zu erraffen trachten, sondern in das Schicksal einstim-
men, sich mit dem zugeteilten Maß begnügen und jeden noch
zugemessenen Tag genießen – das allein ist der Weg zum
wahren Glück. Nur wer diesen Weg wählt, wird wahrhaft
frei und unabhängig vom Schicksal werden und eines Tages
auch furchtlos und gefaßt in den Tod gehen.

Diese innere Unabhängigkeit und Freiheit gewinnt der

Mensch, indem er ehrfürchtig die Ordnung der Natur betrachtet und durch solche Betrachtung in Übereinstimmung mit ihren Gesetzen gelangt. Denn dieselbe göttliche Kraft, die das All durchflutet, durchdringt auch den einzelnen Menschen. Wie von selbst geriet die Philosophie damit in die Nähe der Religion. Indem das Leben des Weisen im Einklang mit dem göttlichen Weltgesetz steht, wird es zum Gottesdienst. Voraussetzung dafür aber sind innere Umkehr, Abtötung aller trügerischen Bedürfnisse und Begierden und Bescheidung mit dem vom göttlichen Willen Verfügten. Und so wurden die Wanderlehrer von selbst zu Bußpredigern, die zur Umkehr mahnten, Trost und Zuversicht spendeten und inneren Seelenfrieden versprachen.

Von der Antike bis in die Gegenwart bildet der »Stoizismus« in der Geschichte des Abendlandes eine durchgehende Alternative zum Christentum. Seine Lebenskunst, gleich welcher philosophischen Richtung und Schule, besteht darin, daß der Mensch sich selbst bejaht und durch solche Selbstbejahung sich unter dem Gesetz des Schicksals behauptet: Der Stoiker hat »Mut zum Sein«. Woher aber gewinnt er diesen Mut, und wie steht es um seine Selbstbejahung, wenn er nicht dem Leid der Welt, sondern ihrer Sünde und seiner eigenen Schuld ins Gesicht blickt?

Damit kommt die zweite Möglichkeit in Sicht, mit der Allmacht des Schicksals und des Todes fertigzuwerden: der Weg der Erlösung. Da sucht der Mensch das Schicksal und den Tod nicht aus eigener Kraft zu bestehen, sondern hofft sie kraft göttlicher Gnade zu überstehen.

Es sind damals, in den Jahrhunderten um Christi Geburt, zugleich mit dem Christentum zahlreiche Religionen und Kulte vom Osten nach dem Westen gewandert, als Rückschlag auf

die vorangegangene militärische Eroberung vom Westen
her. Rom eroberte den Osten mit Waffen, der Osten revan-
chierte sich mit Altären und zwang so seine Eroberer nach-
träglich auf die Knie. Das Christentum war nur eine Welle im
großen Strom. Aus Ägypten kamen Isis, Osiris und Serapis,
aus Syrien Adonis, Attargatis und die verschiedenen Baalim,
aus Phrygien Kybele, Attis und Sabazios, aus Persien und
Mesopotamien Mithras und Ischtar. Kaufleute, Soldaten,
Sklaven und Freigelassene brachten diese Gottheiten nach
Griechenland und Rom, nach Spanien und Gallien und sogar
bis nach Britannien mit. Griechische und orientalische Reli-
giosität verband sich im Schmelztiegel der hellenistischen
Kultur zu den vielfältigen, in ihren Grundzügen aber einheitlichen Mysterienreligionen.

Was den Mysterienkulten so großen Zulauf verschaffte,
war die allgemeine Sehnsucht nach Erlösung. Ob Bewah-
rung vor leiblichem Unheil in der diesseitigen Welt oder Er-
langung des ewigen Heils in einer jenseitigen – die Rettung
konnte in jedem Fall nur von außerhalb der Welt kommen,
durch den Eingriff göttlicher Gnade.

Vermittelt wurde das Heil durch die Teilnahme des Gläu-
bigen am Schicksal der Gottheit. Die verehrten »Heilande«
bildeten in ihrem Geschick das Werden und Vergehen der
Natur ab. Wie die Vegetation im Frühling aufblüht und
wächst und im Herbst abstirbt und vergeht, so führt auch der
Weg der Gottheit jedesmal wieder durch Leid und Tod zu
Auferstehung und neuem Leben. Im Mysterium wurde das
mythische Geschehen kultisch vergegenwärtigt. Durch die
Einweihung erlangte der Myste die Vereinigung mit der
Gottheit. Indem das Schicksal des Gottes, sein Sterben und
Auferstehen, im kultischen Drama dargestellt wurde, erlebte
es der Gläubige mit und gewann an ihm Anteil – gleich dem

Schicksal des Gottes führt auch der Weg des Mysten durch Tod zum Leben.

Der Eintritt in das Heiligtum war, wie Inschriften an Tempeln bezeugten, an Bedingungen geknüpft:»Wer reine Hände hat« – »Wer frei ist von allem Frevel« – »Wer sich keines Bösen bewußt ist« – »Wer wohlgefällig und recht gelebt hat« – der und nur der darf der Gottheit begegnen. Die Eingeweihten speisten miteinander am Tisch ihres Gottes; neben diesen gemeinsamen Mahlzeiten fanden Waschungen und Taufen statt. Vieles blieb den Zeitgenossen verborgen, weil den Mysten strenges Stillschweigen auferlegt war.

Wer in das göttliche Mysterium eingeweiht und wiedergeboren ist, unterliegt nicht mehr dem Gesetz des unentrinnbaren Schicksals. Ob Krankheit, Gefahr, Not oder Tod, der Myste darf gewiß sein, daß er fortan unter dem Schutz seiner Gottheit steht und am Ende der Unsterblichkeit teilhaftig wird. Und so kann ein Priester der Isis deren Gläubigen zurufen:»Mag nun das Schicksal seinen Lauf nehmen und sich für seine Wut und Grausamkeit andere Gelegenheiten suchen. Denn über diejenigen, deren Leben die Majestät unserer Göttin in ihren Dienst genommen hat, besitzt ein feindliches Geschick keine Macht.«

Die Mysterienreligionen organisierten sich in Gemeinden, die nicht mehr an die Stadt, den Staat oder die Familie gebunden waren, sondern durch den freien Entschluß von einzelnen zustande kamen. Es waren »Freiwilligkeitsgemeinden«. Jeder hatte Zutritt, gleich welchen Standes, ob Patrizier, Freigelassener oder Sklave. Doch überwogen verständlicherweise Angehörige der sozial niederen Schichten, denn sie hatten die Erlösung aus ihrer Welt am nötigsten.

Zwar behauptete jede Mysteriengemeinschaft von sich, daß allein der von ihr verehrte Gott den Weg zum wahren

Heil garantiere, dennoch herrschte kein Konkurrenzkampf zwischen den verschiedenen Kulten. Sie bestanden nicht nur duldsam nebeneinander, sie vermischten sich auch miteinander. Man konnte ungehindert an mehreren Kulten teilhaben: Je größer die Zahl, desto sicherer das Heil. Das weist in die Richtung eines praktischen Monotheismus. Hinter der gegenseitigen Duldung der vielen Götter verbarg sich die Tendenz zur einen Allgottheit.

Die Mysterienreligionen vermittelten das Heil vornehmlich nicht durch Verkündigung, sondern durch Anschauung; im Mittelpunkt ihrer Gottesdienste stand daher die kultische Handlung, nicht das gesprochene Wort. Anders in der Gnosis, der zweiten bedeutsamen Strömung in der hellenistischen Religionswelt.

Auch die Gnosis bot den Menschen Erlösung aus einer feindlichen Welt an. Wie der Name besagt, sollte dies durch »Erkenntnis« geschehen, und diese wurde durch Belehrung vermittelt, die sich auf göttliche Offenbarung berief. Wie in den Mysterienreligionen gab es auch in der Gnosis verschiedene Richtungen, aber auch hier folgten alle einem einheitlichen mythologischen Grundschema.

Zwei Welten stehen einander gegenüber: die himmlische Welt des Lichtes und des Lebens und die irdische der Finsternis und des Todes. Beide sind miteinander verbunden durch einen schicksalhaften Fall: Ein Teil der oberen Lichtwelt ist einst in der Gestalt des »Urmenschen« in die untere finstere Welt hinabgesunken und dort in lauter einzelne Lichtteile zersplittert. Diese wohnen nun zerteilt in den Seelen der Menschen, streng bewacht von dämonischen Mächten, damit sie nicht in die obere Lichtwelt zurückkehren. Die Menschen leben also, in Unwissenheit über ihr wahres Wesen, in der Welt wie in einem dunklen Gefängnis. Ihre Befreiung kann nur dadurch zustandekommen, daß sie über ihr Schicksal aufgeklärt werden und so ihr wahres Wesen erkennen: woher sie stammen und wohin sie gehören.

Weil aber die Lichtfunken aus der oberen Welt die untere vor dem Versinken ins Chaos bewahren, suchen die Wächter der unteren Welt die Menschen zu betäuben und einzuschläfern, damit sie nicht zur Erkenntnis über ihren wahren Zustand gelangen. Deshalb bedarf es einer Botschaft aus dem Jenseits. Und so wird aus der Lichtwelt ein göttlicher Bote entsandt, der durch seinen Ruf die Menschen wachrüttelt und sie an ihre wahre Heimat erinnert: »Wache auf, der du schläfst!« Dadurch wird der göttliche Funke, der im Menschen schlummert, neu entfacht, und der Mensch wacht auf, erhebt sich und tritt die Rückreise in die Heimat an.

Wenn alle Lichtfunken aus dem Gefängnis der Materie befreit und wieder in die Lichtwelt emporgestiegen sind, aufs neue vereint zu dem einen Leib des Urmenschen, der einst am Anfang gefallen war, dann hat die hiesige Welt ihr Ende gefunden und sinkt wieder ins Chaos zurück.

Mit Recht hat man die Erlösungsbotschaft der Gnosis als »Entweltlichung« charakterisiert. Nur mit dem Geschick seiner eigenen Seele befaßt, überläßt der Wiedergeborene die Welt und die Menschen rings um sich her ihrem Schicksal.

So lebten die Menschen, Juden wie Heiden, zur Zeit der Geburt Jesu gleichsam im Advent. Sie waren »unter das Gesetz getan« – unter das Gesetz des Cäsars, des Mose, des Schicksals; sie sehnten sich nach Erlösung und warteten, jeder in seiner Weise, auf einen Heiland, der ihnen die Rettung bringen würde.

Herkunft

»Das Heil kommt von den Juden.«

»So rühme dich nicht, denn nicht du
trägst die Wurzel, sondern die Wurzel
trägt dich.«

Als hätte er bis dahin gar nicht gelebt, als begänne sein Leben
erst jetzt, so tritt Jesus auf einmal in die Öffentlichkeit. Zwar
kennen die Leute ihn, kennen auch seine Eltern und Geschwister, aber daß er einmal der sein würde, der jetzt predigend
und heilend durch das Land wandert, das haben sie nicht vermutet. Er ist stets wie ihresgleichen gewesen, nicht anders als
alle anderen. Später hat seine Gemeinde die Lücke in ihrer
Überlieferung von ihm geschlossen, indem sie wunderbare
Begebenheiten von seiner Geburt und bald auch aus seiner
Kindheit erzählte. Wer so Außergewöhnliches lehrte und tat
wie Jesus, schloß man, konnte bereits als Kind und Knabe
kein gewöhnliches Schicksal gehabt haben. Dabei war alles
ganz natürlich und sehr gewöhnlich zugegangen: »Von einer
Frau geboren und unter das Gesetz getan.«

Jesus stammt aus Nazareth, einer abgelegenen Kleinstadt
im galiläischen Bergland, eher ein Dorf als eine Stadt zu nennen. Es war ein namenloser Ort, ohne messianische Verheißung; nicht einmal sein Name kam in der Bibel vor. Was also
konnte aus Nazareth Gutes kommen? Das sollte Jesus später

dann auch als Einwand gegen seine Predigt zu hören bekommen.

Von den drei Landesteilen Palästinas – Galiläa, Samarien und Judäa – war Galiläa, Jesu Heimat, mit seinen grünen Hügeln und Tälern, darin eingebettet der See Genezareth, der landschaftlich schönste. Die überwiegende Mehrzahl seiner Bewohner lebte auf dem Lande, in Dörfern und kleinen Städten; es waren Bauern, Hirten, Viehzüchter und Fischer, und auch die Handwerker dienten meist diesen Berufen. Es ist die Welt, die Jesu Sprache geprägt hat, die sich in seinen Bildern und Gleichnissen widerspiegelt. Auf der Grenze zur hellenistischen Welt gelegen, war Galiläa fremden Einflüssen gegenüber offener als das strenge Judäa, deshalb auch den Rechtgläubigen stets verdächtig: »Aus Galiläa steht kein Prophet auf.«

Jesus kommt von unten, aus kleinen Verhältnissen, ohne himmlischen oder irdischen Glanz. Seine Eltern waren einfache Leute – sie hießen Joseph und Maria. Der Vater war Bauhandwerker, und wie üblich erlernte auch der Sohn unter der Aufsicht des Vaters dessen Handwerk. Jesus war daher in der Gegend als der »Zimmermannssohn aus Nazareth« bekannt.

Während der Vater schon bald in den Hintergrund trat, begleitete die Mutter ihren Sohn bis an sein Lebensende. Maria war eine schlichte Hausfrau, die den Gedanken und Wegen ihres ungewöhnlichen Sohnes nicht zu folgen vermochte. Aber obgleich sie ihren Sohn nicht verstand, hielt sie zu ihm und suchte ihn voll Sorge zu schützen, vor sich selbst und vor den Leuten. Nach seinem Tod gehörte sie in Jerusalem zu seiner Gemeinde.

Jesus war das älteste von insgesamt sieben Kindern, vier Söhnen und drei Töchtern. Daß die Eltern ihren Sohn Jesus, hebräisch Josua, nannten, weist nicht auf Außergewöhnli-

ches. Der Name war alt und weitverbreitet; er heißt übersetzt
»Gott ist Heil« – das sollte sich an Jesus erfüllen. Von den
Brüdern wurde Jakobus einer der Führer der Jerusalemer Urgemeinde, nach dem Weggang des Petrus sogar ihr Oberhaupt.

Die häusliche Umgebung, in der Jesus aufwuchs, entsprach dem einfachen Lebensstil einer Handwerkerfamilie.
Das Haus, das Joseph und Maria mit ihren Kindern bewohn-
ten, war eine würfelförmige Hütte mit nur wenigen Öffnun-
gen, aus Kalkstein gebaut und mit Lehm verstrichen; im Innern ein einziger Raum, zweigeteilt für Mensch und Vieh,
der Fußboden aus gestampfter Erde.

Es ist möglich, daß Joseph ein verarmter Nachkomme aus
dem Geschlecht König Davids war und Jesus also königliches
Blut in seinen Adern hatte. Aber er selbst hat sich nie etwas
daraus gemacht. Für das Verständnis seiner Sendung ist seine
davidische Abstammung ihm nie wichtig gewesen. Wer sich
so an Gott gebunden weiß wie Jesus, dem müssen alle Bluts-
bande gleichgültig werden: »Wißt ihr nicht, daß ich in der
Welt meines Vaters sein muß?« Wem der Sinn allein nach
Gott steht, der hat keinen Familiensinn. Seine wahren Verwandten sind nicht seine Eltern und nicht seine leiblichen
Brüder und Schwestern, sondern alle, die wie er den Willen
seines Vaters im Himmel tun. Solche Ablösung von der Familie pflegt nicht ohne Konflikte abzugehen.

Familie und Synagoge bestimmten, wie das Leben jedes
jungen palästinischen Juden, auch die Jugend Jesu. Das bedeutet: Jesus lebte von Kind an nach der Thora, dem mosaischen Gesetz. Am achten Tag nach seiner Geburt wurde er
wie jeder männliche Israelit beschnitten. Nach vierzig Tagen
mußte seine Mutter sich als Wöchnerin dem Gebot der Reinigung unterziehen, und da Jesus der Erstgeborene seiner El-

tern war und alle Erstgeburten eigentlich Gott gehörten,
mußte er außerdem binnen eines Monats mit einer Opfer-
gabe losgekauft und Gott geweiht werden.

Miteinander vermittelten Familie und Synagoge dem Knaben das Glaubenserbe Israels – gemäß dem Leitsatz: »Man
muß das Kind mit der Thora mästen, wie man einen Ochsen
im Stall mästet.« Die erste religiöse Unterweisung empfing
Jesus im Elternhaus, wie das Gesetz es vorschrieb: »Wenn
dich nun dein Sohn morgen fragen wird: Was sind das für
Vermahnungen, Gebote und Rechte, die euch der Herr, unser
Gott, geboten hat?, so sollst du deinem Sohn sagen: Wir waren Knechte des Pharao in Ägypten, und der Herr führte uns
aus Ägypten mit mächtiger Hand...« – damit begann die
Einführung in die Glaubensgeschichte Israels. Auf diesem
Wege wurde auch der früheste Grund zu Jesu Gottesbezie-
hung gelegt. Der irdische Vater zeigte seinem Sohn als erster
den Weg zum Vater im Himmel. Erst aus dem Grund des
Ordentlichen wächst das Außerordentliche.

Als Jesus fünf Jahre alt war, wurde er zum Synagogendiener in die Schule geschickt, die es damals schon in jedem Ort
gab. Hier saßen die Knaben im Kreis um den Lehrer auf dem
Boden und wurden in der Thora unterrichtet, indem sie laut
im Chor Wort für Wort die Sätze wiederholten, die der Lehrer ihnen vorsprach. Auf diese Weise nahm auch Jesus die
jahrhundertealte religiöse Überlieferung seines Volkes in sich
auf.

Anschaulich vermittelt wurde ihm die Glaubensgeschichte
Israels, wenn seine Eltern mit ihren Kindern an den großen
Festen gelegentlich zum Tempel nach Jerusalem wallfahrte-
ten und er dort den Pilgerscharen aus der ganzen Welt begeg-
nete. Drei Feste waren es vor allem, an denen das Volk Israel

die Erinnerung an die großen Taten Gottes in seiner Geschichte feierte: im Frühjahr das Passahfest zur Erinnerung
an die Befreiung aus der Gefangenschaft in Ägypten, fünfzig
Tage danach das Pfingstfest zur Darbringung der Erstlings-
gaben der Felder und zum Andenken an die Sinaigesetzgebung und im Herbst das Laubhüttenfest als Erntedankfest
sowie zur Erinnerung an die Wüstenwanderung. Dazu kam
noch, gleichfalls im Herbst, der Große Versöhnungstag.
Mit dreizehn Jahren war die religiöse Unterweisung und
damit zugleich die Kindheit abgeschlossen. Der Tag der
Volljährigkeit wurde in der Familie und der Synagoge fest-
lich begangen. Jetzt ist Jesus ein »Sohn des Bundes« – unter
das Gesetz des Mose getan.

Die wichtigste Frucht aller im Elternhaus und in der Synagoge empfangenen Unterweisungen bleibt für Jesus die
Kenntnis der Bibel. Jesus ist Laie, kein Schüler eines berühmten Rabbi, sondern Autodidakt. Aber er hat die Bibel
so gründlich studiert wie ein berufsmäßiger Lehrer und sie
auch auf Hebräisch, in der heiligen Sprache, gelesen. Wenn
die Leute ihn später hören, sind sie von seiner Kenntnis und
Auslegung der Schrift so beeindruckt, daß sie ihn mit
»Rabbi« anreden, obwohl er kein ordinierter Theologe ist.
Die Bibel wird für Jesus zur Quelle seiner Gotteserfahrung. Er lebt in ihr und aus ihr, und im Umgang mit ihr
rückt Gott ihm nahe. In der Bibel entdeckt er die große Linie der Gottesgeschichte: von der Erschaffung der Welt über
die Erwählung Israels, seine Befreiung aus der Knechtschaft
in Ägypten und den Bundesschluß am Sinai bis zur Land-
nahme in Kanaan, von dort weiter über die Predigt der Propheten, über Aufstieg und Fall bis zur babylonischen Gefangenschaft, und wiederum von der Rückkehr aus dem Exil

über die Gegenwart hinweg dem verheißenen Reich Gottes entgegen. In dieser Geschichte findet Jesus sich als Jude vor, nicht ahnend, wozu er in ihr bestimmt ist. Als er seine öffentliche Wirksamkeit beginnt, tut er es gleichsam mit der Bibel im Rücken. Dabei knüpft er vor allem wieder an die Gottesverkündigung der alttestamentlichen Propheten an, so daß er manchem zunächst nur als ein Reformer des zeitgenössischen Judentums erschienen sein mochte.

Sonst sind es stille Jahre in Nazareth, in denen nichts Außergewöhnliches geschieht. Jesus lebt im Kreis seiner Geschwister, übt sein Handwerk aus, trägt das Seine zum Unterhalt der Familie bei, hält das Gesetz Gottes, betet zweimal täglich das »Höre, Israel« und dreimal das Achtzehnbittengebet sowie das Kaddisch, feiert mit den Seinen den Sabbat, besucht den Gottesdienst in der Synagoge und pilgert an den großen Festen zusammen mit anderen nach Jerusalem. Es sind Jahre der Vorbereitung und der Sammlung. Jesus gehört zu jenen frommen Kreisen im Lande, von denen man sagte, daß sie auf die kommende Gottesherrschaft warteten – bis für ihn auf einmal aus der Nähe Gottes ein zeitliches Jetzt wird. Er hört, am Jordan predige ein Mann mit Namen Johannes, daß die Gottesherrschaft unmittelbar vor der Tür stehe und daß sich deshalb jeder jetzt für oder wider Gott entscheiden müsse, und dieser Mann habe bereits großen Zulauf.

Da verläßt auch Jesus Nazareth und macht sich auf den Weg an den Jordan. Er ist damals etwa dreißig Jahre alt.

Aufbruch

»Das Gesetz und die Propheten reichen bis zu Johannes. Von da an wird
das Evangelium vom Reich Gottes
verkündet, und jedermann ist dring-
lich eingeladen.«

Wie Mose einst vom Berge Nebo aus das dem Volk Israel
verheißene Land nur schauen, es selbst aber nicht mehr betreten durfte, so steht Johannes der Täufer an der Schwelle zu
dem von Jesus verkündeten Reich Gottes. Er gehört schon
nicht mehr ganz zum Alten Bund, aber auch noch nicht voll
zum Neuen. Jesus wird später von ihm sagen, er sei der
Größte unter allen, die je von einer Frau geboren wurden,
dennoch kleiner als der Kleinste im kommenden Reich Gottes. Damit ist die heilsgeschichtliche Stellung Johannes des
Täufers zwischen den Zeiten markiert. In seiner Gestalt und
Predigt fassen sich die Bedrängnis und die Hoffnung des jüdischen Volkes zur Zeit Jesu zusammen.

Johannes trat in der Jordansteppe, nicht weit von der Ein-
mündung des Flusses in das Tote Meer, als Bußprediger auf.
Nach dem auffälligen äußeren Merkmal seiner Tätigkeit erhielt er den Beinamen »der Täufer«. Das war im 15. Regie-
rungsjahr des Kaisers Tiberius, also um 28/29 nach Christus.

In der öden Steinwüste am Jordan führte Johannes der Täufer das strenge Leben eines Asketen. Er war bekleidet mit

einem aus Kamelhaaren gesponnenen Gewand, um die Hüften trug er einen ledernen Gürtel und nährte sich kärglich von dem, was die Gegend hergab, von Heuschrecken und wildem Honig. Die äußere Erscheinung des Johannes erinnerte an den Propheten Elia, von dem man glaubte, er werde als Vorläufer des Messias unmittelbar vor dessen Ankunft wiederkommen. Darauf wies auch der Ort seines Auftretens hin. Wie Gott einst dem Volke Israel in der Wüste zum erstenmal begegnet war, so sollte es auch am Ende der Zeiten wieder geschehen. Also ein Rufer in der Wüste, ein Prophet der endzeitlichen Stunde: Die Zukunft hat schon begonnen – die Weissagung wird Gegenwart.

Nur wenige Stunden Fußwegs von der Wirkungsstätte des Täufers entfernt lag das Kloster der Qumran-Sekte. Hinüber und herüber wiesen auffällige Verbindungen. Die rigoristische Lebensführung der Wüstenmönche, in steter Bereitschaft, glich in vielem dem Auftreten des Johannes, und auch ihr strenger Ruf zur Entscheidung angesichts der herandrohenden Endzeit erinnerte an seine Predigt.

Umkehr zu Gott – das war der Kernpunkt der Predigt Johannes des Täufers: Weil Gott zu den Menschen kommen will, darum können und sollen die Menschen zu Gott kommen. Aber lauter als die Gnade tönte durch seine Predigt das Gericht. Denen, die nicht umkehren und sich auf Gottes Kommen vorbereiten, drohte Johannes laut und unversöhnlich Gottes Zorn an: Schon ist den Bäumen die Axt an die Wurzel gelegt, und jeder Baum, der keine gute Frucht bringt, wird abgehauen und ins Feuer geworfen werden.

Es war eine düstere, einfache Predigt, im Unterschied zur messianischen Endzeiterwartung unpolitisch und frei auch von der phantastischen Gedankenwelt der Apokalyptik. Sie fuhr den Zuhörern mächtig in die Glieder und löste eine Buß-

bewegung aus. Von überall her strömten die Menschen zu
Johannes in die Wüste, um seine Predigt zu hören und sich
von ihm taufen zu lassen, darunter auch solche, die von den
Frommen schon abgeschrieben waren, Soldaten, Zöllner und
andere »Leute vom Lande«. Die Taufe, die Johannes spen-
dete, war eine Art Versiegelung auf die Endzeit: Wer seine
Sünden bekannt hat und getauft ist, darf hoffen, dem künftigen Zorn Gottes zu entrinnen.

Um die ungewöhnlichen Vorgänge am Jordan und den
Mann, der sie verursachte, in Augenschein zu nehmen,
kamen aus Jerusalem auch die amtlichen Vertreter der Religion, Theologen und Priester. Sie reagierten frostig elitär.
Johannes zerschlug ihnen ihre fromme Selbstsicherheit,
nannte sie Schlangenbrut. Ihre Berufung auf die Abstammung von Abraham nütze ihnen gar nichts. Gott läßt nicht
über sich verfügen. Er kann, wenn er will, Abraham aus den
Steinen ringsum neue Kinder erwecken, die keine steinernen
Herzen haben. Israel hat wohl die Verheißung, aber keine
Garantien. Auf die Gesinnung und den Gehorsam allein
kommt es an.

Johannes der Täufer war ein starker Mann, aber er kün-
dete das Kommen eines noch Stärkeren an, der nicht wie er
mit Wasser, sondern mit heiligem Geist taufen werde. Auch
hier keine der geläufigen messianischen Verheißungen vom
Endsieg Israels über seine Feinde, vom neuen Glanz Jerusalems oder von der künftigen Weltherrschaft, sondern nur
Androhung des Gerichtes Gottes auch über Israel: Schon hat
der Kommende die Worfschaufel in der Hand, um die Spreu
vom Weizen zu scheiden, und die Spreu wird vom Winde
verweht werden.

Zu denen, die den Ruf des Johannes zur Umkehr hören und die Taufe begehren, gesellt sich auch der Zimmermann Jesus aus Nazareth und stellt sich mit ihnen in eine Reihe. Er tut dies nicht nur zum Schein, als habe er es eigentlich gar nicht nötig, sondern aus Glauben und Gehorsam. Er, der bald schon Gottes Gnade verkünden soll wie kein anderer Jude vor ihm, weiß als erster, daß er aus der Gnade Gottes lebt, kein Eigenmächtiger, sondern ein Angewiesener und deshalb nach der Teilhabe an der Gemeinschaft mit Gott verlangend.

Da geschieht das Unerwartete: Jesus hört, wie eine Stimme vom Himmel zu ihm redet – Gott sendet seinen Geist auf ihn herab! Dieses Erlebnis entscheidet über seinen künftigen Lebensweg. Erleuchtet vom Geist Gottes, denkt Jesus fortan von Gott, was Gott selbst von sich denkt; sein Selbstbewußtsein ist Gottes Bewußtsein. Und wie er für sich selbst Gottes Offenbarung erfahren hat, so muß er es auch anderen sagen, daß Gott jetzt zu ihnen kommen will. Dazu weiß er sich, von Gottes Geist getrieben, zum Volke Israel gesandt.

Die Tage Johannes des Täufers waren indes gezählt. Erschrocken darüber, welchen Einfluß Johannes beim Volk hatte, befürchtete der Vierfürst Herodes Antipas einen Aufruhr. Um dem zuvorzukommen, ließ er den Täufer gefangensetzen und schließlich hinrichten. Im Volk erzählte man sich, er habe es getan, weil Johannes seine Heirat mit seiner Schwägerin Herodias öffentlich mißbilligt habe und diese deshalb von ihrem Mann den Kopf des Täufers gefordert hätte – aber das war eine jener Hofgeschichten, wie das Volk sie sich bis auf diesen Tag gern erzählt, weil es die Form ist, in der ihm Politik vornehmlich anschaulich und interessant wird.

Ohne Jesus wäre das Auftreten des Johannes sinnlos geblieben – ein durch den gewaltsamen Tod plötzlich abgebrochenes Menschenleben. Jesus aber mußte sich bewußt sein, welches Risiko er einging, wenn er in die Fußstapfen Johannes des Täufers trat. Und in der Tat sollte seine Botschaft später genauso politisch mißdeutet werden und er gleichfalls um ihretwillen sterben müssen. Zunächst jedoch mußte er sich selbst über seine Botschaft von Gott klar werden und vor dem äußeren Konflikt die eigene innere Auseinandersetzung durchstehen. Bevor er andere Menschen suchte, mußte er sich selbst gefunden haben.

Um sich seine Sendung bewußt zu machen, zieht Jesus sich nach dem Berufungserlebnis bei der Taufe zunächst in die Einsamkeit zurück. Er geht in die Wüste, wie es einst auch Mose und der Prophet Elia getan haben. Es sind Tage der Sammlung und der Klärung vor dem Beginn der öffentlichen Wirksamkeit – gemäß dem Gesetz von »Rückzug und Wiederkehr«. Was sich während der stillen Jahre in Nazareth unbewußt vorbereitet hat, dann bei der Taufe jäh und mächtig zum Durchbruch gelangt ist, das tritt jetzt vollends ins Bewußtsein. Hier, in der herben Einsamkeit der Wüste, wird Jesus sich über den Inhalt seiner Berufung klar und über den Weg, den er zu gehen hat. Diese Klärung aber mußte zwangsläufig auf dem Hintergrund der religiösen und politischen Hoffnungen des jüdischen Volkes, in der kritischen Auseinandersetzung mit ihnen, erfolgen.

Die christliche Gemeinde hat Jesu Abweisung des zeitgenössischen politischen Messiasideals später in mythologischer Sprache als einen dramatischen Kampf mit dem Teufel geschildert. Das Bild vom Teufel will besagen, daß das Böse eine Macht in der Welt ist, die an den Menschen herantritt, um ihn zu vergewaltigen. Zwar bleibt das Böse Gott unterworfen, aber Gott läßt das Böse in der Welt zu, er erspart dem

Menschen die Versuchung nicht, sondern stellt ihn in die
Entscheidung. So muß auch Jesus sich entscheiden, welchen
Weg er wählen will.

Zur messianischen Erwartung des jüdischen Volkes gehörten drei Zeichen: die Erneuerung des Mannawunders aus
der Wüstenzeit, das machtvolle Erscheinen des Messias im
Tempel und die endgültige Weltherrschaft Israels. Daran hat
die Gemeinde ihre Erzählung von der Versuchung Jesu in der
Wüste orientiert.

Noch hat Jesus von der Taufe her die göttliche Stimme im
Ohr, da folgt der Berufung durch Gott die Versuchung durch
den Teufel auf dem Fuß – der heilige Geist zieht sogleich den
bösen Geist nach sich. Der Teufel möchte Jesus aus seiner
Verbundenheit mit Gott herauslocken; er überredet ihn deshalb, seine gottgegebene Vollmacht zu seinem eigenen Nutzen und Ruhm zu mißbrauchen. Indem er ihm allerlei
menschliche Abwege zeigt, sucht er ihn von seinem göttlichen Weg abzubringen.

Der Teufel ist ein Realist. Er faßt die Tatsachen ins Auge
und verweist auf die Sachzwänge. Was er sagt, hat Hand und
Fuß. Zudem hat der Teufel Religion – er erweist sich als ein
bibelfester Mann. Alles, was er vorbringt, klingt vernünftig
und gläubig zugleich. Warum also nicht?

Jesus hat vierzig Tage und Nächte in der Wüste gefastet.
Jetzt verspürt er Hunger. Da hört er, wie der Teufel ihm vor-
schlägt, die Steine ringsum in Brot zu verwandeln: »Bist du
Gottes Sohn, so sprich, daß diese Steine Brot werden.«

Aus Steinen Brot machen – welche Perspektive! Brot nicht
nur für den eigenen Bedarf, nicht nur für den privaten Haus-
gebrauch, Brot für alle Häuser – Brot für die Welt! Erwartet
dies nicht die messianische Hoffnung seines Volkes von ihm?
Brot – das ist die Quelle aller Energien. Brot bedeutet das

größtmögliche Glück der größtmöglichen Zahl. Wer Brot
gibt, hat das Volk auf seiner Seite. Wer die Menschheit erlösen will, muß zuerst die soziale Frage lösen. Warum also
nicht?

Aber Jesus läßt sich durch keine soziale Utopie verführen:
»Der Mensch lebt nicht vom Brot allein, sondern von einem
jeden Wort, das aus dem Mund Gottes kommt.« Damit stellt
er dem Mißtrauen des Versuchers sein unbegrenztes Gottvertrauen entgegen – trotz des Hungers, der ihn quält. Nicht nur
von Gott, auch vom Menschen denkt Jesus höher als der Teufel. Der Mensch ist nicht nur ein Brotesser; er ist mehr, als
was er ißt. Selbst wenn er Brot in Fülle hätte, wäre er noch
nicht satt.

Damit ist die erste Versuchung abgewiesen. Jesus von Nazareth will kein sozialer Revolutionär sein.

Sogleich folgt der zweite Gang. Jesus hört, wie der Teufel
ihm einreden will, öffentlich – coram publico – von der Zinne
des Tempels herabzuspringen, und er verweist dabei auf die
Hilfe der Engel: »Er wird seinen Engeln deinetwegen Befehl
geben, und sie werden dich auf den Händen tragen, daß du
deinen Fuß nicht an einem Stein stößt.«

Das ist die Verlockung, das Reich Gottes durch Propaganda und Magie zu schaffen. Die Menschen sind begierig
nach Wundern, mehr als nach Wahrheit. Wo sie sichtbare Er-
folge sehen, glauben sie blind. Im Nu wäre darum eine große
religiöse Bewegung im Gange. Auch die Theologen würden
dabei nicht fehlen; sie würden das Wunder untersuchen und
zu dem Urteil gelangen: Gott ist mit diesem Mann – der Erfolg spricht sichtbar für ihn. Warum also nicht?

Aber Jesus läßt die Engel nicht für sich tanzen: »Du sollst
Gott, deinen Herrn, nicht versuchen.« Er fragt nicht nach seinem eigenen Erfolg, sondern nach dem Willen Gottes. Er

ehrt Gott um Gottes willen. So gesellt sich zum unbedingten Vertrauen der selbstlose Gehorsam.

Damit ist auch die zweite Versuchung abgewehrt: Jesus von Nazareth will kein religiöser Magier sein.

Es folgt die dritte, die letzte Versuchung. Eine gigantische Vision tut sich auf: Die Horizonte der Räume und Zeiten weiten sich. Wie auf einer riesigen Landkarte breiten sich die Völker, Staaten und Kulturen zu Jesu Füßen aus: »Dies alles will ich dir geben, wenn du niederfällst und mich anbetest.« Das Weltreich für einen Kniefall! Zu einem Reich gehört nun einmal Macht – und sehnen sich die Menschen nicht mehr als nach unbequemer Freiheit nach bequemer Knechtschaft? Doch wer zur Macht gelangen will, darf kein Prinzipienreiter sein; er muß taktieren und paktieren können und auch bereit sein, die Partei zu wechseln, wenn es der politischen Karriere dient. Warum also nicht?

»Du sollst Gott, deinen Herrn, anbeten und ihm allein dienen!« Jesus verzichtet auf alle Garantien. Er kennt nur eine Macht, die gewaltlose Macht der Liebe, und diese hat allein Gott und den Menschen ineins zum Ziel.

Damit ist auch die letzte Versuchung bestanden: Jesus von Nazareth will kein politischer Messias sein.

So vollenden sich das unbedingte Vertrauen und der selbstlose Gehorsam in der ungeteilten Liebe. Jesus fürchtet, liebt und vertraut Gott über alle Dinge, wie das Erste Gebot es fordert – man wird ihn deshalb Gottes Sohn nennen.

Der Kampf in der Wüste ist beendet: »Hebe dich weg von mir, Satan!« Das Wort trifft. Der Satan verläßt Jesus. Später wird Jesus einmal sagen: »Ich sah den Satan vom Himmel fallen wie einen Blitz.«

Der politische Messianismus ist damit ein für allemal abgewiesen, Jesus aber zugleich der Weg vorgezeichnet. Ange-

nommen, Jesus hätte die Versuchung nicht bestanden: Er
hätte Steine in Brot verwandelt, wäre von der Zinne des
Tempels herabgesprungen und hätte nach der Macht gegrif-
fen – was wäre dann? Dann hätte die Menschheit einen weiteren Messias gehabt, der sie mit Brot versorgte, aber einen
Messias ohne Gott – einen »Brotmessias«. Ein Brotmessias
ist ein politischer oder sozialer Verführer, der die Menschen
allein dadurch, daß er ihnen Brot und Spiele gibt, aus den
Zwängen der Unmenschlichkeit zum vollen Menschsein zu
befreien vorgibt, sie in Wahrheit jedoch nur zu Werkzeugen
seiner Herrschaft macht und ihnen auf diese Weise gerade ihr
Menschsein raubt.

Nun aber hat Jesus die Versuchung bestanden und ist ein
Christus im Namen Gottes geworden. Weil er aber ein Christus im Namen Gottes ist, ist er zugleich ein Christus für die
Menschen. Womit er sich am Anfang in den drei Versuchun-
gen verborgen auseinandergesetzt hat, das wird sich während
seiner öffentlichen Wirksamkeit wiederholen, nun aber in
ganz anderer Form:

Jesus wird auf einem Berg stehen und ein Weltreich ankündigen, aber nicht als des Satans, sondern als Gottes Herrschaft
und darum nicht als ein Reich der Gewalt, sondern als ein
Reich der Macht der Liebe. Und er wird Hungernde mit Brot
speisen, aber nicht als ein politischer oder sozialer Messias,
der die Menschen dadurch, daß er ihnen Brot gibt, aber Gott
verweigert, unter seine Herrschaft zwingt, sondern wie ein
Sohn und Bruder, der an seine Brüder weiterreicht, was er
selbst von seinem Vater empfangen hat. Und schließlich wird
er am Kreuz hängen und wird nicht herabspringen, wird
auch keine Engel zu Hilfe rufen, sondern sterbend sich in
Gottes Arme werfen.

Weil er den oberen Weg des siegreichen Messias ausgeschlagen hat, muß Jesus den unteren Weg des leidenden Gottesknechts gehen. Gerade weil er kein politischer Messias sein will, wird er als angeblicher Messiasprätendent angeklagt und hingerichtet werden. Alle Wege, die Jesus fortan geht, führen zuletzt auf das Kreuz zu.

Als Jesus aus der Wüste aufbricht, hat er auch die Botschaft Johannes des Täufers hinter sich gelassen und mit ihr den Geist der Sekte von Qumran. Johannes bot in höchster Radikalität den Allgemeinfall der Religionsgeschichte: Gott darf sich nur nahen, wer Gottes würdig ist. In Jesu Botschaft dagegen erklingt lauter als das Gericht die Gnade. Gott ist zuerst nicht der Richter, der die Sünder straft und nur ausnahmsweise begnadigt, sondern der Vater, der die Sünder sucht und ihnen nachgeht, um ihnen zu vergeben. Er richtet die Menschen nicht hin – er richtet sie auf. Weil Gott ein gütiger Gott ist, darum ist er nicht nur für die Guten da.

Deutlich unterscheidet sich auch Jesu äußeres Auftreten von dem Johannes des Täufers. An ihm ist nichts Exzentrisches. Er ist kein Wüstenheiliger, sondern ein Wanderlehrer. Johannes weilte draußen in der Jordansteppe und ließ sich dort von den Menschen aufsuchen – die Sünder mußten zu ihm hinausgehen, um sich von ihm zur Rettung vor dem drohenden Strafgericht Gottes taufen zu lassen. Jesus dagegen wandert durch die Städte und Dörfer des jüdischen Landes, von Ort zu Ort, und sucht die Menschen auf: »Ich muß heute und morgen und am Tage danach wandern.« In Jesu Wanderung kreuz und quer durch das Land spiegelt sich seine Gottesverkündigung wider: Er geht zu den Sündern hin, geht ihnen nach und hat es nicht nötig, sie eigens noch zu taufen.

Darum herrscht in Jesu Umgebung auch eine völlig andere Stimmung als im Täuferkreis. Jetzt ist nicht mehr Fastenzeit, sondern Festzeit: »Wie können die Hochzeitsleute trauern, solange der Bräutigam bei ihnen ist?« Und wer freute sich nicht, wenn er die Stimme des Bräutigams vernimmt?

Als Jesus hört, daß Johannes der Täufer von Herodes Antipas verhaftet worden ist, hält er seine Stunde für gekommen. Er kehrt nach Galiläa in seine Heimat zurück, um den Menschen die gute Nachricht von Gott zu bringen, die er von Gott selbst empfangen hat. Jesus verkündet nicht einen neuen Gott, sondern den Gott der Väter, der ihm in der Bibel begegnet ist, aber er verkündet ihn anders und neu.

Als Jesus in die Öffentlichkeit tritt, ist er dem Grabe bereits näher als dem Mutterschoß. Er hat nur eine kurze Frist: »Ich muß wirken, solange es Tag ist; denn es kommt die Nacht, in der niemand wirken kann.«

DER ANFÄNGER DES GLAUBENS

Der Offenbarer: Gottes Göttlichkeit

»Nachdem Gott vorzeiten vielfach
und auf vielerlei Weise zu den Vätern
geredet hat durch die Propheten, hat er
in diesen letzten Tagen zu uns geredet
durch den Sohn.«

Von allen Religionsstiftern hat Jesus von Nazareth am kürze-
sten gewirkt, und auch kein anderer ist so jung gestorben wie
er. Ob er nur einige Monate oder drei volle Jahre öffentlich
aufgetreten ist – in jedem Fall macht er den Eindruck eines
Mannes, der nur wenig Zeit hat, der in kurzer Frist etwas
ganz Wichtiges, höchst Dringliches auszurichten hat. Er
selbst hat von sich gesagt:»Ich bin gekommen, ein Feuer an-
zuzünden auf Erden« – und hat hinzugefügt:»Was wollte ich
lieber, als es brennte schon!«
   Seine Gemeinde hat ihn später den »Anfänger und Vollender des Glaubens« genannt – treffender hätte sie die Absicht
und den Sinn seiner Sendung nicht ausdrücken können. Jesus
hat in der Tat eine Glaubensbewegung ins Leben gerufen.
   Der kurzen Dauer seines Wirkens entspricht die Art seines
Auftretens. Jesus hat keine geordnete Lehrtätigkeit ausgeübt,
schon gar nicht geplante Predigtreisen unternommen, auch
nicht, wie es Brauch war, in einem Lehrhaus gelehrt und nach
der Schulmethode der Rabbinen Schüler in der kasuistischen
Gesetzesauslegung unterwiesen. Er hat gepredigt, wie es sich

gerade ergab, im Gottesdienst in der Synagoge, aber auch im Freien, an der Straße, auf einem Hügel, am See, sogar vom Kahn aus. Es liegt etwas Spontanes, Zeichenhaftes in Jesu Erscheinung. Er verkündet kein geschlossenes System, sondern redet in Gleichnissen; er bietet keine festen Formeln an, sondern weist auf Zeichen hin; er vertritt keine ewigen Werte, sondern entscheidet von Fall zu Fall; er vermittelt kein religiöses Wissen, sondern spricht den einzelnen in seinem Gewissen an; er führt keinen allgemeinen Sündenbegriff ein, sondern deckt jeweils die reale Sünde auf; er besitzt kein fertiges Sendungsbewußtsein, sondern lauscht immer neu auf die Stimme Gottes; er heilt die Welt nicht in Bausch und Bogen, sondern macht einige Kranke gesund; er stiftet keinen neuen Kult, sondern hält Tischgemeinschaft auch mit solchen, die als kultisch unrein gelten; er gründet keine religiöse Organisation, sondern beruft einzelne Menschen in seine Nachfolge.

Alles in allem hat Jesu Verkündigen und Verhalten etwas Draufgängerisches an sich. Er geht zu den Menschen hin und redet zu ihnen nicht über Gott, sondern spricht ihnen Gott zu; er sagt nicht, wie Gott an sich ist, sondern wie er an den Menschen handelt. Die Wahheit ist für ihn stets konkret.

Wie immer Jesus seinen Zeitgenossen erschienen sein mag, ob als Rabbi, Prophet oder Wundertäter, in jedem Fall bildet das mündliche Wort das auffälligste Kennzeichen seines Wirkens. Das Verkündigen ist sein einziger Beruf. Wie seine eigene Gottesbeziehung vornehmlich nicht durch Sehen, sondern durch Hören bestimmt ist, das Wort mithin das Verständigungsmittel zwischen Gott und ihm bildet, so vollzieht sich auch sein Umgang mit den Menschen hauptsächlich im Reden und Hören. Dies gilt selbst für seine Wundertaten.

Jesus will die Menschen nicht vergewaltigen und sich gefügig machen, er will sie überzeugen und für Gott gewinnen. Darum wählt er das gewaltlose, scheinbar ohnmächtige Wort zum einzigen Mittel seines Wirkens.

Die Menschen zeigen sich von Jesu Wort betroffen. Bestürzt fragen sie: Was ist das für eine Lehre? Was sie beeindruckt, ist nicht zuerst ein einzelner Gedanke oder Satz, sondern die Art und Weise seines Lehrens insgesamt. Es erzeugt den Eindruck einer außergewöhnlichen Souveränität, die die Hörer gleichzeitig anzieht und erschreckt, die sie in jedem Fall beunruhigt und erregt, weil sie sie nicht zu deuten und einzuordnen wissen.

Dieser Mann aus Nazareth lehrt anders, als sie es von ihren Schriftgelehrten gewohnt sind, anders auch, als sie es von den biblischen Propheten kennen. Ein Rabbi hat die Schrift auszulegen und dabei die verschiedenen Lehrmeinungen sorgsam gegeneinander abzuwägen; er beruft sich auf die Autorität der Väter: Mose hat gesagt. Jesus dagegen spricht: »Ihr habt gehört, daß zu den Alten gesagt ist – ich aber sage euch.« Ein Prophet pflegt sich auf Offenbarungen und Erscheinungen zu berufen, auf das Wort, das von Gott an ihn ergangen ist: »So spricht der Herr.« Jesus dagegen sagt: »Amen, ich sage euch.« Während sonst jeder, der einen religiösen Anspruch erhob, darauf bedacht war, diesen sorgfältig zu begründen, und das Geschäft der Theologen zu einem guten Teil darin bestand, das Recht solchen Anspruchs genau nachzuprüfen, scheint Jesus nur »aus sich selbst« zu reden, ohne sich auf eine nachprüfbare anerkannte Autorität zu berufen oder sich irgendwie sonst zu legitimieren. Seine Legitimation ist einzig die Macht seines Wortes, und diese erweist sich allein darin, daß das Wort überzeugt, weil der, der es spricht, etwas zu sagen hat und daher Vollmacht besitzt. Diese Art, Autorität geltend zu machen, ist ein charakteristischer Zug an Jesus. Sie ist etwas Unabgeleitetes, Ureigenes an ihm. In seiner Erscheinung verschmelzen Verkündigen und Verhalten, Wort und Person, Wesen und Werk zur Einheit. Das weist auf den Ursprung seiner Vollmacht hin. Wenn Jesus spricht: »Ich aber sage euch«, dann stellt er sich damit nicht nur gegen Mose, dann setzt er sein Ich mit dem Ich Gottes gleich, denn das Gesetz galt als von Gott selbst gegeben und Mose nur als sein Vermittler. Und wenn Jesus ein Wort mit der Formel »Amen, ich sage euch« einleitet, dann nimmt er für sein eigenes Wort wiederum Gott als den Urheber in Anspruch. Denn »Amen« stand sonst nur als Bekräftigung am Ende einer Rede oder eines Gebets und wurde stets nur von einem anderen, nicht vom Beter oder Redenden selbst gesprochen. Wenn Jesus – entgegen diesem allgemeinen Brauch – das Amen voranstellt, dann zeigt dies, daß es sich bei dem, was er sagt, um ein Wort handelt, das er zuvor von Gott vernommen hat, zu dem er sich bekennt und für das er sich vor den Menschen einsetzt. Sein Amen garantiert die Wahrheit seines Wortes als Gottes Wahrheit. Jesus wagt es, an Gottes Stelle zu reden und zu handeln.

Die Grundverfassung der Existenz Jesu ist seine Gottesbeziehung – die Gewißheit, daß Gott mit ihm ist. Er lebt ganz und gar von Gott her und auf Gott hin; zwischen Gott und ihm steht nichts, gibt es keine Trennung und Entzweiung. Sein Leben ist in jedem Augenblick von Gottes Gegenwart bestimmt; sein Gottvertrauen ist total. Er hat sich ohne Rückhalt auf Gott eingelassen und so bis in die letzte Tiefe hinab erfahren und erlitten, wer und wie Gott ist. Gottes Geist hat ihn durchdrungen.

Was Jesus von anderen Menschen unterscheidet, liegt nicht jenseits oder außerhalb des Menschseins, sondern in ihm, in seiner letzten menschlichen Tiefe. Jesus ist kein schemenhaftes Fabelwesen, halb Mensch, halb Gott, dessen Füße kaum noch den Erdboden zu berühren scheinen, sondern ein wirklicher, geschichtlicher Mensch, der das ganze Geschick eines Menschen in dieser Welt, zwischen Geburt und Tod gespannt, durchlebt und durchlitten hat – ohne die Möglichkeit einer Ausflucht in ein stets zur Verfügung stehendes Jenseits oder des Rückzugs auf die eigene angestammte göttliche Natur. Er ist in die Zweideutigkeiten des Lebens verstrickt, darum im Urteil unsicher, vor Irrtum nicht geschützt, in seiner Macht begrenzt, den Wechselfällen des Daseins ausgesetzt. Er weiß nicht, was der nächste Tag ihm bringen wird. Es gibt in seinem Leben Hunger und Durst, Versuchung und Angst, Irrtum und Mißerfolg, Gesetz und Tragik, Leid, Konflikt und Tod. Entsprechend hat er die ganze Skala menschlicher Gefühle gezeigt. Über das Kommen der Kinder und der Sünder zu ihm hat er sich gefreut, über den Tod seines Freundes Lazarus hat er getrauert, über die unbußfertige Stadt Jerusalem geweint, die Händler und Wechsler zornig aus dem Tempelvorhof getrieben, und im Garten Gethsemane hat die Angst vor dem Sterben ihn gepackt.

Alles in allem bietet Jesus nicht das Bild eines schicksalslosen, unverwundbaren Himmelsboten, der nur von oben herab über Gott redet, sondern das eines lebensvollen, verletzbaren Menschen, der Gott am eigenen Leibe erlebt und noch im Leiden für sich über Gott etwas hinzulernt und gerade deshalb vertrauenswürdig bleibt.

So und nicht anders, nur so grundmenschlich ist Jesus von Nazareth der Offenbarer Gottes. Offenbarung bedeutet Vergegenwärtigung Gottes und schließt Stellvertretung und Vermittlung ein. Nicht nur über Jesu Leiden und Sterben oder gar nur über seinem blutigen Tod am Kreuz, sondern über seinem ganzen Leben und Wirken, über seinem Glauben und Lehren, über seinem Verkündigen so gut wie über seinem Verhalten, über seiner Gottesbeziehung ebenso wie über seiner Mitmenschlichkeit steht als treibende Kraft das »Für euch«. Hier geht es nicht irgendwie magisch, sondern ganz und gar geschichtlich zu.

Ursprung und Kern seiner neuen Botschaft von Gott bildet Jesu eigene Gotteserfahrung. In seinem Verkündigen und Verhalten hat er sein persönliches Gottesverhältnis ausgelebt. Darum sind alle seine Worte und Taten wie Bruchstücke einer großen Konfession. Um Gott offenbar zu machen, geht er in die Öffentlichkeit. Was er für sich selbst von Gott erkannt hat, das teilt er mit, damit auch andere daran teilhaben. Sein von ihm erworbenes Wissen von Gott soll allen Menschen zugute kommen, damit sie gleichfalls zur Gottesgewißheit gelangen und endgültig Bescheid wissen, wer und wie Gott in Wahrheit ist. Gott zur Sprache zu bringen – dazu weiß Jesus sich beauftragt und ermächtigt; dafür hat er sein Leben eingesetzt.

Scheinbar unbekümmert um alles Äußere und Einzelne, richtet Jesus sein Interesse auf die Grundsituation des Menschen in der Welt. Die politischen und sozialen Verhältnisse lassen ihn, wenigstens auf den ersten Blick, merkwürdig unberührt. Ihn interessieren weder die nationalen Hoffnungen seines Volkes noch irgendwelche proletarischen Bewegungen; gegenüber allen politischen Richtungen und sozialen Programmen zeigt er sich gleichermaßen skeptisch. Es geht ihm zuerst nicht um eine Veränderung der Verhältnisse, sondern um eine Änderung der Menschen in ihrem Verhältnis zu den Verhältnissen und eben damit um ihre Grundsituation. Während die nationalen Leidenschaften hochgehen und die verschiedenen politischen Richtungen miteinander über mögliche Lösungen streiten, erinnert Jesus alle zusammen an die eigentliche und tiefste Not: Was den Menschen kränkt, knechtet, erniedrigt, beleidigt, entrechtet, mit einem Wort, entmenschlicht, gründet zuletzt in seiner Gottesferne, in seiner Loslösung vom Ursprung und bleibenden Grund allen Lebens. Das ist seine Sünde, und sie ist es, die ihm sein Schicksal bereitet.

Aber die Gottesferne des Menschen bildet für Jesus kein eigenständiges Thema, sondern gibt nur die Grundierung her für seine Botschaft von Gottes Nähe: Gott kommt, Gott will dasein für alle, für jeden so, wie er ihn nötig hat und braucht, insonderheit für die, die bislang ausgeschlossen schienen von seinem Heil und Reich, für die Entrechteten und Zukurzgekommenen, die kein Glück im Leben gehabt haben und sich deshalb von Gott und den Menschen verlassen dünken. Sie brauchen nicht mehr vor Gott zu fliehen, sondern sollen eine Zuflucht haben bei ihm; sie sollen nicht mehr weglaufen vor Gott, sondern sollen ihm begegnen. Ihnen allen verbürgt Jesus Gottes Nähe – so, wie er sie selbst erfahren hat.

Mit dieser Gottesverkündigung übersteigt Jesus seine religiöse Umwelt. Während das zeitgenössische Judentum Gott in die Höhe des Himmels und in die Ferne der Geschichte entrückt hat, holt Jesus ihn in die Gegenwart hinein und kündet seine Nähe augenblicklich und hier an. Der von ihm offenbarte Gott ist anders als die Götter sonst – nicht durch seinen unendlichen Abstand, sondern durch seine unmittelbare Nähe: Gott ist nicht dort, wo über der Erde der Himmel ist, sondern Himmel ist auf Erden überall dort, wo Gott ist.

Der Name »Vater« ist für Jesus der bezeichnende, alles umfassende Ausdruck seiner neuen Gotteserkenntnis. Auch im Judentum wurde Gott, fußend auf der Bibel, Vater genannt, aber hier war es nur ein Name unter anderen. Bezeichnend für die zeitgenössische jüdische Frömmigkeit war nicht die Nähe Gottes, sondern seine Ferne. Um seiner Heiligkeit willen wurde Gott den Menschen so weit entrückt, daß sein Name nur noch einmal im Jahr am Großen Versöhnungstag in der Liturgie vom Hohenpriester genannt werden durfte, aber auch da nur so, daß der Gesang der Tempelchöre die Stimme des Hohenpriesters übertönte.

Jesus dagegen spricht unbefangen von Gott als Vater und redet ihn vertrauensvoll sogar mit »Abba« an. Das aramäische Wort »Abba« stammt nicht aus der Kultsprache des Tempels oder der Synagoge, sondern weist in die Alltagssphäre des Hauses und der Familie. Es ist ein Kosename und heißt übersetzt »lieber Vater« oder sogar »Papa«. Inniger, ja zärtlicher kann man von Gott nicht reden. Aus dieser Anrede sprechen Geborgenheit, Angstlosigkeit, Freude und Glück. Damit wird das Gottesverhältnis entscheidend als Vertrauen und Liebe bestimmt: Gott ist dem Menschen so zugewandt und nahe wie im Hause der Vater dem Sohn und der Tochter mit seiner Fürsorge, Obhut und Belehrung.

Wenn Jesus Gott »Vater« nennt, dann überträgt er damit nicht das allgemeine menschliche Vater-Kind-Verhältnis auf Gott, sondern drückt nur, was er im eigenen Umgang mit Gott erfahren hat, im Bilde seiner patriarchalischen Umwelt aus. Was er über Gott als Vater sagt, übersteigt alle irdische Vaterschaft, überhaupt alle menschliche Art: So handelt kein Vater und auch keine Mutter auf Erden! Darum warnt Jesus auch vor jeder Gleichstellung. Er sagt nicht etwa: Schaut euch die Eltern auf Erden an, dann wißt ihr, wer und wie Gott ist! Vielmehr sagt er: »Wenn schon ihr, die ihr doch böse seid, dennoch euren Kindern gute Gaben geben könnt, wieviel mehr dann euer Vater im Himmel.« Und schließlich ganz

radikal, jegliche Analogie ausschließend: »Ihr sollt nieman-
den unter euch Vater nennen auf Erden, denn nur einer ist
euer Vater: der im Himmel ist.« Gottes Vaterschaft ist nichts
Selbstverständliches, Natürliches, sondern bildet die göttliche Ausnahme, die alle menschliche Vater- und Mutter-
schaft übersteigt und sie eher in Frage stellt als begründet.

Daß Gott »Vater« genannt wird, umschließt alles, was
überhaupt von Gott gesagt werden kann. Es bedeutet, daß er
der Schöpfer und Erhalter der Welt ist und deshalb für den
Lebensunterhalt der Menschen sorgt. Gleichzeitig aber weist
es auf noch Ausstehendes, Zukünftiges hin. Jesu Zusage, daß
Gott Vater sein will und die Menschen daher nicht mehr
Knechte, sondern Söhne und Töchter heißen sollen, beansprucht die Erfüllung alles dessen zu sein, was Menschen je
von Gott geglaubt und für die Menschheit erhofft haben.

Daß der allmächtige Gott, der Himmel und Erde geschaffen
hat, der in der Natur waltet und in der Geschichte herrscht,
jedem Menschen so nahe ist wie ein Vater seinen Kindern, das
kann – angesichts der Gegensätze in der Natur und der Widersprüche in der Geschichte – einer nur glauben, indem er
wider den Augenschein der Welt auf Jesu Wort hin glaubt. Zu
solchem Glauben will Jesus den Menschen Mut machen.
Darum allein ist es ihm vom Anfang bis zum Ende seines
Wirkens gegangen.

Glauben heißt für Jesus, mit Gott rechnen, sich auf die Zusage seiner Nähe verlassen, auf seine Macht vertrauen und
seine Hilfe ungescheut in Anspruch nehmen. Bereits die lei-
seste Bewegung in Richtung auf Gott – allein schon die Geste
der Hilflosigkeit und das Innewerden des Angewiesenseins –
bezeichnet er als Glauben. Wo immer Menschen sich von
Jesus zum Glauben ermutigen lassen, dort ist seine Ver-

kündigung ans Ziel gelangt. Denn der Glaube an Gott ist ihr einziger Inhalt.

Jesus und Glaube gehören zusammen. Indem Jesus den Glauben lebt, erweckt er ihn in den Menschen. Was Glaube an Gott heißt, wird deshalb an ihm erkennbar.

Seine Sensibilität für Gott treibt Jesus in die Solidarität mit den Menschen.

Derselbe Jesus, der ganz und gar auf Gott bezogen lebt, der von sich sagt, daß es seine Speise sei, den Willen des zu tun, der ihn gesandt hat, der das Recht, Gott »Vater« zu nennen, für sich in besonderer Weise in Anspruch nimmt, der in jeder Stunde seines Lebens gehorsam auf Gottes Stimme lauscht, der jedes Wort, das er sagt, und jedes Werk, das er tut, aus Gottes Mund und Hand empfängt, der sich den Menschen immer wieder entzieht und dann die Nacht auf einem Berge einsam im Gebet verbringt, kurzum, der sich allein Gott verpflichtet weiß und nichts anderes im Sinn hat, als die Menschen gleichfalls zum Glauben an Gott zu ermutigen;

– derselbe Jesus lebt ganz und gar den Menschen zugewandt, wagt sich in Kreise, in die sonst kein Frommer geht, übertritt aus Liebe zu den Menschen sogar Gottes Gebot, ergreift für die Armen und Entrechteten Partei, setzt sich mit solchen, die die Gesellschaft verachtet und ausgestoßen hat, mit Zöllnern und Sündern, zusammen an einen Tisch, tritt für Frauen und Kinder ein und stellt sich schützend selbst vor Prostituierte und Ehebrecherinnen, heilt Kranke, speist Hungrige und heißt sogar die Feinde lieben, kurzum, nimmt sich auch noch des geringsten Menschenkindes an und fordert alle Menschen auf, es ihm in all dem gleichzutun.

Was diese beiden scheinbar widersprüchlichen Erscheinungsweisen zusammenhält und zu einem Ganzen verbindet, ist Jesu Gottesverkündigung: Er verkündet die Menschlichkeit Gottes als den Kern seiner Göttlichkeit. Der Gott, der sich als Vater zu erkennen gibt, tut eben darin kund, daß er ein Gott der Menschen sein will, daß er eine Leidenschaft für die Menschen hat, daß er auf des Menschen Menschlichkeit bedacht ist und sich um seine Zukunft sorgt, kurzum, daß er ein menschenfreundlicher Gott ist.

So ist Jesus ineins das Gleichnis Gottes und des Menschen. Nur wer diese zweifache Transzendenz in Jesu Leben und Wirken festhält, hat seine Person und Botschaft wahrhaft erfaßt. Jesus empfängt sich selbst ganz und gar von Gott und gibt sich ganz und gar an die Menschen hin. Der Mensch für Gott ist zugleich der Mensch für andere – darin hat er nicht seinesgleichen. Und darum ist Jesus nicht bloßer Mensch, sondern der wahre Mensch.

Jesus selbst hat, was seine Person betrifft, Zurückhaltung geübt. Gewiß hat er über sich nachgedacht, aber er hat anderen keinen Einblick in sein pesönliches Leben gewährt. Höchstens läßt sich an seinem Verhalten etwas von dem ablesen, was in seinem Innern vorgegangen ist.

Jesus hat nicht sich selbst gepredigt. Er ist nicht durch die Städte und Dörfer des jüdischen Landes gezogen und hat dabei, mit dem Finger auf sich zeigend, dauernd nur von sich geredet: Ich bin, ich bin... Das Gegenteil ist der Fall. Er hat nicht gesagt: Ich bin, sondern: Gott ist. Seine Gottesbeziehung artikuliert sich in seiner Gottesverkündigung. Er ist nicht an seiner Selbstverwirklichung, sondern am Wirklich- und Wirksamwerden Gottes interessiert. Er hat sich selbst entäußert gemäß der Lebensregel, die er auch seinen Jüngern hinterlassen hat: »Wer sein Leben erhalten will, der wird's verlieren; und wer sein Leben verliert, der wird's gewinnen.«

Es konnte jedoch nicht ausbleiben, daß Jesu zentrale Verkündigung Gottes als Vater ein Licht auf ihn selbst zurück-
warf. Als Widerspiegelung und Echo seiner »Abba«-Erfah-
rung mußte sich der Sohnesname für ihn fast von selbst
einstellen. Dabei ist es gleichgültig, ob Jesus selbst sich als
Gottes Sohn bezeichnet hat – er hat es mit an Sicherheit grenzender Wahrscheinlichkeit nicht getan. In jedem Fall ist er der
Sohn nicht aufgrund einer besonderen physischen Abstammung und entsprechenden metaphysischen Beschaffenheit,
sondern allein aufgrund eines bestimmten Erkennens und
Verhaltens: weil er Gott als Vater erkannt hat und ihn ganz
und gar seinen Vater sein läßt. Jesus hat nichts »aus sich
selbst«, aber gerade indem er nichts aus sich selbst hat, hat er
alles von Gott. Als der total Angewiesene und Empfangende
lebt er in ungebrochener, vertrauensvoller Einheit mit seinem Vater. Und eben damit erweist er sich als der »Sohn«.

Dabei ist Jesus sich der Einzigartigkeit seiner Gottesbeziehung und damit seiner Sonderstellung gegenüber Gott
durchaus bewußt. In seinem Munde findet sich immer nur
entweder die Formulierung »mein Vater« oder »euer Vater«;
niemals aber schließt er sich mit den übrigen Menschen, nicht
einmal mit seinen Jüngern in der Anrede »unser Vater« zusammen. Jesus sagt zuerst »mein Vater« und erst dann »euer
Vater« – nur so wird Gott für die Menschen »unser Vater«.

Jesu exklusives Verhältnis zu Gott bestimmt sein Verhalten
gegenüber den Menschen. Es ist gleichzeitig durch Nähe und
Distanz, durch Schüchternheit und Schroffheit gekennzeichnet. Jesus wendet sich den Menschen zu, geht ihnen nach und
läßt sich auf sie ein; dann aber ist es wieder, als könnte er sie
länger nicht ertragen, und er flieht vor ihnen in die Einsamkeit, um sich im Gebet neu mit Gott zu einen. Er fährt mit den
Jüngern im Boot ans andere Ufer des Sees Genezareth, wo die

Menschen sie nicht erreichen, oder läßt die Jünger allein vor-
ausfahren und sucht für sich eine einsame Stätte. Er verbringt
die Nacht auf einem Berg allein im Gebet oder steht früh vor
Tagesanbruch auf, um wiederum ungestört beten zu können.

Diese Einsamkeit ist die Kehrseite seiner Gottesbeziehung,
aber zugleich auch die Kraftquelle seiner Mitmenschlichkeit.
Es ist, als gehorchte Jesus auch in seinem Umgang mit den
Menschen einem höheren Plan und folgte einer inneren
Stimme. Er kann sich plötzlich versagen und im nächsten
Augenblick wieder ganz hingeben, als ob ihn jeweils jemand
riefe. Dennoch macht er nicht den Eindruck eines angespann-
ten, sondern eines gelassenen Menschen. Obwohl er ahnt,
daß er nur wenig Zeit hat, ist nichts Aufgeregtes, Ange-
strengtes in ihm, sondern eine große innere Ruhe und Kraft,
die sich auch anderen mitteilt.

Jesus ist nicht unangefochten durchs Leben gegangen und
hat die Anfechtungen auch nicht, womöglich aufgrund göttlichen Vorherwissens, unberührt überstanden. Wenn er sich
zur Sündertaufe des Johannes drängt, dann tut er dies spon-
tan, aus innerem Antrieb, im Blick auf sich selbst und nicht
aus Rücksicht auf irgendein Publikum, etwa um Johannes
öffentlich zu legitimieren oder seine Solidarität mit ihm zu
demonstrieren.

Oder wenn ein junger Mann ihn mit »Guter Meister«
anredet und er darauf mit der Zurechtweisung reagiert:
»Was nennst du mich gut? Niemand ist gut als Gott allein«,
dann tut er auch dies nicht aus pädagogischer Absicht,
etwa um den Jüngling bei einer Gedankenlosigkeit zu be-
haften, sondern erinnert an den zwischen Gott und ihm bestehenden Abstand: Er will kein Götze, kein Gott neben
Gott sein.

Und wenn Jesus schließlich im Garten Gethsemane aus

Angst vor dem Sterben zittert und zagt und Gott bittet, er möchte, wenn möglich, den Leidenskelch an ihm vorübergehen lassen, und wenn er sich dann nach langem Gebetskampf am Ende doch gehorsam in Gottes Willen fügt, so zeigt dies, daß seine Gottessohnschaft kein fester, angeborener Stand ist, sondern einen Werdegang hat.

Darum heißt es im Hebräerbrief sachgemäß von Jesus: »Er hat, obwohl er Gottes Sohn war, doch an dem, was er litt, Gehorsam gelernt.« Damit ist gesagt, daß Jesus in bezug auf Gott einen Lernprozeß durchgemacht hat. Im Wesen eines Lernpozesses aber liegt es, daß man durch ihn etwas gewinnt, was man vorher nicht besessen hat. Jesus hat mithin gelernt, Gott über alle Dinge zu fürchten, zu lieben und zu vertrauen.

Er hat, was er über die Schuld des Menschen und über Gottes Gnade sagt, am eigenen Leibe und im eigenen Herzen erfahren und eben auf diese Weise eine neue, die endgültige Wahrheit über Gott erbracht: »Worin er selber gelitten hat und versucht worden ist, kann er denen helfen, die versucht werden.«

Die Menschen rings um Jesus suchten nach einem Etikett, mit dem sie seine ungewohnte Erscheinung deuten und einordnen könnten. Die Schemata dafür lagen reichlich bereit, in der alttestamentlichen Prophetie wie im zeitgenössischen Messianismus, in der jüdischen Apokalyptik wie in den hellenistischen Erlösungslehren. Aber keiner dieser zahlreich vorhandenen Titel vermag Jesu Person und Botschaft wirklich zu erfassen.

Jesus von Nazareth ist anders, zugleich weniger und mehr, als alle diese Titel besagten. Ohne Titel, Amt oder großen Namen vertritt er Gott vor den Menschen. Durch alles, was er redet und tut, konfrontiert er sie unmittelbar, ohne Zwischeninstanz, nur durch sich selbst, mit Gott. Indem er Menschen in seiner Nachfolge zum Glauben ruft, versetzt er sie in Gottes Gegenwart. Er hat einfach gelebt und getan, wozu er sich berufen wußte – er ist Gottes Mann aus Nazareth.

Der Evangelist: Gottes Reich

»Jesus zog umher durch alle Städte
und Dörfer, lehrte in ihren Synagogen
und predigte das Evangelium vom
Reich.«

»Die Zeit ist erfüllt, das Reich Gottes ist nahe. Kehrt um und
glaubt an das Evangelium!« Mit dieser Botschaft tritt Jesus in
die Öffentlichkeit. Das Wort »Evangelium« besagt, daß es
eine gute Nachricht sei, die er den Menschen von Gott zu
bringen hat. Deshalb werden die Berichte über sein Leben
und Wirken später »Evangelien« genannt – Jesus ist gleichsam der Ur-Evangelist.

Es ergeht kein moralischer Appell an die Menschen, son-
dern eine freundliche Einladung. Jedermann ist eingeladen.
Freilich muß er die Einladung annehmen. Darum: Kehrt um!
Ändert euren Sinn! Glaubt an das Evangelium!

Die Chance für seine gute Nachricht von Gott erblickt Jesus nicht in irgendeiner religiösen Offenheit der Menschen,
sondern in ihrer offenbaren Not. Er sieht, wie erschöpft und
mißhandelt sie sind – gleich einer Herde von Schafen, die
keine Hirten haben oder nur Hirten, die sie in die Irre leiten.
Gerade darin aber erkennt Jesus die große Gelegenheit für
seine Predigt: wie ein Feld reif zur Ernte ist, wenn der Sommer vor der Tür steht – nur fehlen die Arbeiter. Auch Johannes der Täufer ist nicht mehr da, seitdem Herodes ihn gefan-

gengesetzt hat. Dies erscheint Jesus als ein Wink Gottes, und so tritt er in die Arbeit in Gottes Ernte ein.

Er beginnt seine Verkündigung in der ihm vertrauten galiläischen Heimat, jedoch nicht in seiner Vaterstadt Nazareth – wo er allzu bekannt ist, wie er noch zu spüren bekommen soll –, sondern an der nördlichen Spitze des Sees Genezareth, in dem Dreieck zwischen Kapernaum, Chorazin und Bethsaida. Dieses Gebiet liegt auf der Grenze zum Heidenland. Es ist ein fruchtbarer, dicht bevölkerter Landstrich mit reicher Landwirtschaft und lohnendem Fischfang. Entsprechend sind Jesu erste Zuhörer vornehmlich Kleinbauern, Fischer, Handwerker, Tagelöhner, unter ihnen auch Frauen und Kinder, insgesamt kleine, einfache Leute.

Die Ortswahl für den Beginn seiner Verkündigung ist für Jesu Absicht bezeichnend. Er will von vornherein verhindern, daß seine Predigt politisch mißdeutet wird. Darum meidet er die politischen Zentren, sowohl Cäsarea am Meer, wo der Statthalter Pontius Pilatus seinen Sitz hat, als auch Tiberias am See Genezareth, wo sein Landesherr, der Vierfürst Herodes Antipas, residiert. Und nach Jerusalem wird er erst gehen, wenn er bewußt, von sich aus, die endgültige Entscheidung sucht.

Jesus war ein unpolitischer Mensch, und seine Botschaft hat keinen politischen Ursprung; wohl aber enthält sie politische Perspektiven und Impulse.

Daß Gott den Menschen in Liebe zugewandt ist wie ein Vater seinen Töchtern und Söhnen und sie deshalb in seiner Gegenwart geborgen sind – diese ihm unmittelbar zuteil gewordene Gewißheit der Nähe Gottes hat Jesus in die Hoffnungssprache seiner Zeit gekleidet und damit zugleich die heilsgeschichtliche Situation gedeutet. Was Juden und Heiden seit

langem sehnlich erwarten, was viele Propheten und Gerechte
zu sehen und zu hören begehrt haben, das soll sich für die
Zeitgenossen jetzt erfüllen: Das Reich Gottes ist nahe – Gottes Heil steht vor der Tür! Hier ist mehr als der Prophet Jona,
mehr auch als die Weisheit Salomos. Die allgemeine religiöse
Wahrheit, daß Gott den Menschen nahe ist – durch Jesus wird
sie Ereignis.

Fraglos hat Jesus, wenn auch nicht den politischen Messianismus, so doch die apokalyptischen Vorstellungen seiner
Zeit geteilt. Er ist in ihnen aufgewachsen und hat sie beibehalten; in seiner Verkündigung aber macht er von ihnen nur
wenig Gebrauch. Da gibt es keine phantastische Ausmalung
oder gelehrte Berechnung künftiger Ereignisse, kein Denken in Weltperioden und kein Ausspähen nach Zeichen, erst
recht keine Bestätigung der nationalen Hoffnungen Israels,
darum auch kein Wort vom Messias, der seine Feinde zer-
schmettert, von der Weltherrschaft des jüdischen Volkes,
vom neuen Glanz Jerusalems oder von einem friedlichen Paradies auf Erden – vieles davon wird erst die christliche Gemeinde später übernehmen. Jesus war wohl ein frommer
Jude, aber er war kein jüdischer Patriot. Gott war ihm wichtiger als sein Volk, auch wenn Israel sich als Gottes Volk
verstand.

In Jesu Proklamation des Reiches Gottes vollzieht sich eine
große Vereinfachung und Ernüchterung. Hier wird alles einzig auf die Herrschaft Gottes konzentriert und damit auf die
einzigartige Gewißheit seiner Nähe. Daraus ergibt sich von
selbst eine Entpolitisierung des Messianismus und eine Ent-
mythologisierung der Apokalyptik. Der Feind ist nicht die
Weltmacht Rom, sondern die Unheilsmacht des Bösen.
Darum denkt Jesus weder daran, die Welt zu verbessern noch
sie zu verklären. Er stellt Größeres, Endgültiges in Aussicht:

Der Mensch, die ganze Welt soll heil werden. Aber solches
steht nicht in der Macht von Menschen. Die Menschen können das Reich Gottes nur suchen, erwarten, empfangen, sie
können es nicht herbeizwingen oder selbst schaffen. Das
Reich Gottes kommt »von selbst«, als Gottes große Wunder-
tat.

Was es mit Gottes Herrschaft auf sich hat, davon spricht Jesus
zu den Menschen in Gleichnissen – »und ohne Gleichnisse
redete er nicht zu ihnen«. Wie soll ein Mensch von Gott auch
anders reden als in »menschenförmiger« Rede und eben damit in Gleichnissen? Jesu Gleichnisrede bedeutet mithin mehr
als nur ein pädagogisches Mittel; sie ist das irdische Gefäß,
das der göttlichen Offenbarung entspricht.
   Den Stoff für seine Gleichnisse hat Jesus aus der Welt rings
um sich her genommen. Das Alltägliche wird ihm zum Zeichen, und nichts Menschliches ist ihm fremd: Saat und Ernte,
Regen und Sonnenschein, die Blumen auf dem Felde und die
Vögel unter dem Himmel, dazu der Bauer auf dem Acker
und die Frau im Haus, die bittende Witwe und der ungerechte
Richter, Könige und Beamte, Herren und Knechte, Bankiers
und Bankrotteure, und mit all dem wiederum Reichtum und
Not, Freude und Trauer, Glück und Enttäuschung, Verlust
und Gewinn – dies alles kommt in Jesu Gleichnissen vor. Zusammen ergibt es ein plastisches Bild vom damaligen Leben
in Palästina, wie ein Stück Heimatkunde. Und Jesus ist ein
lebendiger, bisweilen gefährlicher Geschichtenerzähler: Er
erzählt Geschichten, die die bestehende religiöse, soziale und
politische Ordnung gefährden. Darum ist er zugleich ein ge-
fährdeter Erzähler; er hat sein Geschichtenerzählen am Ende
mit dem Leben bezahlt.
   Die Wirklichkeit der Welt in ihrer ganzen Fülle, mit ihren

Licht- und Schattenseiten, wird durch Jesu Deutung zum Gleichnis für Gottes Handeln: »So verhält es sich mit dem Reich Gottes.« Nicht, daß Jesus unmittelbar an den Vorgängen in Natur und Geschichte Gottes Willen und Wirken abläse – allein sein Glaube ist es, der ihn die Welt als Gottes Schöpfung erkennen läßt. Weil er Gottes Nähe unmittelbar erfahren hat und gewiß ist, daß sein Reich kommt, wird die Welt für ihn auf Gott hin transparent und erkennt er darin überall Zeichen seines Kommens. Damit die Menschen dies gleich ihm erkennen und glauben, erzählt er ihnen davon in Gleichnissen. Er will ihnen die Augen öffnen und sie zum eigenen Verstehen anhalten – denn zur Öffentlichkeit gehört stets auch Verständlichkeit. Darum appelliert er an ihre Einsicht: »Wer unter euch...?«, und erzählt so lebensnah, daß die Wahrheit einleuchtet und die Hörer nur bestätigen können: Ja, so ist es.

Denen, die nicht glauben, bleibt die Welt verschlossen, und Gottes Offenbarung wird für sie aus einem Geheimnis zu einem Rätsel. An ihnen erfüllt sich das Prophetenwort: »Mit den Ohren werdet ihr hören und werdet es nicht verstehen; und mit sehenden Augen werdet ihr sehen und es nicht erkennen.« Jeder versteht und erkennt immer nur so viel von Gott, wie er glaubt.

Jesu bedeutungsvollste Reich-Gottes-Gleichnisse sind in der Bilderwelt von Saat und Ernte angesiedelt. Dies hängt mit der Eigenart seiner Gottesverkündigung zusammen: Gott ist für ihn mehr ein Geschehen als ein Sein, mehr eine Bewegung als ein Begriff, mehr Wille als Idee, und eben dieser göttlichen Dynamik entspricht der geheimnisvolle Wachstumsprozeß zwischen Aussaat und Ernte.

»Ein Sämann ging aus zu säen...« – das ist die Anfangstatsache; ohne sie gäbe es kein Sprießen, Wachsen und Ernten.

Der Sämann, den Jesus im Gleichnis schildert, hat bei seiner Aussaat freilich viel Mißgeschick: Viele Körner, wie es scheint, sogar die meisten, fallen daneben. Einiges fällt auf den Weg, und die Vögel kommen und fressen es; einiges fällt auf felsigen Boden, geht zwar rasch auf, aber verdorrt gleich wieder; einiges fällt unter die Dornen und wird von ihnen erstickt. Um so wunderbarer ist am Ende die unerwartet große Ernte: Einiges fällt auf gutes Land, geht auf und wächst und trägt Frucht, dreißig-, sechzig- und hundertfach.

Wer dieses Gleichnis hörte, mußte erkennen, daß Jesus hier von sich selbst spricht: Er ist der Sämann, der jetzt über das Land geht und das Wort vom Reich Gottes wie einen Samen ausstreut. Mögen auch viele Hörer sein Wort nicht annehmen, die Saat wird in jedem Fall aufgehen und die Ernte überreich ausfallen. Der Ton des Gleichnisses liegt nicht auf der Klage über das Versagen der Menschen, sondern auf der Gewißheit der endgültigen Herrschaft Gottes. Weil es kraft seiner selbst kommt, vermag nichts in der Welt das Kommen des Reiches aufzuhalten.

Jesus macht dies an der geheimnisvollen Dynamik in allem Wachstum deutlich: Ein Bauer wirft Samen auf das Land und kümmert sich nicht weiter darum – was könnte er auch dafür tun? Er steht auf und geht schlafen, Tag und Nacht; indes geht der Same auf und wächst – der Bauer weiß nicht, wie. Denn von selbst bringt das Land die Frucht hervor, zuerst den grünen Halm, dann die Ähre, schließlich den vollen Weizen in der Ähre. Wenn es so weit ist, kann die Ernte beginnen.

Das Reich Gottes ist auf keine Weise von Menschen herstellbar, weder durch sittliche Anstrengung noch durch religiöse Magie, weder durch politische Revolution noch durch

kulturelle Evolution. Es bringt sich selbst hervor, kraft seines
eigenen göttlichen Wachstums wie die Vegetation in der Natur.

Klein und unscheinbar ist der Anfang, groß und unvergleichlich herrlich das Ende! Das zeigt sich wiederum am
Wachstum des Senfkorns. Es ist das kleinste unter allen Sa-
menkörnern, aber wenn es ausgesät ist, wird es größer als alle
anderen Kräuter, sogar zu einem Baum, in dessen Zweigen
die Vögel nisten.

Genauso der Sauerteig: Ein wenig in einen großen Trog
Teig geknetet, ergibt Brot für hundert Münder.

Welcher Kontrast zwischen Anfang und Ende! Es ist unbe-
greiflich. Man kann das Geheimnis des Reiches Gottes nicht
erklären, man kann es nur staunend wahrnehmen und des
göttlichen Ziels der Geschichte gewiß sein.

Wer damit rechnet, daß Gott am Werk ist, der kann gedul-
dig warten und das Wachsen seines Reiches getrost ihm über-
lassen. Er wird sich verhalten wie jener Bauer, unter dessen
Weizen sein Feind heimlich des Nachts den giftigen Lolch
gesät hat. Als seine übereifrigen Knechte das Unkraut vertil-
gen wollen, warnt er sie davor, mit dem Unkraut zugleich
den Weizen auszureißen, und sagt gelassen: »Laßt beides
wachsen bis zur Ernte!« Das bedeutet den Verzicht, das Reich
Gottes als einen reinen Bezirk aus der übrigen Welt auszu-
grenzen. Frommer Eifer schadet nur!

»Durch viele solche Gleichnisse sagte er ihnen das Wort so,
wie sie es zu hören vermochten. Und ohne Gleichnisse redete
er nicht zu ihnen.«

Was Jesus in den Gleichnissen vom Reich Gottes in Bild und
Wort faßt, eben das ereignet sich gegenwärtig in Galiläa.
Durch seine Verkündigung kommt das Reich Gottes in

Reichweite. Durch die Worte, die er spricht, und durch die Zeichen, die er tut, wirft es seine Schatten voraus. Und so kann Jesus auf die Frage der Pharisäer, wann denn nun das Reich komme, antworten: »Siehe, das Reich Gottes ist mitten unter euch.«

Die gleiche Antwort erteilt er Johannes dem Täufer. Der hört im Gefängnis von Jesu Wirken und versteht es nicht. Es sieht so ganz anders aus, als er sich die Herrschaft Gottes vorgestellt hat: Kein Gericht mit Feuer und Sturm, auch kein Starker, der machtvoll auftritt, sondern ein Wanderlehrer, der predigend durch das Land zieht, freundlich selbst mit Sündern verkehrt und einige Wunder tut. Soll das der Messias sein? Angesichts solcher Unscheinbarkeit kommen Johannes Zweifel, ob Jesus der Kommende ist, den er angesagt hat. Um sich Gewißheit zu verschaffen, schickt er Boten zu ihm und läßt ihn fragen: »Bist du es – oder sollen wir auf einen anderen warten?« Jesus antwortet Johannes mit einem alttestamentlichen Prophetenwort und spielt damit auf sein eigenes Tun an: »Blinde sehen und Lahme gehen, Aussätzige werden rein und Taube hören, Tote stehen auf – und den Armen wird das Evangelium gepredigt.« Und er fügt hinzu: »Selig ist, wer an mir keinen Anstoß nimmt.«

Jesus selbst, sein Auftreten, ist das Zeichen des Reiches Gottes. Wenn er Menschen in seine Nachfolge ruft, die Armen selig preist, Sünder wie Gerechte zur Umkehr auffordert, Dämonen austreibt und Kranke heilt, dann ist das Reich Gottes in all dem schon verborgen gegenwärtig. Irgendwelche anderen Zeichen gibt es nicht – so wie auch einst die Predigt des Propheten Jona für die Bewohner von Ninive das einzige Gotteszeichen war.

Darum weist Jesus jede Zeichenforderung ab. Man kann das Reich Gottes nicht wie ein Zuschauer beobachten: Siehe,

hier oder da ist es! Es gibt keine feststellbaren äußeren Kriterien, keine sichtbaren Symptome, auf die hin einer ohne den
Einsatz der eigenen Person glauben könnte. Man kann das
Reich Gottes nur wahrnehmen, indem man Jesu Ansage für
wahr hält. Glaubten die Hörer seinem Wort, so würden sie in
seinem Wirken – in der Glaubensbewegung, die er durch seine
Predigt des Evangeliums entfacht – Gott am Werk sehen, nicht
anders, als wenn sie an den aufziehenden Wolken den kommenden Regen, am Wehen des Südwinds die drohende Hitze
oder an den Blättern des Feigenbaums den bevorstehenden
Sommer ablesen. Wer sich mit seinen Worten und Taten nicht
begnügt, wer mehr haben will als den Mann, der vor ihm steht,
den läßt Jesus seinerseits stehen und geht davon.

Beispielhaft für die richtige Einstellung zum Reich Gottes ist
die Erwartungshaltung der Kinder dem Leben gegenüber.

Auf die Frage der Jünger, wer der Größte im Reich Gottes
sei, antwortet Jesus mit einer Gleichnishandlung. Er ruft ein
Kind herbei, stellt es vor sie hin und sagt dann: »Wer das Reich
Gottes nicht empfängt wie ein Kind, der wird nicht hinein-
kommen.« Das Kind wird nicht deshalb zum Vorbild für das
richtige Verhalten gegenüber Gott, weil es angeblich rein, unschuldig und naiv ist, sondern weil es nichts vorzuweisen hat
und deshalb angewiesen ist. Es ist ganz aufs Empfangen gestellt. Offen und dankbar nimmt es entgegen, was andere –
Ältere und Stärkere – ihm schenken. Deshalb redet es den
Vater auch vertrauensvoll mit »Abba« an und versieht sich
von ihm alles Guten. Darum: »Wenn ihr nicht umkehrt und
werdet wie die Kinder...« Des zum Zeichen legt Jesus den
Kindern die Hände auf und segnet sie.

Noch radikaler ist das Bild von der Wiedergeburt als not-
wendiger Voraussetzung für den Eintritt in das Reich Gottes.

Eines Nachts kommt ein Mann namens Nikodemus zu Jesus, ein frommer und angesehener Jude. Er ist Schriftgelehrter und Pharisäer und gehört überdies dem Hohen Rat in Jerusalem an, der über die Rechtgläubigkeit im Lande zu wachen hat. Er hat Jesu Auftreten beobachtet, es hat Eindruck auf ihn gemacht und sein Interesse geweckt, nicht nur sein beruflichtheologisches. Darum geht ihm bei seinem nächtlichen Studium des Gesetzes der Mann aus Nazareth nicht aus dem Sinn, und er fragt sich, ob er wohl etwas mit dem Reich Gottes zu tun habe, auf das jetzt so viele warten. Schließlich macht er sich auf den Weg zu Jesus, um ihn selbst zu fragen.

Er kommt zu ihm in der Nacht, sei es aus Furcht vor seinen Amtskollegen oder weil die Nacht die beste Zeit für ein Gespräch über Gott und die Welt ist.

Nikodemus eröffnet das Gespräch mit einem Kompliment an Jesus, und er meint es ehrlich: »Meister, wir wissen, du bist ein Lehrer, von Gott gekommen; denn niemand kann die Zeichen tun, die du tust, es sei denn Gott mit ihm.«

Aber da fällt Jesus ihm ins Wort und kommt sofort zum Thema: »Es sei denn, daß jemand von neuem geboren werde, sonst kann er das Reich Gottes nicht sehen.«

Damit reißt Jesus den Schriftgelehrten aus der Haltung seiner wohlwollenden Neutralität. Rationale Beobachtung, auch emotionale Bewunderung reichen nicht aus, wenn es um das Reich Gottes geht. Wer nur beobachtet oder bewundert, bleibt noch draußen vor. Eine Lebenswende tut not, so radikal wie eine neue Geburt.

Nikodemus reagiert auf Jesu Einwurf naiv-realistisch; er verweist auf die biologischen Fakten: »Wie kann ein Mensch noch einmal geboren werden, zumal wenn er schon alt ist? Kann er etwa wieder in den Mutterleib gehen und noch einmal geboren werden?«

Darauf Jesus: »Was vom Fleisch geboren ist, das ist
Fleisch.«

Wie ein Mensch zu seiner leiblichen Geburt nichts beige-
tragen hat, so kann er auch zu seiner geistlichen Wiedergeburt nichts tun. Es ist unverfügbar, aber dennoch ist es möglich – eine für den Menschen unmögliche Möglichkeit: »Was
vom Geist geboren ist, das ist Geist.«

Nikodemus fragt skeptisch: Noch einmal? – und bleibt damit in der Horizontale. Jesus antwortet ihm: Von oben – und
verweist auf die Vertikale. Er beschreibt das Geheimnis des
Geistes Gottes im Bild des Windes, der während des nächtlichen Gesprächs um das Haus streicht: »Der Wind weht, wo
er will, und man spürt ihn wohl, aber man weiß nicht, woher
er kommt und wohin er fährt.«

Irgendwo entspringt der Wind, und irgendwo verweht er
– aber niemand weiß, wo. So ist es bei jedem, der aus dem
Geist geboren ist. Gottes Geist ist unverfügbar, aber er ist da,
und an seinen Wirkungen ist er erkennbar.

Noch einmal fragt Nikodemus, wie das geschehen könne.
Darauf aber nun Jesus verwundert, fast spöttisch: »Du bist
ein Lehrer Israels und weißt das nicht?«

Das ist in der Tat eine paradoxe, fast schon komische Situation. Nikodemus fragt nach der Möglichkeit, wie der Geist
Gottes geschehen könne. Dabei ist er bereits gegenwärtige
Wirklichkeit. Der vom Geist Ergriffene sitzt ihm leibhaftig
gegenüber. Was Geistesgegenwart bedeutet, ist an dem Charismatiker Jesus zu erkennen, und Neugeburt von oben her
ist deshalb durch ihn möglich. Mit der Wahrheit Gottes verhält es sich nicht anders als mit jeder anderen: Man muß sich
dorthin begeben, wo sie ausgeteilt wird, und sich dann auf sie
einlassen.

Der Ausgang des Gesprächs bleibt offen. Ob Nikodemus

zum Glauben gelangt ist, wird nicht erzählt, nur später noch, daß er vor Willkür im Urteil über Jesus gewarnt habe und schließlich auch bei seiner Grablegung dabeigewesen sei.

Das erhoffte Reich Gottes kommt unverhofft. Niemand weiß, wann Gott in sein Leben eintritt. Gott begegnet dem Menschen überraschend, vielleicht gerade dann, wenn er es am wenigsten erwartet.

Da hat ein reicher Mann eine gute Ernte eingebracht, aber er weiß nicht, wie er sie unterbringen soll. Und so plant er, seine alten Scheunen niederzureißen und neue, größere zu bauen, um darin das Korn und alle seine übrigen Vorräte zu speichern. Wenn er das geschafft hat, denkt er, dann kann er sich sagen: Du hast einen großen Vorrat für viele Jahre gesammelt. Habe nun Ruhe, iß und trink und sei guten Mutes! Aber just in diesem Augenblick, da er seines Lebens endgültig sicher zu sein dünkt, tritt Gott ihm dazwischen: »Du Narr! Diese Nacht wird man dein Leben von dir fordern – und wem wird dann gehören, was du angehäuft hast?«

So wird Jesu Ankündigung des Reiches Gottes zum Entscheidungsruf an jeden. Es ist die letzte Stunde, und deshalb heißt es jetzt Entweder – Oder: Entweder Glaube oder Selbstbehauptung, und das wiederum heißt: Entweder Gott oder die Güter der Welt. »Denn wo euer Schatz ist, da ist auch euer Herz« – und woran einer sein Herz hängt, das ist sein Gott. Im Vergleich zur Entscheidung für oder wider Gott wird alles andere zweitrangig: Eigentum, Lebensunterhalt, Karriere, Rechtsordnung, Sittengesetz, selbst Ehe und Familie.

Die Entscheidung für Gottes Herrschaft erfordert den vollen Einsatz: Wie wenn ein Mensch im Acker einen verborgenen Schatz findet und in seiner Freude darüber hingeht und alles, was er hat, verkauft, um den Acker kaufen zu können.

Oder wie wenn ein Kaufmann, der echte Perlen sucht, als
er eine findet, die kostbarer ist als alle anderen, hingeht und
alles, was er besitzt, verkauft, um diese eine Perle zu erwerben.

Der Radikalität der Entscheidung entspricht ihre zeitliche
Dringlichkeit: Da veranstaltet jemand ein großes Festmahl
und ladet viele Gäste dazu ein. Als der Tag der Einladung
gekommen ist, sendet er einen Boten zu den Geladenen und
läßt ihnen sagen: Kommt jetzt, denn es ist alles bereit! Da
fangen alle nacheinander an, sich zu entschuldigen. Einer hat
einen Acker gekauft und muß ihn besichtigen; ein anderer hat
fünf Ochsengespanne gekauft und muß gleichfalls nach ihnen sehen; wieder ein anderer hat geheiratet und kann deshalb nicht kommen. Alle sind sie von anderen Interessen in
Anspruch genommen, die ihnen wichtiger zu sein scheinen.

Daraufhin schickt der Gastgeber den Boten auf die Straßen
und Gassen der Stadt und läßt durch ihn die Armen, die
Krüppel, die Blinden und die Lahmen in sein Haus bitten,
und als noch immer Platz ist, schickt er ihn noch einmal hinaus auf die Landstraßen und an die Zäune, um auch von dort
die Menschen hereinzuholen, damit sein Haus voll werde.

Die zuerst Geladenen haben die Einladung nicht einfach
ausgeschlagen, sie sind ihr nur nicht rechtzeitig gefolgt und
haben sie damit verwirkt. Man muß in diesem Augenblick
der Einladung des Evangeliums folgen – oder man ist sie im
nächsten Augenblick bereits los. Es ist nicht nur höchste Zeit,
es ist letzte Zeit, Endzeit – darum überhaupt keine Zeit mehr.

An Jesu Wort entscheidet sich das Leben eines Menschen:
ob er es gewinnt oder verfehlt. Wer nicht auf ihn hört und
umkehrt, für den verwandelt sich das Angebot des Gewinns
in die Androhung des Verlustes. Er hat sein Leben am Ende

verwirkt. Die Kehrseite der Gnade ist das Gericht. Jesus beschreibt es im zeitgenössischen Bild der Hölle. Die Hölle ist das negative Gegensymbol zum positiven Symbol des Reiches Gottes. Wie das Reich die größte Nähe Gottes anzeigt, so die Hölle die weiteste Entfernung von ihm. Hölle bedeutet die totale Verlassenheit des Menschen, sein gänzliches Sichselbst-Überlassen-Sein. Himmel oder Hölle – jeder hat immer gerade so viel von Gott, wie er glaubt.

Noch aber hat Gott Geduld, noch ist Gelegenheit zur Umkehr. Um zur Umkehr zu locken, erzählt Jesus das folgende Gleichnis:

Ein Mann hat in seinem Weinberg einen Feigenbaum stehen, der Jahr um Jahr keine Frucht getragen hat. Als er wieder vergeblich nach einer Frucht an ihm gesucht hat, da ist er's leid, und er befiehlt dem Weingärtner, den Feigenbaum abzuhauen, weil er dem Boden nur die Kraft nehme. Aber da antwortet ihm der Gärtner: »Herr, laß ihn noch dieses Jahr stehen. Ich will noch einmal um ihn herum graben und ihn düngen; vielleicht bringt er doch noch Frucht. Wenn aber nicht, so hau ihn dann ab.«

Damit endet das Gleichnis. Ob der Feigenbaum nach einem Jahr Frucht getragen hat, wird nicht gesagt. Die Situation bleibt offen – wer Ohren hat zu hören, der höre!

So enthält Jesu Ankündigung des Reiches Gottes eine unaufgelöste Spannung, die ständig neu bestanden sein will. Es ist die Spannung zwischen dem Gott, der alles schenkt und der zugleich alles fordert. Für den Menschen bedeutet es das Eingespanntsein zwischen dem, was ihm widerfährt, und dem, was er zu bringen hat.

Darum steht hart neben dem Vorbild des Kindes, das voller Vertrauen aufs Empfangen gestellt ist, das Gleichnis vom ungetreuen Verwalter.

Einem reichen Mann wird hinterbracht, daß sein Verwalter ihn betrüge. Zur Rechnungslegung aufgefordert, überlegt der Verwalter, was er unternehmen könne, um seine Stellung zu retten; denn arbeiten hat er nicht gelernt, und zu betteln schämt er sich. In seiner Bedrängnis verfällt er auf den Ausweg, die Schuldscheine der Gläubiger seines Herrn zu fälschen. Dem, der ihm hundert Faß Öl schuldet, sagt er: »Schreib flugs fünfzig«, und dem, der hundert Sack Weizen schuldet: »Schreib achtzig.« Auf diese Weise hofft er sich Freunde zu gewinnen, die ihm nach seiner Entlassung ihrerseits weiterhelfen, denn eine Hand wäscht die andere.

Wie aber reagiert der Herr auf den Betrug seines Verwalters? Er lobt ihn dafür, daß er so klug gehandelt habe!

Das ist eine moralisch höchst anstößige Geschichte – und sie soll auch einen Anstoß geben, freilich nicht zum klugen Betrug, wohl aber zu einem klugen Verhalten angesichts des nahen Reiches Gottes. Da heißt Klugsein: sich auf die Zukunft einstellen und sich rechtzeitig für sie rüsten. Denn die Zukunft hat mit Jesu Kommen schon begonnen.

Was den Zeitpunkt des endgültigen Anbruchs des Reiches Gottes betrifft, so hat Jesus sich verschätzt. Er hat damit gerechnet, daß die derzeit lebende Generation bereits die letzte sei: »Wahrlich, ich sage euch: Dies Geschlecht wird nicht vergehen, bis dies alles geschieht.« Und ein andermal: »Es stehen einige hier, die den Tod nicht schmecken werden, bis sie das Reich Gottes mit Macht kommen sehen.«

Diese Voraussagen haben sich nicht erfüllt. Und so bleibt es dabei: »Von dem Tag und von der Stunde weiß niemand, auch die Engel im Himmel nicht, auch der Sohn nicht, nur der Vater allein.«

Daß Jesus sich im Termin des Weltendes geirrt hat, hebt

den Sinn seiner Botschaft vom Reich Gottes nicht auf. Eher
unterstreicht es die Dringlichkeit des augenblicklichen Ange-
bots. So fest ist das Kommen des Reiches Gottes mit dem
Auftreten Jesu verbunden, daß zwischen seiner jetzigen Aussage und dem endgültigen Anbruch des Reiches keine Zwischenzeit mehr bleibt und also auch kein Raum für irgendein
weiteres Heilsereignis oder eine andere Rettergestalt. Als der
Ur-Evangelist ist Jesus zugleich der letzte Rufer – mit ihm
kommt Gott selbst.

Damit wird die Frage nach dem Zeitpunkt des endgültigen
Eintreffens des Reiches Gottes, die sonst in der Apokalyptik
eine so große Rolle spielt, gleichgültig. Sie wird ersetzt durch
die Anwesenheit dessen, der das Reich jetzt in der Gegenwart
durch Wort und Tat ankündigt.

Wer auf Jesu Ruf hört, hat gleichsam keine Zeit mehr. Gewiß gibt es für ihn noch Vergangenheit und Zukunft, aber die
Vergangenheit hat keine bannende Gewalt mehr über ihn,
und die Zukunft ist für ihn nicht mehr ein Gegenstand der
Sorge, weil beide, Vergangenheit und Zukunft, bestimmt
sind durch die Nähe der Herrschaft Gottes. So eröffnet Jesus
gerade durch die Ansage des zukünftigen Heils dem Menschen die Möglichkeit eines neuen Seins in der Gegenwart.
Die Weise dieses neuen Seins läßt sich beschreiben mit den
Worten: Glaube, Vertrauen, Sorglosigkeit, Empfangen, Freiheit, Kindschaft, Einfalt, Liebe.

Darum: »Heute, wenn ihr seine Stimme hört, so verstockt
eure Herzen nicht!«

Der Meister: Gottes Anspruch

»Ihr nennt mich Meister und Herr und
sagt es mit Recht; ich bin es.«

»Folgt mir nach; ich will euch zu Menschenfischern machen!«

Sie waren Fischer, hatten ihre Arbeit und ihr Auskommen,
lebten in ihrer Familie und ihrem Volk, und der Glaube an
Gott war für sie selbstverständlich. Aber da trat eines Tages,
als sie am Ufer des Sees Genezareth gerade ihre Netze aus-
warfen, dieser Jesus aus Nazareth, der seit kurzem in ihrer
Gegend umherwanderte und predigte, daß das Reich Gottes
nahe sei, an sie heran und sagte zu ihnen: »Folgt mir nach; ich
will euch zu Menschenfischern machen!« Seine Stimme
klang so gebieterisch, daß sie sich seinem Anspruch nicht zu
entziehen vermochten und ihm ohne Zögern folgten. Sie hießen Simon und Andreas und waren Brüder.

Gleich darauf kamen noch zwei andere Fischer, Gefährten
von ihnen und gleichfalls ein Brüderpaar mit Namen Jakobus
und Johannes, hinzu – und später noch andere, sehr verschiedene Männer und auch einige Frauen. Sie alle hatten die sichere Grundlage ihres bisherigen Lebens, Familie und Beruf,
hinter sich gelassen und waren Jesus auf seine ungesicherte
Wanderschaft gefolgt.

Wer immer Jesu Ruf hört und seiner Botschaft von Gott

glaubt, der ist sein Jünger. Aber sehr bald schon hat er aus der
fluktuierenden Schar seiner Anhänger einen engeren Kreis
ausgewählt und ihn in besonderer Weise in die Pflicht genommen. Dabei hat er ähnlich souverän gehandelt wie einst
Gott bei der Berufung der Propheten. Wie dieser den Bauern
Amos hinter dem Pflug weggeholt hat, dem Priester Jesaja
plötzlich bei seinem Dienst im Tempel erschienen ist und den
jungen Jeremia beinahe überfallen hat, geradeso reißt auch
Jesus jetzt Menschen aus ihrem vertrauten Lebenszusam-
menhang und beruft sie in seine Nachfolge.

Jesus ist auf Menschen angewiesen. Er braucht Helfer, auch
Freunde, die gleich ihm Gottes Sache zu der ihren machen.
Wie er der Mittler zwischen Gott und den Menschen ist, so
sind sie wieder die Mittelsmänner zwischen ihm und den an-
deren Menschen. Sie sollen die Gotteserfahrung, die sie im
Umgang mit ihm gemacht haben, ihre Teilhabe an seiner
Gotteserkenntnis, nicht wie einen sicheren Besitz für sich be-
halten und verwahren, sondern sollen damit wuchern wie
Bankleute mit dem ihnen anvertrauten Geld und so gleich-
falls zu Evangelisten werden.

Zwischen Jesus und seinen Jüngern besteht kein Lehrer-
Schüler-Verhältnis, wie etwa zwischen einem Rabbi und seinen Schülern. Schülerschaft bedeutet ein befristetes Durch-
gangsstadium. Der Schüler sucht sich einen Lehrer aus, bittet
um Aufnahme in seinen Kreis, und wenn er nach seinem oder
seines Lehrers Urteil ausgelernt hat, verläßt er den Kreis der
Schüler, ist fortan selbständig und kann seinerseits Lehrer
sein. Ganz anders dagegen das Verhältnis zwischen Jesus und
seinen Jüngern: Jesus wählt seine Jünger selbst aus und beruft
sie in seine lebenslange Nachfolge. Und niemals gelangt der
Jünger je über den Meister hinaus oder holt ihn auch nur ein.
Er bleibt sein Leben lang im Stande der Jüngerschaft und Jesus daher sein Meister.

Wer in den Jüngerkreis berufen ist, teilt das Leben des
Meisters. Fortan gilt auch für ihn, was Jesus von sich sagt:
»Die Füchse haben ihren Bau, und die Vögel unter dem
Himmel haben Nester; aber der Menschensohn hat nichts,
wo er sein Haupt niederlege.« Er lebt von der Hand in den
Mund – er hat sein Zuhause bei Gott.

Doch wer in der Nachfolge Jesu heimatlos geworden ist,
erhält in der Lebensgemeinschaft der Jünger eine neue Heimat. Als Simon Petrus, der Sprecher des Jüngerkreises, Jesus
einmal nach dem Sinn der Nachfolge fragt, was sie denn den
Jüngern einbringe, da weist dieser ihn auf eben jene neue Lebensgemeinschaft hin, die sie durch den Tausch ihres bisherigen Lebens gegen das jetzige gewonnen haben: »Es ist niemand, der Haus oder Frau oder Bruder oder Eltern oder
Kinder verlassen hat um des Reiches Gottes willen, der es
nicht vielfältig empfange in dieser Zeit und in der zukünftigen Welt das ewige Leben.«

Dies ist der Lohn der Jüngerschaft. Aber er bedeutet nicht
die Erfüllung eines erworbenen Anspruchs, sondern ist
Ausfluß göttlicher Gnade. Ein Anspruch besteht nur von
seiten Gottes auf den Gehorsam der Jünger. Darum: »Wenn
ihr alles getan habt, was euch befohlen ist, so sprecht: Wir
sind unnütze Knechte; wir haben nur unsere Schuldigkeit
getan.«

Der Zwölferkreis, der schließlich – in symbolischer Ent-
sprechung zu den Zwölf Stämmen des Volkes Israel – zustande kommt, bildet eine gemischte Gesellschaft. Es gibt in
ihm Zeloten, Pazifisten, Enthusiasten und Zweifler – manche von ihnen wären unter anderen Umständen Todfeinde
gewesen. Abgesehen von einigen Frauen, die freilich nicht
zum Zwölferkreis gehören, stammen alle Jünger aus der
gleichen sozialen Bevölkerungsschicht; es sind Fischer, Zöll-

ner, Handwerker, Bauern. Drei von ihnen – Simon Petrus, Jakobus und Johannes – scheinen Jesus näher gestanden zu haben. Alle miteinander aber zeigen immer wieder ihr Unverständnis für das, was Jesus sagt und tut. Sie verstehen den Sinn seiner Gleichnisse nicht, streiten um die besten Plätze im Reich Gottes, möchten, daß auf die ungastlichen Samaritaner Feuer vom Himmel herabfalle, fragen nach dem Lohn für ihre Nachfolge und begreifen vor allem nicht, warum Jesus den Weg des Leidens geht.

Am Ende versagen alle: Judas verrät Jesus, Petrus verleugnet ihn, und alle zusammen flüchten.

Die Grenzen des Zwölferkreises sind fließend; die Namen der Mitglieder können wechseln. Das zeigt, daß zwischen dem engeren und dem weiteren Kreis kein grundsätzlicher Unterschied besteht. Um ein Jünger Jesu zu sein und als ein solcher zu leben, kann man auch zu Hause in seinem vertrauten Lebenskreis bleiben und braucht nicht mit Jesus von Ort zu Ort heimatlos durch das Land zu ziehen. Die Verheißungen und Forderungen, die an die Nachfolge geknüpft sind, gelten nicht nur einer Elite, sondern allen Jüngern. Da ist kein Unterschied zwischen kleinem und großem Gehorsam. Jeder muß sich entweder dafür oder dagegen entscheiden, Halbherzigkeit ist keinem erlaubt.

Als Jesus einmal, schon auf dem Wege nach Jerusalem, einen Menschen auffordert, ihm nachzufolgen, und dieser dazu auch bereit ist, nur zuvor noch seinen Vater begraben möchte, da erwidert Jesus ihm schroff, gegen jedes Gebot der Pietät: »Laß die Toten ihre Toten begraben; du aber gehe hin und verkündige das Reich Gottes!«

Und zu einem anderen, der von sich aus seine Nachfolge anbietet, nur um die Erlaubnis bittet, vorher noch zu Hause

von seiner Familie Abschied nehmen zu dürfen, sagt Jesus:
»Wer seine Hand an den Pflug legt und zurücksieht, der taugt
nicht zum Reich Gottes.«

Ein andermal tritt ein junger Mann an Jesus heran und
fragt ihn, was er tun müsse, um das ewige Leben zu gewinnen. Augenscheinlich ist er bereit, sehr viel dafür zu tun,
mehr als üblich. Jesus antwortet ihm nicht dogmatisch-ab-
strakt, sondern kommt ihm praktisch-konkret. Er erinnert
ihn an die Gebote, wie er sie gelernt hat, und zählt einige
auf: Du sollst nicht töten; du sollst nicht ehebrechen; du
sollst nicht stehlen; du sollst nicht falsch Zeugnis geben; du
sollst Vater und Mutter ehren; du sollst deinen Nächsten lieben wie dich selbst.

Darauf antwortet der Jüngling: »Das habe ich alles gehalten von Jugend auf.« Er sagt dies guten Gewissens und ohne
frommen Hochmut. Und Jesus blickt ihn an und mag ihn.

Dann aber sagt er zu ihm: »Eines fehlt dir. Gehe hin und
verkaufe alles, was du hast, und verteile es an die Armen, und
du wirst einen Schatz im Himmel haben. Und dann komm
und folge mir nach!«

Jesus will den jungen Menschen nicht auf die Probe stellen, ihn auch nicht zu einer äußersten moralischen Kraftan-
strengung anspornen; er möchte ihm nur deutlich machen,
was Nachfolge in Wahrheit bedeutet: Nicht eine moralische
Höchstleistung, sondern vertrauensvolle Hingabe.

Der Jüngling ist bereit, um Gottes willen etwas Besonderes
zu leisten – aber er wagt nicht, sich ganz und gar, mit allem,
was er ist und hat, auf Gott zu verlassen. Formale Korrektheit
jedoch genügt nicht. Es kommt darauf an, wo das Herz ist –
ob bei Gott oder bei irgendeinem Gut der Welt. Der junge
Mann erkennt zwar den falschen Halt in seinem Leben; aber
er will von ihm nicht lassen. Darum geht er traurig davon;

denn er ist sehr reich und kann sich von seinem Reichtum nicht trennen.

Als er fortgegangen ist, sagt Jesus zu seinen Jüngern: »Es ist leichter, daß ein Kamel durch ein Nadelöhr hindurchgeht, als daß ein Reicher in das Reich Gottes eingeht.«

Entsetzt fragen die Jünger: »Wer kann dann gerettet werden?«

Jesus schaut sie an und sagt: »Bei den Menschen ist's unmöglich; aber alle Dinge sind möglich bei Gott.« Der Hinweis auf Gott soll die Jünger nicht beruhigen. Im Gegenteil, indem Jesus seine Antwort absichtlich in der Schwebe hält, erinnert er sie an Gottes unverfügbaren Willen und hält sie so zum Glauben an. Die Frage nach dem ewigen Schicksal jenes Jünglings bleibt offen; die Antwort darauf steht allein Gott zu.

Freilich will der Entschluß zur Nachfolge, gerade wegen der Radikalität der Entscheidung, wohlüberlegt sein – wie ein Bauherr, der einen Turm errichten will, vorher die Kosten überschlagen muß, oder wie ein König, der einen Krieg führen will, zuvor einen Kriegsplan entwerfen und seine Truppenstärke bedenken muß. Andernfalls fangen sie etwas an und können es nachher nicht zu Ende führen. Die Folgen wären Niederlage und Spott.

Die Lebensgemeinschaft der Jünger ist eine Dienstgemeinschaft nach Jesu Vorbild. Anders als in der Gemeinde von Qumran und in der Priesterschaft am Tempel in Jerusalem gibt es in ihr keine hierarchische Struktur und keine Ämtervergabe. Einer nur ist Meister, einer nur Lehrer, einer nur Herr: Jesus selbst. Untereinander sind alle Jünger Brüder, deshalb gleichen Ranges, am größten ehestens, der am meisten dient. Darum: »Wer sich selbst erhöht, der wird erniedrigt werden; und wer sich selbst erniedrigt, der wird erhöht werden.«

Den Jüngern fällt die Demut schwer. Immer wieder flammt frommer Ehrgeiz in ihnen auf und führt zu Spannungen in ihrem Kreis.

Eines Tages bitten Jakobus und Johannes, die Söhne des Zebedäus, Jesus, er möge ihnen erlauben, im zukünftigen Reich Gottes, einer zu seiner Rechten und einer zu seiner Linken, neben ihm zu sitzen. Jesus fragt sie, ob sie auch bereit seien, mit ihm den Kelch des Leidens zu trinken und die Taufe des Todes auf sich zu nehmen. Ja, das trauen sie sich zu. Das werde ihnen auch widerfahren, versichert Jesus ihnen – aber die Plätze zu seiner Rechten und zu seiner Linken zu vergeben, steht ihm nicht zu; darüber hat nur Gott zu bestimmen.

Die anderen Jünger haben das Gespräch mit angehört und sind empört. Da ergreift Jesus die Gelegenheit, eine Art Lebensordnung für die Jüngergemeinde zu entwerfen. Er tut es auf dem Hintergrund der allgemein geltenden obrigkeitlichen Ordnung – in ihr herrscht die Macht der Gewalt: »Die Herrscher der Völker üben Macht über sie aus, und die Mächtigen tun ihnen Gewalt an.« Jesus stellt dies nur fest: So ist es – er sagt nichts dafür und nichts dagegen.

Aber er kehrt der weltlichen Herrschaftsordnung gleichsam den Rücken: »So soll es unter euch nicht sein«, und stellt ihr die Dienstordnung der Jüngergemeinde entgegen – in ihr herrscht die Macht der Liebe: »Wer unter euch groß sein will, der soll euer Diener sein; und wer unter euch der Erste sein will, der soll euer Knecht sein.« Dabei verweist er auf sich als Ursache und Vorbild: »Der Menschensohn ist nicht gekommen, daß er sich dienen lasse, sondern daß er diene und sein Leben gebe zur Erlösung für viele.«

So wird Jesu Passion zum Urbild der Dienstgemeinschaft der Jüngergemeinde: »Wer mir nachfolgen will, der verleugne sich selbst und nehme sein Kreuz auf sich und folge

mir nach. Denn wer sein Leben erhalten will,der wird's verlieren; und wer sein Leben verliert um meinetwillen und um
des Evangeliums willen, der wird's retten.«

Unter den Jüngern Jesu hat es auch Frauen gegeben. Sie haben zwar nicht dem Zwölferkreis angehört, haben aber keineswegs nur am Rande gestanden, sondern in Jesu nächster
Nähe. Sie begleiten ihn auf seinen Wanderungen, laden ihn
in ihre Häuser ein und versehen ihn mit den nötigen Mitteln
für den Lebensunterhalt.

Einige Jüngerinnen werden mit Namen genannt, zwei
unter ihnen hervorgehoben: Johanna, die Frau des Chusa,
und Maria aus Magdala.

Johanna ist die Gattin eines hohen Regierungsbeamten
des Vierfürsten Herodes Antipas; sie gehört der Hofgesell-
schaft an und riskiert daher viel. Indem sie sich mit Jesus so-
lidarisiert, stellt sie sich auf die Seite eines Staatsfeindes, den
der Dienstherr ihres Mannes verfolgt.

Maria Magdalena entstammt einem ganz anderen Milieu;
sie soll angeblich eine Prostituierte gewesen sein. Aber dann
ist sie Jesus aus Nazareth begegnet. Als sie hört, was er über
Gott sagt: daß er gerade die Gottlosen, die Sünder und die
von der Gesellschaft Verachteten liebe und suche, da erkennt
sie, daß auch sie von Gott gemeint ist. Der Glaube, den Jesus
in ihr erweckt, verleiht ihrem Leben einen neuen Sinn. Er
befreit sie von der Selbstentfremdung durch ihr Gewerbe
und gibt ihr ihre eigene Würde wieder. Maria kann wieder
lieben, und sie dankt Jesus dies mit einer zaghaften zärt-
lichen Zuneigung.

Wieder von ganz anderer Art, sozusagen gutbürgerlich,
ist das Schwesternpaar Maria und Martha. Die beiden
Schwestern sind grundverschieden. Martha erscheint aktiv

und energisch, Maria hingegen zurückhaltend und kontemplativ. Als Jesus in dem Haus der Schwestern einkehrt, kümmert Martha sich geschäftig um die Bewirtung des Gastes, während Maria still zu seinen Füßen sitzt und ihm zuhört. Schließlich wird es Martha zu viel, und sie beschwert sich bei Jesus darüber, daß ihre Schwester ihr die ganze Hausarbeit allein überlasse.

Er aber antwortet ihr: »Martha, Martha, du machst dir viel Sorge und Mühe. Aber nur eines ist notwendig. Maria hat das bessere Teil erwählt, und das soll nicht von ihr genommen werden.«

Diese Parteinahme Jesu für die kontemplative Maria kündet einen tiefgreifenden Wandel an. Dienende Frauen gab es auch im zeitgenössischen Judentum, aber daß eine Frau einem Rabbi zuhört und dieser ihr darin sogar noch recht gibt, ist etwas unerhört Neues, Anstößiges.

Bisweilen erscheinen die Frauen, die Jesus gefolgt sind, tatkräftiger und mutiger als die Männer. In jedem Fall haben sie ihm bis zum Ende die Treue gehalten. Während die Männer davongelaufen sind, haben Frauen ihn auf dem Weg zur Hinrichtung begleitet, haben unter seinem Kreuz ausgeharrt und ihn schließlich begraben. Und Frauen sind auch, obwohl damals vor Gericht nicht zeugnisfähig, die ersten Zeugen seiner Auferstehung gewesen.

Jesus kann sogar solche Menschen als seine Nachfolger bezeichnen, die von ihrer Nachfolge gar nichts wissen. Verschlüsselt unter der zeitgenössischen mythologischen Vorstellung vom künftigen Weltgericht, zeigt er, welche Trennungslinie verborgen durch die Menschheit geht: Auf der einen Seite die »Gesegneten«, die denen helfen, die ihre Hilfe brauchen, auf der anderen die »Verfluchten«, die dies nicht tun. Dabei ahnen weder die einen, was sie Gutes tun, noch die anderen, was sie versäumen.

Zu den »Gesegneten« spricht Jesus: »Ich bin hungrig gewesen, und ihr habt mir zu essen gegeben. Ich bin durstig gewesen, und ihr habt mir zu trinken gegeben. Ich bin ein Fremder gewesen, und ihr habt mich aufgenommen. Ich bin nackt gewesen, und ihr habt mich gekleidet. Ich bin krank gewesen, und ihr habt mich besucht. Ich bin im Gefängnis gewesen, und ihr seid zu mir gekommen.« Erstaunt fragen sie zurück, wann sie dies alles für Jesus getan hätten – sie sind sich keiner dieser guten Taten bewußt. Darauf gibt Jesus ihnen zur Antwort: »Wahrlich ich sage euch: Was ihr einem von diesen meinen geringsten Brüdern getan habt, das habt ihr mir getan.«

Geradeso, nur eben umgekehrt, ergeht es den Verfluchten. Zu ihnen spricht Jesus: »Ich bin hungrig gewesen, und ihr habt mir nicht zu essen gegeben. Ich bin durstig gewesen, und ihr habt mir nicht zu trinken gegeben. Ich bin ein Fremder gewesen, und ihr habt mich nicht aufgenommen. Ich bin nackt gewesen, und ihr habt mich nicht gekleidet. Ich bin krank gewesen, und ihr habt mich nicht besucht. Ich bin im Gefängnis gewesen, und ihr seid nicht zu mir gekommen.« Auch die Verfluchten fragen erstaunt, wann sie dies alles unterlassen hätten – sie sind sich keiner Schuld bewußt. Und auch ihnen gibt Jesus zur Antwort: »Wahrlich ich sage euch: Was ihr nicht getan habt einem von diesen meinen geringsten Brüdern, das habt ihr mir nicht getan.«

So unansehnlich alle diese Taten sind, nicht mehr als alltägliche Barmherzigkeiten, vor Gott gelten sie und haben ewigen Wert. Wer sie vollbringt, ist ein Jünger Jesu, auch wenn er es gar nicht weiß, ja nicht einmal seinen Namen kennt.

Die Nachfolge Jesu bedeutet den Anfang einer neuen Lebensordnung in der Welt. Wo Menschen nach seinem Vorbild dienen, dort werden sie zum Salz der Erde und zum Licht der Welt – das heißt zu einer schöpferischen Minderheit in der Gesellschaft. Die Kraft des Salzes besteht darin, nicht eine Speise zu verwandeln und zu verfremden, sondern, indem es sich auflöst, den ihr eigenen Geschmack hervorzubringen und sie vor dem Verderben zu bewahren.

Und ein Licht stellt man nicht unter die Bank, sondern auf einen Leuchter, damit es denen, die im Hause sind, leuchte. »So laßt euer Licht leuchten unter den Leuten, damit sie eure guten Werke sehen und euren Vater im Himmel preisen!«

Es kann eine Stadt, die auf dem Berge liegt, nicht verborgen bleiben!

Der Freund: Gottes Menschlichkeit

> »Ich bin gekommen, die Sünder zur
> Umkehr zu rufen, nicht die Gerech-
> ten.«

> »Siehe, ein Freund der Zöllner und
> Sünder.«

Wer in den Tempel Gottes will, muß bestimmte – kultische
und sittliche – Bedingungen erfüllen. Das ist in allen Religionen so, in Israel nicht anders als in Babylon, Griechenland
oder Rom. Immer steht am Tempeltor, sichtbar oder unsichtbar, der Priester und fragt nach dem Sichtvermerk.

An einigen Stellen des Alten Testaments scheint noch das
Formular einer solchen Torliturgie durch. Da stand der Wallfahrer am Tempeltor und fragte nach den Einlaßbedingun-
gen. Darauf gab der den Eingang hütende Priester zur Antwort: »Wer nach Gottes Gesetzen lebt und seine Gebote hält,
daß er danach tut« – »Wer unschuldige Hände hat und reinen
Herzens ist« – »Wer nicht bedacht ist auf Lug und Trug und
keine falschen Eide schwört« – »Wer untadelig lebt und tut,
was recht ist« – »Wer die Verworfenen für nichts achtet, aber
ehrt die Gottesfürchtigen« – der und nur der darf das Heiligtum Gottes betreten.

Jesus von Nazareth dagegen spricht: »Wer zu mir kommt,
den werde ich nicht hinausstoßen.« Sein Ruf zum Glauben
ergeht an jedermann; er ladet alle Menschen vorurteilslos im

Namen Gottes ein: die Armen, die vor lauter Daseinsvorsorge für Religion keine Zeit haben, ebenso wie die Reichen,
die sich mit Geld oder Politik die Hände schmutzig gemacht
haben; die Gerechten, die ihre guten Werke vor Gott aufzählen, ebenso wie die Ungerechten, die kaum zu Gott aufzu-
blicken wagen; die Frommen, die nur ihresgleichen an ihrem
Tisch dulden, ebenso wie die Sünder, die draußen vor der Tür
bleiben müssen.

Jesus reißt die Zäune, die die Religion zwischen Gott und
Mensch und damit zugleich zwischen Mensch und Mensch
aufgerichtet hat, nieder und bekundet eine grenzenlose Offenheit: »Kommt her zu mir alle, die ihr mühselig und beladen seid!«

Aber gerade weil seine Einladung an alle ergeht, richtet sie
sich besonders an die religiös und sozial Deklassierten, an den
»Am-ha-arez«, an die »Leute vom Lande«, wie man sie ge-
ringschätzig nannte, jene schweigende Mehrheit im jüdischen Volk, die von allen religiösen Parteien und Gruppen,
von Pharisäern, Sadduzäern und Essenern, von den Priestern
wie von den Schriftgelehrten gleichermaßen verachtet wurde
und von Gottes Heil ausgeschlossen schien.

Aus diesem Grund zeigt sich in Jesu Verkündigen und Verhalten deutlich ein Zug nach unten: Er preist die Armen selig,
er ruft die Unbehausten von den Straßen und Zäunen herein,
er stellt die Frauen an Recht und Würde den Männern gleich,
er läßt die Kinder zu sich kommen, er tröstet die Mühseligen
und Beladenen, er nimmt die Schwachen vor den Mächtigen
in Schutz, er stellt die Heiden den Juden als Vorbild hin, er
verkehrt mit moralisch Verdächtigen und politisch Unzuver-
lässigen und droht den Schriftgelehrten und Pharisäern, daß
die Zöllner und Prostituierten vor ihnen in das Reich Gottes
eingehen würden.

Damit ergreift Jesus für alle jene Partei, die weder vor Gott noch vor den Menschen irgendeine Leistung vorzuweisen haben, und provoziert zugleich die Frommen, die sich auf einmal nicht mehr bevorzugt, sondern hintangestellt sehen. Empört schelten sie ihn einen »Freund der Zöllner und Sünder«.

Gegen diesen Vorwurf rechtfertigt Jesus sein Verhalten mit dem Satz: »Nicht die Gesunden bedürfen des Arztes, sondern die Kranken. Ich bin gekommen, die Sünder zur Umkehr zu rufen, nicht die Gerechten.«

Die Sünder werden nicht entschuldigt, und die Krankheit wird nicht idealisiert. Jesus ist ein Freund der Sünder, nicht ihr Kumpan. Er sieht über das Böse nicht hinweg, aber er ist nachsichtig mit den Bösen. Er ist nicht leutselig und biedert sich nicht an, aber er akzeptiert den Menschen, wie er ist, in seiner Armut, Schuld und Angst. Der Vorzug der Kranken und Sünder vor den Gesunden und Gerechten besteht einzig darin, daß sie sich ihres Elends bewußt und aus diesem Grunde eher zur Umkehr bereit sind als die Gesunden und Gerechten, die keiner Umkehr und Heilung zu bedürfen meinen. Weil sie am Ende sind, gibt es für sie nur noch die Möglichkeit der Umkehr.

Und eben diese Möglichkeit eröffnet Jesus ihnen. Er erinnert sie nicht an ihren unverlierbaren menschlichen Adel, auch nicht an die Gottgleichheit ihrer Seele, sondern er ermutigt sie zum Glauben an Gottes Güte. Er deckt die tiefe Kluft, die zwischen Gott und Mensch besteht, nicht zu, aber er versichert ihnen über diese Kluft hinweg Gottes Nähe: Obwohl sie ihren Wert vor Gott verloren haben, nimmt Gott sie dennoch gnädig an. Zwar bleibt die Umkehr des Sünders unerläßlich, aber sie ist nicht die Bedingung, sondern die Folge der gnädigen Zuwendung Gottes. Jesus verkündigt einen

nachsichtigen und darum zuvorkommenden Gott, der die
Menschen vor seinem eigenen Gericht zu bewahren trachtet.

Die Pharisäer und Schriftgelehrten haben den Unterschied
zwischen ihrer Frömmigkeit und Jesu Glauben genau gespürt und ihre Kritik an seinem unbefangenen Umgang mit
Zöllnern und Sündern in den Vorwurf gekleidet: »Dieser
nimmt die Sünder an und ißt mit ihnen.« Darauf antwortet
Jesus ihnen wieder mit dem Hinweis auf den Sinn seiner
Sendung: »Der Menschensohn ist gekommen, um die Verlorenen zu suchen und zu retten.«

Was das heißt, beschreibt er in lauter Gleichnissen, in de-
nen vom Verlorengehen, Suchen und Finden und von der
Freude über das Wiederfinden des Verlorenen die Rede ist.
Dabei appelliert er an die Einsicht der Zuhörer:

Wer unter euch, der hundert Schafe hat und eines von ihnen verliert, läßt nicht die neunundneunzig in der Wüste
und geht dem einen verlorenen nach, bis er es findet? Und
wenn er es gefunden hat, legt er es sich voll Freude auf seine
Schultern, und heimgekommen ruft er die Freunde und
Nachbarn zusammen und spricht zu ihnen: »Freut euch mit
mir, weil ich mein verlorenes Schaf wiedergefunden habe!«

Oder welche Hausfrau, die zehn Silbermünzen besitzt
und eine davon verliert, zündet nicht eine Lampe an, kehrt
das ganze Haus um und um und sucht so lange, bis sie die
Münze findet? Und wenn sie sie gefunden hat, ruft sie ihre
Freundinnen und Nachbarinnen herbei und spricht zu ihnen: »Freut euch mit mir, weil ich meine verlorene Silbermünze wiedergefunden habe!«

Genauso groß ist auch die Freude der Engel im Himmel,
wenn ein Sünder umkehrt. Ja, über einen einzigen Sünder,

der sich bekehrt, freut Gott sich mehr als über neunundneunzig Gerechte, die der Umkehr nicht bedürfen.

Am eindrücklichsten hat Jesus Gottes Freundlichkeit im
sogenannten »Gleichnis vom verlorenen Sohn« geschildert,
in dessen Mittelpunkt jedoch nicht das Schicksal des Sohnes,
sondern von Anfang bis Ende die Figur des Vaters steht. Von
ihm erzählt Jesus die folgende Geschichte:

Ein Vater hatte zwei Söhne. Eines Tages bittet ihn der jün-
gere, ihm sein Erbteil auszuzahlen: »Gib mir, Vater, das Teil
der Güter, das mir zusteht.« Der Sohn möchte frei sein, nicht
nur von seinem Vater, sondern von allem, was ihn bindet und
beengt. Und der Vater hält den Sohn nicht. Er zahlt beiden
Söhnen ihr Erbe aus und läßt den jüngeren ungehindert ziehen.

Der bricht nicht lange danach in ein fremdes Land auf, wie
er meint, in die Freiheit und in das volle Leben hinein. Aber
sehr bald schon wird es ein heilloses Leben. Er verschwendet
sein Erbe und gerät auf die schiefe Bahn. Sein Auszug verwandelt sich jäh in einen Absturz.

Als zudem noch eine Hungersnot hereinbricht, hängt er
sich an einen Bürger des fremden Landes. Er, der den eigenen
Vater nicht mehr ertragen zu können meinte, sucht sich einen
Ersatzvater. Der aber schickt ihn hinaus aufs Feld, Schweine
zu hüten. Tiefer hinab geht es nimmer. Das Schwein galt als
der Inbegriff aller Unreinheit, von allen unreinen Tieren als
das unreinste. Als aber der Sohn, um seinen Hunger zu stillen, mit den Schweinen das Futter teilen will, gönnt man ihm
nicht einmal dies. So ist aus dem Freiheitshelden zuerst ein
Freibeuter und aus dem Freibeuter sodann ein Sklave geworden. Total beziehungslos und völlig abhängig zugleich, ist er
der verlorene Sohn – tot schon zu Lebzeiten.

Da geht er in sich: »Wie viele Tagelöhner hat mein Vater,

die Brot in Fülle haben, und ich verderbe hier im Hunger! Ich will mich aufmachen und zu meinem Vater gehen.« Und so macht er sich auf den Heimweg.

Als der Vater den Sohn in der Ferne kommen sieht, läuft er ihm entgegen. Er läßt ihm gar nicht erst Zeit, die rituell vorgeschriebene Unterwerfungsgebärde zu vollziehen oder auch nur ein Wort zu sagen. Voll Erbarmen nimmt der Vater den Sohn in die Arme und verschließt ihm den Mund mit einem Kuß. Erst danach kann der Sohn sein Schuldbekenntnis loswerden: »Vater, ich habe gesündigt gegen den Himmel und vor dir. Ich bin hinfort nicht mehr wert, daß ich dein Sohn heiße.«

Aber als käme es schon nicht mehr darauf an, als hörte er schon gar nicht mehr richtig hin, erteilt der Vater seinen Knechten Befehl, seinen Sohn wieder mit allen Zeichen seiner ursprünglichen Sohneswürde zu bekleiden: Anstelle der Lumpen ein Festgewand – das bedeutet: Ablegen der mißratenen Vergangenheit und ein neues Ansehen vor Gott und den Menschen; Schuhe an die bloßen Füße – das bedeutet: Nicht hinaus aufs Feld, keine Tagelöhnerarbeit, sondern wieder volle Aufnahme als Sohn; und ein Ring an den Finger – das bedeutet: Vertretungsrecht, Verträge abschließen und siegeln und damit alles noch einmal neu aufs Spiel setzen können!

Und dann wird ein gemästetes Kalb geschlachtet und ein Freudenfest gefeiert: »Lasset uns essen und fröhlich sein! Denn dieser mein Sohn war tot und ist wieder lebendig geworden; er war verloren und ist gefunden worden.« Wahrlich, Grund genug, um zu festen und zu feiern!

Derweil befindet sich der ältere, daheimgebliebene Sohn draußen auf dem Feld. Bei der Rückkehr hört er schon von ferne den Festlärm und fragt, was das bedeute, und als man ihm den Grund nennt, weigert er sich, in das Haus hineinzugehen und an dem Fest für seinen Bruder teilzunehmen.

Da geht der Vater auch zu ihm hinaus und bittet ihn hereinzukommen.

Aber der Sohn sträubt sich, und was er zu seiner Rechtfertigung vorbringt, scheint berechtigt: Er hat seinem Vater viele Jahre in Treue gedient und sich dabei nie etwas zuschulden kommen lassen, aber niemals hat der Vater für ihn ein Kalb geschlachtet und ein Fest ausgerichtet. – »Nun aber, wo dieser dein Sohn gekommen ist, der dein Hab und Gut mit Huren verpraßt hat, hast du ihm das gemästete Kalb geschlachtet.«

Das alles ist richtig. Verglichen mit seinem heimgekehrten Bruder, steht er, der Daheimgebliebene, in der Tat moralisch besser da. Doch seine Sprache verrät ihn. Er sagt nicht »mein Bruder«, sondern »dieser dein Sohn«, als ob sein Bruder für ihn gar nicht mehr existierte.

Der Vater indes erinnert ihn an seine stete, ungeteilte Liebe: »Mein Sohn, du bist allzeit bei mir, und alles, was mein ist, das ist dein«, und er bittet ihn, seinem Bruder deshalb gleichfalls in Liebe zu begegnen: »Du solltest dich mit uns freuen und feiern. Denn dein Bruder war tot und ist wieder lebendig geworden; er war verloren und ist gefunden worden.«

Das Gleichnis hat einen offenen Ausgang. Ob der Sohn dem Vater schließlich ins Haus gefolgt ist, wird nicht erzählt, ebensowenig, ob der heimgekehrte Sohn für alle Zeit im Vaterhaus geblieben ist.

In allen drei Gleichnissen redet Jesus von dem, was Gott tut, von seiner Liebe zu den Sündern und seiner Zuwendung zu den Verlorenen und spricht dabei zugleich von sich selbst: *Er* gleicht dem Hirten, der dem verlorenen Schaf nachgeht, der Hausfrau, die die verlorene Silbermünze sucht, und dem

Vater, der dem verlorenen Sohn zuvorkommt und ihn in
seine Arme schließt. So verhalten sich Gottes Handeln und
Jesu Tun spiegelbildlich zueinander. In Jesu Freundschaft mit
den Zöllnern und Sündern bildet sich Gottes Menschenfreundlichkeit ab.

Zu den religiös und sozial Deklassierten gehörten damals
auch die Frauen. Das Judentum war eine ausgesprochen
männliche Religion. Zwar hat es in Israels Geschichte eine
Reihe bedeutender Frauengestalten gegeben, aber sie bildeten
die Ausnahme und entsprachen nicht dem, was im Alltag üblich war. Obgleich die Familie hoch geschätzt wurde und
Kinderreichtum als ein Erweis göttlichen Segens galt, nahm
die Frau eine ähnlich verachtete Stellung ein wie das ungebildete »Landvolk«: »Weh dem, dessen Kinder weiblich sind!«
Die Frau galt zwar als nützlich, aber zugleich als religiös min-
derwertig und war daher auch rechtlich unterprivilegiert. Für
Frauen galten, wie für die Sklaven, nur die Verbote des Gesetzes, nicht die Gebote. Im Tempelbezirk durften sie sich nur
im Frauenhof aufhalten und in der Synagoge dem Gottesdienst nur schweigend beiwohnen. Und so konnten die Männer Gott den Herrn in einem Atemzug um dreierlei Vorzüge
willen preisen: »Gepriesen sei, der mich nicht als Heiden geschaffen hat. Gepriesen sei, der mich nicht als Frau geschaffen
hat. Gepriesen sei, der mich nicht als Ungebildeten geschaffen hat.«
   Der religiösen Mißachtung der Frau entsprach ihre unter-
geordnete Stellung in der Gesellschaft. Frauen durften weder
vor Gericht als Zeugen auftreten, noch waren sie erbberech-
tigt. Durch die Ehegesetzgebung war einseitig nur die Frau
gebunden. Ein Ehemann konnte seine Frau jederzeit fort-
schicken; er brauchte ihr lediglich einen Scheidebrief auszu-
stellen. Eine Frau hingegen hatte kein Recht auf Scheidung,

und während ihr bei Ehebruch die Todesstrafe drohte, ging
der Mann im gleichen Fall straflos aus.

Alles in allem wurde den Frauen von den Männern die
Partnerschaft verweigert. Es schickte sich nicht für einen
Mann und schon gar nicht für einen Schriftgelehrten, mit
einer Frau in der Öffentlichkeit, etwa auf der Straße, zu sprechen, und selbst zu Hause sollte er es möglichst wenig tun.
Die Frauen aber hatten den Männern gegenüber ganz und gar
den Mund zu halten.

In Jesu Umgebung weht eine andere Luft. Er teilt nicht die
Animosität seiner jüdischen Geschlechtsgenossen gegen die
Frauen, sondern begegnet ihnen unbefangen, ohne Vorur-
teile. Er nimmt sie als Partnerinnen ernst und stellt sie an
Recht und Würde den Männern gleich; darum redet er auch
ungeniert mit ihnen in der Öffentlichkeit. Diese neue Wert-
schätzung der Frau hat ihren Grund in Jesu Gottesverkündigung. Die Frauen haben für ihn gleichberechtigt Anteil am
Reich Gottes, und es muß sich erst noch zeigen, ob vor Gott
ein Pharisäer mehr gilt als selbst eine Prostituierte.

Eines Tages, als Jesus bei einem Pharisäer mit Namen Simon zu Gast ist, kommt eine Frau zur Tür herein, eine stadtbekannte Prostituierte. Sie trägt ein Glas mit Salböl in der
Hand. Weinend tritt sie an Jesus heran, und ihre Tränen be-
netzen seine Füße. Ungeschickt versucht sie sie mit ihren
Haaren zu trocknen, küßt sie und salbt sie mit dem mitge-
brachten Öl. Der Pharisäer ist entrüstet, daß Jesus sich dies
von einer solchen Frau gefallen läßt, und denkt bei sich: Entweder erkennt er nicht, wer diese Frau ist – dann ist er kein
Prophet; oder aber er weiß es – dann verletzt er Gottes Rein-
heitsgebot.

Jesus durchschaut die Gedanken des Pharisäers und legt
ihm ein Gleichnis vor: Ein Gläubiger hatte zwei Schuldner.

Der eine schuldete ihm fünfhundert Silbergroschen, der andere fünfzig. Da sie nicht bezahlen konnten, erließ er beiden ihre Schulden – wer von ihnen wird ihn mehr lieben?

Simon antwortet: »Ich denke, der, dem er mehr geschenkt hat.«

Jesus gibt ihm recht und zählt dann alles auf, was jene stadtbekannte Sünderin ihm in der kurzen Zeit an Gutem zugefügt, Simon hingegen, obwohl als Gastgeber dazu verpflichtet, unterlassen hat. Und er zieht daraus den Schluß: »Wem viel vergeben ist, der liebt viel.«

Zu der Frau aber spricht er: »Dir sind deine Sünden vergeben.« Und als die anderen Gäste sich darüber aufregen, daß er es wagt, Sünden zu vergeben, fügt er hinzu: »Dein Glaube hat dir geholfen. Geh hin in Frieden!«

Jesus kann mit einer Frau so unbefangen umgehen, weil er kein grundsätzlicher Feind der Sexualität ist. Das Heilige und das Geschlechtliche sind für ihn nicht unvereinbar. Er sucht hier, wo der Mensch wie kaum irgendwo anders des Menschen Feind zu werden droht, die Menschen vor sich selbst zu schützen.

Das ist auch der Grund, warum er kompromißlos für das Verbot der Ehescheidung eintritt. Er stellt sich damit schützend vor die Ehefrauen.

Darüber kommt es zum Streitgespräch mit einigen Pharisäern und Schriftgelehrten. Diese fragen Jesus, um ihn auf die Probe zu stellen, wie er es mit der Ehescheidung halte, ob es einem Mann erlaubt sei, seine Ehefrau zu entlassen, indem er ihr einen Scheidebrief ausstellt – das war damals zwischen den Schriftgelehrtenschulen eine vielverhandelte Frage.

Wie in einem rabbinischen Streitgespräch üblich, verweist Jesus die Fragesteller auf die Schrift: »Habt ihr nicht gelesen?« Laut biblischem Schöpfungsbericht hat Gott von Anbeginn

die Menschen als Mann und Frau erschaffen: »Darum wird ein
Mann seinen Vater und seine Mutter verlassen und seiner Frau
anhangen, und die beiden werden zu einem Fleisch werden.«
Aus dieser Schöpfungstatsache ergibt sich für Jesus von selbst
das Verbot jeder Ehescheidung: »Was Gott zu einem Paar verbunden hat, das soll der Mensch nicht scheiden.«

Die Schriftgelehrten halten Jesu Berufung auf die Schöp-
fungsgeschichte das Gebot Moses entgegen, der um der Ordnung willen die Ehescheidung per Scheidebrief erlaubt hat.
Dagegen wendet Jesus ein, dies sei nur eine nachträgliche Kon-
zession an die Schwäche der Menschen gewesen – weil die
Menschen nun einmal so sind, wie sie sind. Von Anbeginn
jedoch war es nicht so. Damit konstatiert Jesus eine Kluft
zwischen Gottes ursprünglichem Schöpferwillen und dem
geltenden Gesetz. Und so bleibt es für ihn dabei: »Wer seine
Frau entläßt und eine andere heiratet, der bricht die Ehe.«

Die Schriftgelehrten und Pharisäer fragen nach der Prakti-
kabilität eines Gebots, Jesus dagegen nach Gottes ursprüngli-
cher Absicht. Aber gerade durch seine scheinbare Strenge bewahrt er die Ehefrauen davor, zum Besitztum ihrer Männer zu
werden, zu einem Instrument oder Ding, mit dem sie nach
Belieben verfahren können, es heute erwerben und morgen
schon wieder verwerfen.

Derselbe Jesus, der die Ehescheidung rigoros verbietet,
stellt sich schützend vor eine Ehebrecherin und setzt für sie
sogar sein Leben aufs Spiel.

Eine Gruppe von Schriftgelehrten und Pharisäern hat eine
Frau auf frischer Tat beim Ehebruch ertappt. Sie bringen sie
vor Jesus und fragen ihn, was er dazu sage. Nach dem Gesetz
des Mose muß die Frau gesteinigt werden. Stimmt Jesus ihrer
Verurteilung nicht zu, dann hat er sich gegen das mosaische
Gesetz gestellt und ist als Irrlehrer überführt.

Jesus jedoch läßt sich auf keine Diskussion ein, sondern malt, als gehe ihn die Sache nichts an, mit dem Finger auf der Erde.

Die Schriftgelehrten und Pharisäer aber lassen nicht locker und bohren weiter.

Schließlich richtet Jesus sich auf und sagt zu ihnen: »Wer unter euch ohne Sünde ist, der werfe den ersten Stein.« Damit hat er die Verkläger ihrer Selbstgerechtigkeit überführt. Keiner von ihnen hebt einen Stein auf; denn sich selbst für sündlos zu erklären, das wagen sie nun doch nicht. Und so stehlen sie sich stumm davon – aber sie werden ihm diese blamable Niederlage nicht vergessen.

Jesus bleibt allein mit der Frau zurück. Sie steht immer noch stumm an ihrem Platz. Da richtet er sich wieder auf und fragt sie: »Hat dich niemand verurteilt?«

Sie antwortet: »Nein, Herr.«

Darauf sagt Jesus zu ihr: »So verurteile ich dich auch nicht. Geh hin und sündige hinfort nicht mehr.«

Jesus verurteilt die Sünde, aber er vergibt der Sünderin. Allein dadurch wird die Sünde wahrhaft überwunden und der Frau nicht nur ihr Leben geschenkt, sondern ein neues Leben eröffnet. Während die Schriftgelehrten und Pharisäer im Namen Gottes töten wollen, erweist Jesus sich als Liebhaber des Lebens.

Eines Tages begegnet Jesus in der Gegend von Tyrus und Sidon einer ungebildeten, namenlosen Heidin. Er ist in das heidnische Gebiet ausgewichen, um sich dem drohenden Konflikt mit dem religiösen und politischen Establishment vorübergehend zu entziehen. Da tritt ihm eine Frau in den Weg. Ihre Tochter ist krank, geistesgestört, und die Mutter hat gerüchtweise von Jesus gehört und hofft nun, daß er auch ihr Kind heilen könne. Sie kommt angelaufen und bittet Jesus schreiend um Erbarmen mit ihrer kranken Tochter. Dieser aber reagiert nicht. Er antwortet der Frau mit keinem Wort.

Da schalten sich die Jünger ein und suchen zu vermitteln. Die Situation ist ihnen peinlich. Sie möchten die Frau mit ihrem aufsehenerregenden Geschrei loswerden. Aber auch sie richten bei Jesus nichts aus.

Schroff gibt er ihnen zur Antwort: »Ich bin nur gesandt zu den verlorenen Schafen des Hauses Israel.« Jesus verhält sich gegenüber der Heidin als frommer Jude. Israel ist das erwählte Gottesvolk – so steht es in der Bibel geschrieben. So hat er es einst in seinem Elternhaus gelernt, und bei dieser Überzeugung ist er geblieben, auch nachdem er Gott als seinen Vater erkannt hatte. Deshalb weiß er sich nur zu seinem Volk gesandt, der Israelit zu den Israeliten.

Aber die Heidin läßt sich von Jesus nicht abweisen. Sie wirft sich vor ihm auf die Knie und fleht: »Herr, hilf mir!« Das ist die elementare Geste der Hilflosigkeit, der Urlaut allen Betens.

Jesus aber antwortet darauf jetzt nur noch schärfer: »Es ist nicht recht, daß man den Kindern ihr Brot nimmt und es vor die Hunde wirft.« Das ist theologisch korrekt gedacht, in den Bahnen der jüdischen Tradition. Die »Hunde« sind die Heiden, und sie kommen als letzte an die Reihe, wenn der Tisch abgegessen ist. Zuerst ist Gottes Heil für die »Kinder« da, für Israel, vorläufig nur für Israel.

Die Frau stimmt Jesus zu: »Ja, Herr«, fährt aber dann fort: »– aber doch essen die Hunde von den Brosamen, die von ihrer Herren Tisch fallen.« Sie läßt Gottes Heilsordnung gelten, auch wenn sie sie nicht versteht – nur möchte sie, die Heidin, mit ihrer kranken Tochter bei Gott auch vorkommen. Sie stellt keinen Anspruch, sie möchte nicht stören und

den Kindern, welche die Herren sind, nichts wegnehmen. Sie
möchte für sich nur haben, was nebenbei abfällt wie die Brot-
stückchen, mit denen man sich nach der Mahlzeit die Hände
abwischt und sie dann den Hunden vorwirft. Die Frau
möchte, wenn es denn nach Gottes- oder Menschenwillen so
sein soll, sogar auf den Hund kommen, aber sie möchte nicht
vor die Hunde gehen.

Da endlich läßt Jesus sich von der Heidin überwinden. Er
heilt die Tochter, und zu der Mutter spricht er: »Frau, dein
Glaube ist groß. Dir geschehe, wie du willst.«

Jesus geht aus dieser Begegnung verändert hervor. Eine
einfache Frau, eine ungebildete Heidin hat den Nur-Juden in
ihm überwunden. Damit hat sie das Tor zur Völkerwelt auf-
gestoßen. Ihr Glaube hat, wenn auch nicht Berge versetzt, so
doch Grenzsteine verrückt. Diese Frau hat durch ihren Glauben wahrhaft Geschichte gemacht.

Seinen sichtbaren, geradezu zeichenhaften Ausdruck hat Jesu
offener, vorurteilsloser Umgang mit allen Menschen, selbst
mit den religiös Verachteten und gesellschaftlich Ausgestoßenen, in den gemeinsamen Mahlzeiten gefunden, die in seinem Wirken einen auffälligen Platz einnehmen.

Ist schon überhaupt jedes gemeinsame Mahl ein Ausdruck
der Gemeinschaft, so gilt dies besonders im Judentum. Durch
die Segensworte, die über Speise und Trank gesprochen wurden, erhielt auch eine alltägliche Mahlzeit religiösen Charakter, weshalb man sich vorher auch bestimmten Reinigungsri-
ten zu unterziehen hatte. Eben darum werden die Mahlzeiten
Jesu von seinen Gegnern als Affront empfunden. Schon daß
er überhaupt normal ißt und trinkt und sich nicht wie ein
Asket benimmt, verübelt man ihm. Vor allem aber nimmt
man daran Anstoß, daß er bei der Auswahl seiner Tischge-

nossen keine Unterschiede macht, sondern sich mit jedermann zu Tisch setzt, mit seinen Jüngern ebenso wie mit seinen Gegnern, mit Pharisäern und Schriftgelehrten genauso wie mit Zöllnern und Sündern.

Diese offenen Mahlzeiten Jesu stehen in krassem Gegensatz zu der exklusiven Praxis, wie sie in der Qumran-Gemeinde am Toten Meer geübt wurde. Dort fanden die gemeinsamen Mahlzeiten unter dem Vorsitz eines Priesters statt, und zugelassen war zu ihnen nur, wer kultisch rein war und das Gesetz genau befolgte – und auch dies erst nach einer dreijährigen Bewährungsfrist.

Ähnlich wie bei Johannes dem Täufer im Blick auf den bevorstehenden Anbruch des Reiches Gottes die charakteristische Zeichenhandlung die Taufe war, so ist es für Jesus das gemeinsame Mahl. In ihm verdichtet sich der Kern seines Evangeliums zum Sinnbild: Daß Menschen, die sonst durch vielerlei Schranken – religiöse, sittliche, soziale und politische – voneinander getrennt sind, an einem Tisch zusammensitzen und miteinander essen, trinken, beten und erzählen, weist auf den Einen hin, der sie zusammengeführt hat und in ihrer Mitte sitzt. In der Mitmenschlichkeit dieses Einen aber spiegelt sich die Menschenfreundlichkeit Gottes wider.

Gerade hier haken Jesu Gegner ein. Gleich zu Beginn seines Auftretens kommt es deswegen zu einer Auseinandersetzung. Jesus hat einen Zöllner namens Levi von seiner Zollstelle weg in seine Nachfolge berufen und kehrt anschließend mit seinen Jüngern in dessen Haus ein. Da gesellen sich auch etliche Berufskollegen Levis hinzu, und mit ihnen allen setzt Jesus sich zu Tisch.

Als einige Schriftgelehrte dies entdecken, wird von ihrer Seite zum erstenmal der Vorwurf laut: »Er ißt mit Zöllnern und Sündern!«

Darauf gibt Jesus jene Antwort, die geradezu zum Leit-
wort seines Wirkens geworden ist: »Nicht die Gesunden bedürfen des Arztes, sondern die Kranken. Ich bin gekommen,
die Sünder zu rufen und nicht die Gerechten.«

Eine ähnliche Szene spielt sich noch einmal gegen Ende
seines Lebens ab, als Jesus auf seinem Weg nach Jerusalem
durch Jericho kommt. Dort hat er eine fast komisch anmu-
tende Begegnung mit einem Mann namens Zachäus, einem
Oberzöllner, dem seine Zollpacht von den Römern viel Geld,
von seiten seiner Volksgenossen jedoch einen schlechten Ruf
eingebracht hat. Er hat von Jesus gehört und ist neugierig, ihn
zu sehen. Weil er klein von Wuchs ist, läuft er voraus und
klettert auf einen Baum, um besser schauen zu können.

Als Jesus vorbeikommt und ihn oben im Baum erblickt,
ruft er zu ihm hinauf: »Steig schleunigst herab! Ich muß heute
in deinem Haus einkehren.« Und Zachäus steigt eilends
herab und bewirtet Jesus mit Freuden.

Als die anderen dies sehen, murren sie, und wieder heißt es:
»Er ist bei einem Sünder eingekehrt!« Zachäus aber erklärt
sich sogleich bereit, die Hälfte seines unrechtmäßig erworbenen Besitzes den Armen zu geben und den von ihm Betroge-
nen ihren Verlust vierfach zurückzuerstatten.

Jesus antwortet darauf: »Heute ist diesem Haus Heil widerfahren, denn auch er ist Abrahams Sohn.« Damit gibt er
sowohl dem Zachäus als auch dessen Verächtern zu verstehen, daß nicht die Bußleistung, sondern allein Gottes freie
Gnade gilt. Und er begründet dies wieder mit dem Hinweis
auf seine Sendung: »Der Menschensohn ist gekommen, die
Verlorenen zu suchen und zu retten.«

Einmal hält Jesus eine Mahlzeit mit einer vielköpfigen Menge
an einem öden Ort. Eigentlich hat er sich mit seinen Jüngern
in die Einsamkeit zurückziehen wollen, um mit ihnen allein
zu sein und auszuruhen. Aber die Menschenmenge ist ihnen
nachgefolgt, und sie erscheint Jesus wie eine Herde von Schafen, die keinen Hirten haben. Ergriffen von ihrer Verlorenheit, spricht er zu ihnen vom Reich Gottes und heilt ihre
Kranken. Darüber ist es spät geworden, und die Jünger raten
ihm, die Leute zu entlassen, damit sie gehen und sich etwas zu
essen kaufen können. Aber es ist keine Ortschaft in der Nähe,
und Geld ist auch keines vorhanden.

Da ergreift Jesus die Initiative und übernimmt die Rolle des
Gastgebers. Er läßt die Jünger zusammentragen, was an Vor-
räten vorhanden ist. Das ergibt nicht viel, ein paar Fladenbrote und etwas getrockneten Fisch. Jesus aber gebietet der
Menge, sich zu lagern. Dann spricht er das Segenswort über
die Speisen und beginnt sie auszuteilen. Brot und Fisch werden durch die Reihen gereicht, und jeder gibt dem anderen
von dem seinen ab. Und siehe, es reicht! Am Ende sind alle
satt, und es ist sogar noch etwas übriggeblieben.

Der Menge erscheint dies wie ein Wunder, fast wie ein Vorzeichen der messianischen Zeit, und das bringt sie auf einen
gefährlichen Gedanken. Beeindruckt von ihrer wunderbaren
Sättigung, halten die Leute Jesus für den verheißenen Propheten der Endzeit und wollen ihn zum messianischen König
ausrufen, der das Joch der Römer mit Macht zerbrechen und
Israel Freiheit, Gerechtigkeit und Frieden bringen wird. So
entsteht unversehens eine kritische Situation, die Jesus in ein
falsches politisches Licht zu rücken droht. Darum drängt er
seine Jünger und die Menge eilends zum Aufbruch und ent-
weicht selbst allein auf einen Berg.

Aber dieser Zwischenfall kostet ihn Anhänger. Enttäuscht

wenden sich seitdem viele von ihm ab. Sie verstehen den Sinn seiner Sendung nicht: daß es ihm um eine tiefere menschliche Verlorenheit und Rettung geht als nur um den Verlust und die Wiederherstellung der politischen Freiheit.

Und so erscheint hinter dem Berg, auf den Jesus sich vor der Menge zurückgezogen hat, jener Hügel, auf dem er am Ende vollends allein sein wird. Zuvor aber wird er ein letztes Mal mit seinen Jüngern zu Tisch sitzen und ein Abschiedsmahl mit ihnen halten, das noch einmal den Sinn der gemeinsamen Mahlzeiten zeichenhaft in sich schließt: Daß er gekommen ist, die Verlorenen und Ausgestoßenen zu suchen und zu retten – weshalb ihn die angeblichen Statthalter Gottes ihrerseits ausgestoßen haben und den politischen Machthabern ausliefern werden.

Freund der Zöllner und Sünder – das weist über Jesus hinaus auf Gott. Wenn Jesu Verkündigen und Verhalten durch einen auffälligen Zug nach unten gekennzeichnet ist, dann zeichnet sich darin eine Bewegung in Gott selbst ab: Gott wendet sich den Gottlosen zu, er wird ein Freund der Zöllner und Sünder. Damit ist die in allen Religionen übliche Reihenfolge – zuerst Leistung und Reue auf seiten des Menschen, sodann Gnade und Vergebung von seiten Gottes – umgekehrt. Am Anfang des Weges zu Gott steht nicht die unbedingte Forderung Gottes: »Du sollst gut sein, Mensch!« und damit eine Leistung des Menschen, sondern die bedingungslose Zusage Gottes: »Ich bin dir gut, Mensch«, und damit Gottes Gnade.

Diese Umkehrung markiert Jesu entscheidenden Überstieg über das zeitgenössische Judentum. Daß Gott den Leidenden und Unglücklichen nicht zürnt, daß Unglück und Leid vielmehr auch Zeichen der Nähe Gottes sein können, bisweilen sogar mehr als Glück und Wohlergehen – bis zu dieser Gotteserkenntnis war auch Israel vorgedrungen; Psalmisten und Propheten wissen ergreifend davon zu reden. Aber daß Gott ausgerechnet die Sünder liebt, sie sucht und bei sich haben will, das schlägt allem, was die Juden von Gott glaubten, ins Gesicht und muß als Gotteslästerung empfunden werden. Aber keineswegs nur Juden, alle Moralisten und Frömmler müssen daran Anstoß nehmen.

In einem Gleichnis stellt Jesus zwei typische Gestalten im damaligen Judentum einander gegenüber, der eine ein Pharisäer, der andere ein Zöllner.

Beide Männer gehen in den Tempel hinauf, um zu beten. Der Pharisäer stellt sich hin und betet: »Ich danke dir, Gott, daß ich nicht bin wie die andern Leute – Räuber, Betrüger, Ehebrecher oder auch wie dieser Zöllner dort. Ich faste zweimal in der Woche und gebe den Zehnten von allem, was ich einnehme.«

Der Zöllner bleibt in der Ferne stehen und wagt nicht einmal, seine Augen zu Gott aufzuheben, sondern schlägt an seine Brust und sagt nur: »Gott, sei mir Sünder gnädig!«

Beide Männer beten, und beide meinen es aufrichtig. Dennoch ist beider Gebet grundverschieden. Der Pharisäer beginnt sein Gebet mit »Ich« und bleibt dabei. Zwar spricht er ein Dankgebet, aber er blickt dabei eigentlich nicht dankbar auf Gott, sondern auf sich selbst, was er alles geleistet hat, und zugleich verächtlich auf die anderen, die Gott nicht so wohlgefällig sind. Dabei heuchelt er nicht. Es sind wirklich gute Werke, die er aufzählt. Das Falsche an seiner Einstellung ist nicht, daß er Gott das Gute nur vormachte, sondern daß er nur sein Gutes vor Gott bringt, das Böse aber nicht erkennt oder für sich behält. Der Pharisäer bleibt Gott seine Schuld schuldig.

Anders der Zöllner. Er beginnt sein Gebet mit der Anrufung Gottes. Und er hat Grund dazu, denn er hat keinerlei Leistungen vorzuzeigen. Er kann nur sein Böses hinhalten und Gottes Urteil, daß er ein Sünder ist, recht geben und ihn um Gnade bitten. Aber eben darum gibt Jesus seinerseits ihm recht. Er beschließt das Gleichnis mit der Feststellung: »Dieser ging gerechtfertigt in sein Haus hinab, nicht jener«, und spricht damit Gottes eigenes Urteil über den Zöllner aus: Gott sind die reuigen Sünder recht, nicht die angeblich Gerechten. »Wer sich selbst erhöht, der wird erniedrigt werden, und wer sich selbst erniedrigt, der wird erhöht werden.«

In einem anderen Gleichnis verdeutlicht Jesus Gottes Handeln an dem scheinbar ungerechten Verhalten eines Arbeitgebers.

Dieser geht früh am Morgen aus, um Arbeiter für seinen Weinberg einzustellen. Er vereinbart mit ihnen den üblichen Tageslohn von einem Denar und schickt sie dann in den Weinberg. Im Laufe des Tages geht er noch mehrmals auf den Markt, wo die Arbeitslosen müßig herumstehen, und wirbt sie gleichfalls an, ein letztes Mal nur noch eine Stunde vor Arbeitsschluß.

Am Abend weist er seinen Verwalter an, die Arbeiter zusammenzurufen und ihnen ihren Lohn auszuzahlen und damit bei den letzten zu beginnen. Als diese den vollen Tageslohn von einem Denar empfangen haben, hoffen die ersten, mehr zu bekommen. Aber auch sie erhalten nur einen Denar für ihre Arbeit. Da protestieren sie, daß sie, die die Last und die Hitze des ganzen Tages getragen hätten, denen gleichgestellt werden, die nur eine Stunde gearbeitet haben.

Darauf antwortet der Weinbergbesitzer einem von ihnen: »Mein Lieber, ich tue dir kein Unrecht. Haben wir uns nicht auf einen Denar geeinigt? Nimm den und geh! Es ist nun einmal mein Wille, dem letzten ebensoviel zu geben wie dir. Habe ich denn nicht das Recht, mit dem, was mir gehört, zu tun, was ich will? Bist du neidisch, weil ich gütig bin?«

Der Arbeitgeber handelt formal korrekt, im Rahmen des geltenden Arbeitsrechts; dennoch schlägt seine Handlungsweise allem Rechtsempfinden ins Gesicht. Aber was als scheinbar willkürlich und ungerecht schockiert, ist Gottes überschwengliche Güte, an der alle Maßstäbe menschlicher Gerechtigkeit zerbrechen. Gott schenkt über Leistung und Verdienst hinaus. Seine Souveränität ist seine Generosität. Von ihr leben auch die angeblich Gerechten.

Zu Jesu Gleichnis gibt es aus späterer Zeit eine jüdische Parallele, die ganz ähnlich lautet, jedoch mit einem diametral entgegengesetzten Schluß: Ein König hatte viele Arbeiter gemietet. Als ihm einer unter ihnen durch seinen besonderen Fleiß auffiel, rief er ihn zu sich und ging mit ihm den ganzen Tag spazieren. Trotzdem erhielt auch er am Abend den vollen Lohn. Darüber murrten die anderen Arbeiter und sagten: »Wir haben den ganzen Tag gearbeitet, dieser aber nur zwei Stunden, und dennoch bekommt er den gleichen Lohn wie wir.« Darauf rechtfertigte der König sein Verhalten, aber nicht, indem er wie der Weinbergbesitzer in Jesu Gleichnis auf seine Güte verweist, sondern auf die Leistung des Arbeiters: »Dieser hat in zwei Stunden mehr gearbeitet als ihr während des ganzen Tages.«

In den beiden Gleichnissen Jesu stehen sich nicht nur zwei verschiedene Frömmigkeitstypen gegenüber, dahinter ragen zwei unterschiedliche Gottesbilder auf. Hier steht Gnade gegen Recht, Religion gegen Religion, Gott gegen Gott. Jesus zeigt gewiß keinen neuen Gott. Es ist der Gott seines Volkes – aber er zeigt Gott seinem Volk neu. Auch die Juden wußten von der Gnade Gottes, aber für sie war die Gnade nur eine

Seite an Gott, während sie für Jesus dem ganzen Gottesbild
Farbe und Kontur verleiht.

Zwar hat Jesus die Beziehung zwischen göttlicher Gnade und
menschlicher Leistung und damit zwischen Religion und
Moral umgekehrt, aber er hat sie nicht aufgehoben, sondern
im Gegenteil neu motiviert. Durch seine Güte beschämt und
ermutigt Gott den Sünder, es ihm alsbald gleichzutun. So
setzt sich Gottes Vergeben im menschlichen Verzeihen fort.
Und weh dem, der nach der großen Vergebung, die er von
Gott empfangen hat, nicht zu der kleinen Vergebung gegenüber dem Nächsten bereit ist! Ihm droht der Verlust der
Gnade.

Jesus warnt davor wiederum in einem Gleichnis.

Ein König hält mit seinen Knechten Abrechnung. Gleich
zu Beginn wird einer vor ihn geführt, der ihm zehntausend
Talente schuldet – eine unvorstellbar hohe Summe, die er niemals bezahlen kann. Da befiehlt der König, ihn und seine
ganze Familie zu verkaufen, dazu auch sein gesamtes Eigentum, um seine Schuld zu tilgen. In seiner Verzweiflung wirft
der Knecht sich dem König zu Füßen und bittet ihn um Geduld, er wolle alles bezahlen – ein ganz und gar unsinniges
Angebot, das er nie würde erfüllen können. Doch da tut dem
König der Knecht leid, und er läßt ihn frei, und seine Schuld
erläßt er ihm auch – also nicht nur ein Aufschub, auch keine
Tilgung durch Abzahlung, sondern vollkommener Erlaß der
Schuld.

Kaum aber ist der Knecht draußen, da begegnet ihm einer
seiner Mitknechte, der ihm hundert Denar schuldet, im Vergleich zu der ihm soeben erlassenen Schuld eine Kleinigkeit.
Trotzdem fällt er sogleich über ihn her, packt ihn und spricht:
»Bezahle, was du mir schuldig bist!« Nun wirft sich sein Mit-

knecht ihm zu Füßen, bittet ihn um Geduld und verspricht ihm, alles zu bezahlen. Er aber will nicht, sondern läßt ihn ins Gefängnis werfen, bis er seine Schuld bezahlt hat.

Als die anderen Knechte dies sehen, sind sie entsetzt, und sie berichten ihrem Herrn davon. Da läßt dieser den Knecht wieder vor sich kommen und sagt zu ihm: »Du Schurke! Deine ganze Schuld habe ich dir erlassen, weil du mich darum gebeten hattest. Hättest du dich da nicht auch über deinen Mitknecht erbarmen sollen, wie ich mich über dich erbarmt habe?« Und voll Zorn übergibt er ihn den Folterknechten, bis er seine ganze Schuld bezahlt hat.

Jesus schließt das Gleichnis mit der Warnung: »So wird auch mein himmlischer Vater euch tun, wenn ihr einander nicht von Herzen vergebt, ein jeder seinem Bruder.«

Fragt Petrus Jesus, wie oft er seinem Bruder vergeben müsse, ob siebenmal genüge. Damit meint er schon hochgegriffen zu haben, aber immer noch zählt er – nach Art der Kasuistik. Jesus antwortet ihm darum: »Nicht bis zu siebenmal, sondern siebzig mal siebenmal«, und erinnert ihn daran, daß die Liebe nicht rechnet, weil sie unendlich ist.

Mit seiner Offenheit gegenüber allen Menschen, mit seiner Freundschaft selbst zu Zöllnern und Sündern hat Jesus eine neue Geschichte eröffnet, deren Gesetz nicht die Vergeltung, sondern die Vergebung ist. Es ist die Geschichte der nachgetragenen Liebe Gottes, eine unendliche Geschichte, weil die Liebe nie am Ende ist.

Der Heiland: Gottes Allmacht

»Der Geist des Herrn liegt auf mir,
weil er mich gesalbt hat. Er hat mich
gesandt, den Armen das Evangelium
zu verkündigen, den Gefangenen zu
predigen, daß sie frei sein sollen, den
Blinden, daß sie sehen sollen, den Zerschlagenen, daß sie erlöst werden sollen – zu verkündigen das Gnadenjahr
des Herrn.«

Eines Tages bringen vier Männer auf einer Bahre einen Gelähmten zu Jesus. Sie versuchen, in sein Haus zu gelangen,
aber sie kommen nicht durch. Denn auf die Nachricht, daß
Jesus zu Hause sei, ist eine große Menschenmenge zusam-
mengeströmt und steht dicht gedrängt bis draußen vor die
Tür. Da steigen die vier mit der Bahre über die Außentreppe
auf das Dach des Hauses, brechen das Zweiggeflecht auf, graben ein Loch durch die Lehmdecke und lassen die Bahre mit
dem Kranken hinab, unmittelbar vor Jesu Füße. Sie sprechen
dabei kein Wort, an ihrem Handeln aber erkennt Jesus ihren
Glauben. Und da sagt er zu dem Gelähmten: »Mein Sohn,
deine Sünden sind dir vergeben«, und deckt damit seine tiefste Not auf.

Als einige Schriftgelehrte dies sehen, denken sie empört bei
sich: »Was redet der da? Er lästert. Wer kann Sünden vergeben als allein Gott?« Ihr Vorwurf ist begreiflich. Jesus han-

delt in der Tat, als stünde er an Gottes Statt. Denn nur Gott kann nach jüdischem Glauben Sünden vergeben, nicht einmal der Messias.

Jesus errät ihre Gedanken und fragt sie, was sie für leichter hielten, zu dem Gelähmten zu sagen: »Dir sind deine Sünden vergeben« oder »Steh auf, nimm deine Bahre und geh!«

Um ihnen aber zu beweisen, daß er Vollmacht hat, auf Erden Sünden zu vergeben, wendet er sich wieder an den Gelähmten und spricht zu ihm: »Ich sage dir, steh auf, nimm deine Bahre und geh nach Haus!« Und der Gelähmte steht auf, nimmt seine Bahre und geht vor den Augen aller hinaus.

Als die Leute dies sehen, geraten sie außer sich, preisen Gott und sagen: »So etwas haben wir noch nie gesehen.«

Für Jesus gibt es keine Trennung zwischen Seele und Leib und entsprechend auch nicht zwischen ewigem Heil und irdischem Wohl des Menschen. Sündenvergebung und Krankenheilung gehören für ihn zusammen. Immer geschieht auf seinen Wanderungen zugleich beides: Er predigt den Menschen das Evangelium vom Reich Gottes und heilt gleichzeitig ihre Gebrechen. So erscheint er ineins als Wanderlehrer und Wundertäter. Sein Wort ist ein tätlicher Angriff auf alles Böse, das den Menschen »kaputt« zu machen droht, auf seine Sünde sowohl wie auf seine Krankheit. In beidem zugleich, durch Wort und Tat, erweist Jesus sich als der Heiland.

Krankheit galt damals weithin als Besessenheit durch böse Geister oder als Strafe Gottes für begangene Schuld und damit als eine göttliche Züchtigung, der man sich zu unterwerfen hatte. Darum fragen die Jünger, als sie einmal an einem Blindgeborenen vorüberkommen, Jesus sofort:

»Wer hat gesündigt, er selber oder seine Eltern?« Jesus gibt
ihnen darauf zur Antwort: »Weder er noch seine Eltern haben
gesündigt, sondern an ihm soll Gottes Wirken offenbar werden« – und er heilt den Blinden.

Angesichts des Laufs und Leids der Welt stellt Jesus keine
theoretischen Überlegungen an. Er betrachtet die Krankheit
nicht als heilsam für den Menschen und fordert auch nicht
seine Unterwerfung unter das Leid, vielmehr greift er Krankheit und Leid an. Er heilt Blinde, Lahme, Aussätzige, Taub-
stumme und vor allem immer wieder Geisteskranke. Diese
Heilungen sind Zeichen seiner Vollmacht, Erweise des Geistes und der Kraft. In ihnen realisiert sich sichtbar und für ihn
selbst überraschend seine Gotteserfahrung: daß Gott nahe ist
– und so deutet er sie als Signale des kommenden Reiches
Gottes. Darum geschehen sie auch nur beispielhaft, bei Gelegenheit, von Fall zu Fall.

Alle Wundergeschichten sind zuallererst Glaubensgeschich-
ten. Sie zeigen an, was der durch Jesus erweckte Glaube an
Gottes Heil angesichts eines konkreten Unheils vermag. Nur
wer Jesu Wort glaubt, kann seine Taten an sich selbst erfahren
oder sie an anderen erkennen; wer nicht glaubt, erfährt oder
sieht nichts. Dabei gibt es Überraschungen. Menschen, von
denen man annehmen sollte, daß sie glauben würden, versagen sich Jesus, während andere, bei denen man niemals Glauben vermutete, wider Erwarten einen großen Glauben zeigen. Das sollte Jesus schon früh erfahren.

Bald nach Beginn seines öffentlichen Auftretens in Kapernaum kommt er zum erstenmal wieder in seine Vaterstadt
Nazareth. Da es Sabbat ist, besucht er, wie er es von Jugend
an getan, den Gottesdienst in der Synagoge. Dort macht er
von dem jedem jüdischen Mann zustehenden Recht Ge-

brauch, aus der Schrift vorzulesen und zu predigen. Und so
tritt er – nach der Lesung des vorgeschriebenen Textes aus
dem Gesetz des Mose – vor, läßt sich vom Synagogendiener
die Rolle des Propheten Jesaja reichen und liest aus ihr jene
Stelle, die das Kommen des charismatischen Heilsbringers
der Endzeit ankündigt: »Der Geist des Herrn liegt auf mir,
weil er mich gesalbt hat. Er hat mich gesandt, den Armen das
Evangelium zu verkündigen, den Gefangenen zu predigen,
daß sie frei sein sollen, den Blinden, daß sie sehen sollen, den
Zerschlagenen, daß sie erlöst werden sollen – zu verkündigen
das Gnadenjahr des Herrn.«

Nach der Lesung rollt Jesus die Schriftrolle zusammen,
reicht sie dem Synagogendiener zurück und setzt sich, wie
üblich, zur Predigt hin. Alle Augen in der Synagoge sind gespannt auf ihn gerichtet. Da beginnt er mit dem Satz: »Heute
ist dieses Wort der Schrift erfüllt vor euren Ohren.« Als die
Gottesdienstbesucher das hören, staunen sie über diese Gna-
denbotschaft aus seinem Mund und fragen irritiert: »Woher
hat er diese Weisheit und diese Machttaten? Ist er nicht der
Zimmermann, der Sohn der Maria? Heißen seine Brüder
nicht Jakobus, Joseph und Judas? Und seine Schwestern, sind
sie nicht auch bei uns? Woher also hat er das alles?«

Aber als sie dann bei sich in Nazareth nicht dieselben Wundertaten geschehen sehen, wie sie sie aus Kapernaum vernommen haben, schlägt ihre Verwunderung alsbald in Enttäuschung und Ärger um. Da hält Jesus ihnen das Wort entgegen: »Ein Prophet gilt nichts in seiner Vaterstadt.« Schuld
daran ist ihr eigener Unglaube. Am Ende geraten alle in hel-
len Aufruhr. Zornig stoßen sie Jesus zur Stadt hinaus und
führen ihn an einen nahen Steilhang, um ihn von dort hinab-
zustürzen und zu steinigen. Er aber geht mitten durch die
aufgeregte Menge hindurch und wandert weiter.

Während seine eigenen Leute in Nazareth ihm keinen
Glauben schenken, erlebt Jesus gleichzeitig, wie ein Heide
seinem Wort bedingungslos vertraut und Gottes wunderbare Macht erfährt.

In Kapernaum tritt ein Hauptmann an ihn heran und bittet ihn, seinen todkranken Knecht zu heilen. Eigentlich mel-
det er Jesus die Krankheit nur und spricht gar keine Bitte aus
– so gewiß ist er, daß Jesus die Krankheit heilen kann. Er
stellt sie ihm einfach anheim.

Jesus ist auch sofort bereit, mit ihm zu gehen. Aber da
wehrt der Hauptmann ab: »Ich bin nicht wert, daß du unter
mein Dach kommst. Sprich nur ein Wort, so wird mein
Bursche gesund.« Er weiß, daß ein frommer Jude das Haus
eines Heiden nicht betreten darf, um sich nicht zu verunreinigen. Aber es ist noch mehr als nur diese Rücksichtnahme,
die ihn Jesu Besuch abwehren läßt. Als Offizier kennt er aus
eigener Erfahrung die Funktion von Befehl und Gehorsam,
und welche Macht ein einziges Wort ausüben kann. »Auch
ich stehe unter einem Befehl«, erklärt er Jesus, »und habe
wiederum Soldaten unter mir. Wenn ich zu einem sage:
›Geh hin!‹, so geht er, und zu einem anderen: ›Komm her!‹,
so kommt er, und zu meinem Knecht: ›Tu dies‹, so tut er's.«
Genauso real rechnet der Hauptmann mit der Kraft des
Wortes Jesu. Er ist überwältigt von dessen Vollmacht. In der
Begegnung mit ihm ist ihm gleichzeitig beides aufgegangen: seine eigene Unwürdigkeit und Ohnmacht und Gottes
Heiligkeit und Macht. Beides zusammen macht den Glau-
ben aus.

Jesus staunt über den Glauben des Heiden und stellt fest:
»In Israel habe ich bei keinem einen so großen Glauben gefunden.« Dem Hauptmann aber geschieht, wie er geglaubt
hat. Sein Knecht wird zu derselben Stunde gesund.

Manche Wunderheilungen Jesu muten geradezu wie Glaubensprüfungen an, so daß als das größere Wunder nicht die Heilung, sondern der Glaube erscheint.

Ein Vater hat seinen epileptischen Sohn zu den Jüngern gebracht, damit sie ihn heilten. Aber sie haben es nicht vermocht.

Da wendet der Vater sich an Jesus, und es kommt zwischen ihnen zu einem Gespräch über den Glauben. Als Jesus von dem Unvermögen seiner Jünger hört, bricht es aus ihm heraus: »O du ungläubiges Geschlecht! Wie lange soll ich noch bei euch sein und euch ertragen!«, und er befiehlt, den Knaben zu ihm zu bringen. Er fragt den Vater nach Art und Dauer der Krankheit, und dieser schildert ihm die schrecklichen Anfälle seines Sohnes, die ihn schon von Kind auf quälen, und er endet mit der verzagten Bitte: »Wenn du kannst, dann erbarme dich unser und hilf uns.«

»Wenn du kannst, sagst du«, erwidert Jesus, »alles ist möglich für den, der glaubt.«

Da schreit der Vater auf: »Ich glaube – hilf meinem Unglauben!«

Im Mittelpunkt der Geschichte steht nicht das Wunder der Heilung, sondern die Frage nach dem Glauben. Am Beispiel des Vaters wird erkennbar, was glauben heißt. Im Blick auf sich selbst kann der Vater nur verzagen und seinen Unglauben bekennen. Auf seiten des Menschen ist die Voraussetzung des Glaubens einzig die Einsicht in die eigene Hilflosigkeit, die Erfahrung des Angewiesenseins und, wenn's hochkommt, eine Art Halbglaube: »Wenn du kannst ...« Allein im Blick auf Gott kann ein Mensch zu sagen wagen: »Ich glaube« – aber nicht, ohne sogleich hinzuzufügen: »Hilf meinem Unglauben!«, wohl wissend, daß Gott ihm sogar zum Glauben verhelfen muß. Die Bewegung des Glaubens be-

steht in der Blickwendung von der eigenen Ohnmacht auf
Gottes Allmacht.

Nachdem der Vater mit seinem geheilten Sohn weggegan-
gen ist, fragen die Jünger Jesus, warum denn sie den epileptischen Knaben nicht heilen konnten, als ob es da irgendeine
Methode oder Technik gäbe, an der es ihnen noch fehle. Jesus
aber antwortet ihnen: »Wegen eures Kleinglaubens«, und
fährt dann fort: »Wenn ihr Glauben habt, nur so groß wie ein
Senfkorn, könnt ihr zu diesem Berg sprechen: ›Hebe dich davon‹, und er weicht. Denn nichts wird euch dann unmöglich
sein.«

Wer glaubt, kann sein Wunder erleben – das größte Gottes-
wunder aber bleibt der Glaube selbst.

Einmal begegnen Jesus zehn Aussätzige. Sie rufen ihn von
ferne an: »Meister, erbarme dich unser!« Jesus erblickt sie und
schickt sie zu den Priestern, die über Reinheit und Unreinheit
zu befinden haben. Auf dem Weg dorthin werden die Aussätzigen gesund. Aber nur einer von ihnen kehrt zurück und fällt
vor Jesus nieder, um ihm für seine Heilung zu danken. Und
dieser eine ist ausgerechnet ein Samariter – ein Außenseiter.

Jesus fragt ihn, wo die anderen Neun geblieben seien, ob
sie es nicht auch für nötig gehalten hätten, umzukehren und
Gott die Ehre zu geben, und spricht dann zu ihm: »Steh auf
und geh! Dein Glaube hat dir geholfen.« Nicht, daß die Neun
nun wieder ihren Aussatz gekriegt hätten, aber nur dieser
eine hat in dem, was ihm widerfahren ist, das Walten Gottes
erkannt. Er allein hat in seiner Heilung Gottes Heil erfahren,
und nur für ihn ist sie deshalb ein Wunder.

Den Höhepunkt der Krankenheilungen Jesu bilden die Dämonenaustreibungen. Daß Sünde und Krankheit etwas miteinander zu tun haben und Vergebung und Heilung deshalb

zusammengehören, der Glaube an Gottes Heil mithin den ganzen Menschen, nicht nur seine Seele, sondern auch seinen Leib, betrifft – dafür sind sie das augenfälligste Exempel. Darum haben auch die Zeitgenossen Jesu Vollmacht hier am eindrücklichsten gespürt. Die Bannung der Dämonen ist gleichsam das Siegel auf seine Reich-Gottes-Verkündigung.

Jesus hat den Dämonenglauben seiner Zeit geteilt. Aber er hat keine Dämonenlehre nach Art der zeitgenössischen Apokalyptik entwickelt, sondern hat den heilsamen Angriff auf die dämonischen Unheilsmächte eingeleitet. Daß Gott keinerlei Krankheit will, kommt in den Dämonenaustreibungen am stärksten zum Ausdruck. Die Dämonen sind die ersten, die Jesu Sendung erkennen und den Anbruch der endgültigen Herrschaft Gottes fürchten. Und so ist Jesus von Anfang an als Exorzist aufgetreten. Der von Gottes Geist ergriffene Charismatiker bedroht die unreinen Geister und vertreibt sie.

Was sich gleich zu Beginn in Kapernaum ereignet, das hat sich ähnlich mannigfach wiederholt. Jesus besucht dort nach seiner Gewohnheit am Sabbat den Gottesdienst in der Synagoge und predigt in ihm. Die Zuhörer sind von seiner Predigt überwältigt, weil sie so ganz anders ist als die sonst gewohnten Schriftauslegungen. Es ist, als ob Gott selber durch ihn redete.

In der Synagoge befindet sich auch ein Geisteskranker, nach Auffassung der Zeit ein Besessener, darum gespaltenen Geistes. Als er Jesus predigen hört, schreit es aus ihm heraus: »Was willst du von uns, Jesus aus Nazareth? Du bist gekommen, uns zu vernichten. Ich kenne dich: Du bist der Heilige Gottes!«

Jesus herrscht ihn an: »Verstumme und fahr von ihm aus!«

Da zerrt der Dämon den Mann, schreit laut auf und fährt von ihm aus.

Als die anderen dies sehen, erschauern sie und fangen untereinander an zu diskutieren: Was bedeutet das? Eine neue Lehre mit Vollmacht! Er gebietet den unreinen Geistern, und sie gehorchen ihm!

Jesu Gegenwart entmächtigt die Dämonen: »Ich sah den Satan vom Himmel fallen wie einen Blitz.« Wo Gottes Geist naht, dort müssen die unreinen Geister weichen; durch ihre Bannung wird in den zerrütteten Menschen das zerstörte Ebenbild Gottes wiederhergestellt.

Hier steht Geist gegen Geist, und das führt unter den Menschen zu einer Scheidung der Geister. Die Kunde von Jesu Dämonenaustreibungen hat sich in der Bevölkerung so verbreitet, daß der Hohe Rat in Jerusalem, der über die Rechtgläubigkeit im Volk zu wachen hat, es für angezeigt hält, eine Theologenkommission nach Galiläa zu entsenden. Sie soll die dortigen Vorgänge untersuchen und feststellen, wes Geistes Kind der Exorzist ist, der so viel von sich reden macht. Ihr Urteil jedoch steht von vornherein fest: Der, der angeblich unreine Geister austreibt, hat selbst einen unreinen Geist. Er steht mit dem Teufel im Bund und ist deshalb der Zauberei schuldig. Das ist der Verdacht, dem sich Charismatiker zu allen Zeiten ausgesetzt sehen.

Jesus stellt sich den Schriftgelehrten und widerlegt ihren Verdacht mit einem Bild: »Wie kann der Satan den Satan austreiben? Wenn ein Reich in sich selbst gespalten ist, so kann es nicht bestehen. Und wenn ein Haus in sich selbst uneins ist, so hat es gleichfalls keinen Bestand. Wenn sich nun der Satan gegen sich selbst erhebt und sich mit sich selbst entzweit, so kann er nicht weiter sein Unwesen treiben – dann ist es aus mit ihm. Niemand aber kann in das Haus eines Starken eindringen und seinen Hausrat rauben, wenn er ihn nicht zuvor gefesselt hat.«

Damit spielt Jesus auf sein eigenes Wirken an: Er steht mit dem Satan nicht im Bunde – er hat ihn gebunden. Darum: »Wenn ich durch Gottes Geist die Dämonen austreibe, so ist das Reich Gottes zu euch gekommen.«

Die Schriftgelehrten irren sich, wenn sie von Jesus verlangen, er solle seinen Offenbarungsanspruch noch darüber hinaus durch ein sichtbares Wunder vom Himmel legitimieren. Dies will und kann er nicht. Er will es nicht, weil die Schriftgelehrten auch durch kein noch so großes Wunder zum Glauben gelangten, sondern in ihrem Unglauben nur noch bestärkt würden. Und er kann es nicht, weil er auf den Glauben angewiesen ist, wenn er helfen soll. Wer nicht glaubt, dem ist nicht zu helfen. Wer einmal Wunder will, will immer wieder Wunder, immer mehr und jedesmal größere. Am Ende ist er wundersüchtig, aber nicht Gottes gewiß.

Wer aber gar behauptet, Jesus selbst habe einen unreinen Geist, der lästert den Heiligen Geist und empfängt in Ewigkeit keine Vergebung. Alle anderen Sünden können einem Menschen vergeben werden, nur diese eine nicht. Denn dadurch brächte er die Stimme der Vergebung selbst zum Schweigen und damit sich selbst um die Möglichkeit, noch Vergebung zu empfangen.

Diese Gefahr droht Jesu eigener Familie. Seine Mutter und seine Brüder behaupten zwar nicht wie die Schriftgelehrten, daß er mit dem Teufel im Bunde stehe, immerhin aber, daß er von Sinnen sei. Daher kommen sie, sei es aus Fürsorge oder aus Furcht, von Nazareth nach Kapernaum, um Jesus nach Hause zu holen. Er aber weist sie auf seine wahren Verwandten hin: Es sind alle jene, die den Willen Gottes tun. So trennt und verbindet der Glaube die Menschen untereinander, und die Trennungs- und Verbindungslinien gehen mitten durch die Familien hindurch.

Jesu Machttaten sind Hinweise auf Gottes Allmacht, aber sie sind keine Beweise. Es gibt keine allgemein verbindlichen Kriterien, mittels deren sich Gottes Handeln an der kausalbestimmten Weltkontinuität öffentlich sichtbar ablesen ließe. Selbst die größten Wunder bleiben in der Zweideutigkeit aller göttlichen Offenbarung und werden eindeutig nur für den, der glaubt. Denn nicht das Wunder begründet den Glauben, sondern der Glaube das Wunder. Eben darum halten die einen für Gottes Tat, was den anderen als ein Machwerk des Teufels erscheint.

Daß Gott allmächtig ist, das ist für Jesus keine allgemeine Wahrheit im Sinne objektiver Feststellbarkeit und daher auch nicht neutraler Beobachtung zugänglich. Es ist erfahrbar nur in der persönlichen Betroffenheit, wenn jemand auf Gott vertraut, seine Hilfe erfährt und so an seiner Allmacht teilhat.

Dies gilt nicht nur für Jesu Wunder, sondern für den Vorsehungsglauben allgemein. Wenn Jesus sagt, daß kein Sperling auf die Erde falle, ohne daß Gott es wolle, und daß alle Haare auf dem Kopf gezählt seien, dann will er damit keinen logischen Beweis für Gottes Allmacht erbringen, sondern mit Hilfe eines Bildes zum Vertrauen ermutigen. Deshalb schließt jene Stelle auch mit dem Zuspruch: »Darum fürchtet euch nicht!«

Die solch furchtlosem Vertrauen auf Gottes Allmacht entgegengesetzte Haltung ist die Sorge. Sie verschließt sich sowohl gegen den Glauben an Gott wie gegen die Liebe zum Nächsten. Darum ermahnt Jesus die Menschen immer wieder, sich nicht zu sorgen.

»Sorget nicht!« – das ist in erster Linie kein Befehl, sondern eine Erlaubnis: Ihr braucht euch nicht zu sorgen! Jesus durchbricht die Kausalkette der Sorge, in der sich ohne Ende eine Sorge an die andere reiht, indem er das Leben insgesamt auf

einen neuen, seinen wahren Grund stellt. Er ersetzt die Herrschaft der Sorge durch die Herrschaft Gottes und befreit dadurch von ihr. Schrittweise lockt er den Menschen in die Freiheit. Zuerst appelliert Jesus an die Einsicht und den Verstand:
»Ist nicht das Leben mehr als die Nahrung und der Leib mehr
als die Kleidung? Wer aber unter euch kann sein Leben auch
nur um eine Elle verlängern, wie sehr er sich auch darum
sorgte?« Damit erinnert er an die schlechthinnige Unverfügbarkeit allen Lebens. Sie enthüllt die Sorge des Menschen am
Ende als eine Selbsttäuschung.

Sodann verweist Jesus auf die Schöpfergüte Gottes: »Seht
die Vögel unter dem Himmel an! Sie säen nicht, sie ernten
nicht, sie sammeln nicht in Scheunen; und euer himmlischer
Vater ernährt sie doch ... Schaut die Lilien auf dem Felde an,
wie sie wachsen! Sie arbeiten nicht und spinnen nicht. Aber
ich sage euch: Selbst Salomo in all seiner Pracht war nicht gekleidet wie eine von ihnen!«

Natur und Gnade spielen zusammen: Durch Rückschluß
vom Kleineren auf das Größere zieht Jesus aus Gottes Walten
in der Natur die Konsequenz für das Verhalten der Menschen
und appelliert dabei wieder an ihre Vernunft: »Wenn Gott
schon das Gras auf dem Felde so kleidet, das doch heute steht
und morgen in den Ofen geworfen wird – sollte er das nicht
noch viel mehr für euch tun, ihr Kleingläubigen? Darum sollt
ihr nicht sorgen und sagen: ›Was werden wir essen? Was werden wir trinken? Womit werden wir uns kleiden?‹ Nach dem
allen trachten die Heiden. Euer himmlischer Vater weiß, daß
ihr all dessen bedürft.«

Dies ist kein Aufruf zu seligem Nichtstun, zu einer Art
Wandervogelexistenz, sondern eine Ermutigung zum Glauben. Wer auf Gottes Vatergüte vertraut, sieht sich versorgt,
und darum hat er ausgesorgt.

Schließlich nennt Jesus die Hauptsache: »Trachtet zuerst nach dem Reich Gottes und nach seiner Gerechtigkeit, so wird euch dies alles hinzugegeben werden.« Das ist die Erinnerung an die Nähe Gottes, wie er sie selbst erfahren hat. Sie besagt, daß das Leben auf seinem Grunde nicht Tat, Leistung, Arbeit und Werk, sondern Widerfahrnis, Empfangen, Geschenk und Gnade ist und daß darum nicht Anlaß zur Sorge, sondern zum Vertrauen besteht.

Am Ende fügt Jesus noch einen praktischen Ratschlag an: »Sorgt nicht für das Morgen, denn das Morgen wird für sich selber sorgen. Es ist genug, daß jeder Tag seine eigene Plage hat.« Eine Art »Tagelöhnerexistenz« wird damit angeraten: Der Mensch soll sich nicht der ganzen Zukunft auf einmal bemächtigen wollen, sondern soll sie in lauter kleine Tagesrationen aufteilen. Auf diese Weise verteilt sich die Last, und es geht sich leichter.

So lautet Jesu Alternative zur Sorge: Glaubt!

Diese Alternative verlangt vom Menschen eine Entscheidung, worauf er sein Leben gründen will – ob auf Gott oder auf seinen Besitz: »Niemand kann zwei Herren dienen. Entweder wird er den einen hassen und den anderen lieben, oder er wird sich an den einen hängen und den anderen verachten. Ihr könnt nicht Gott und dem Mammon zugleich dienen.«

Auch diese Warnung wird zunächst wieder vernünftig begründet mit dem Hinweis auf die Vergänglichkeit aller irdischen Güter: Es lohnt sich nicht, Schätze auf Erden zu sammeln, denn sie werden entweder von Motten und Rost gefressen oder von Dieben gestohlen. Sodann erfolgt wieder der Überstieg: Was allein Halt und ewige Bleibe verleiht, ist der Glaube als Teilhabe an Gottes Leben. Und da gibt es keine Teilung: »Wo dein Schatz ist, da ist auch dein Herz.«

Das Problem der Theodizee – die Frage nach Gottes Liebe und Gerechtigkeit angesichts des Laufs und Leids der Welt – stellt sich für Jesus nicht. Nicht, daß er keinen Blick für das Unheil in der Welt hätte – wie käme er sonst dazu, ihr Gottes Heil zu bringen? Aber das Leid ficht nicht seinen Glauben an, sondern entfacht seine Liebe: Er heilt es. Wenn es hier für einen Menschen Zweifel gibt, dann nicht an Gottes Allmacht, sondern an der eigenen Selbstsicherheit.

Einmal kommen Leute zu Jesus und berichten ihm von einer Bluttat des Pontius Pilatus. Der Statthalter hat einige Galiläer, als sie im Tempelhof gerade ihre Opfertiere schlachteten, niedermetzeln lassen und so ihr Blut mit dem der Tiere vermischt. Die Leute erzählen Jesus dies, weil sie von ihm erfahren wollen, wie es sich in diesem Fall mit der Gerechtigkeit Gottes verhalte: ob jene Ermordeten womöglich eine besondere Schuld auf sich geladen hätten und Gottes Strafe sie dafür getroffen habe.

Aber Jesus läßt sich auf keine theoretische Diskussion darüber ein. Er antwortet mit der harschen Gegenfrage: »Meint ihr, daß diese Galiläer mehr gesündigt haben als alle anderen Galiläer, weil sie das erlitten haben? Oder meint ihr, daß die Achtzehn, auf die der Turm von Siloah fiel und sie erschlug, schuldiger waren als alle anderen Menschen, die in Jerusalem wohnten?«

Und er gibt selbst darauf die Antwort: »Nein, sondern wenn ihr nicht umkehrt, werdet ihr alle gleichfalls so umkommen.«

Damit werden die Fragesteller zur Selbstbetrachtung angehalten. Statt nach Art von Zuschauern allgemein und distanziert nach dem Zusammenhang von Schicksal und Schuld in der Welt zu fragen und dann objektiv das Walten eines göttlichen Strafgerichts über andere zu konstatieren,

sollen sie auf sich selbst, auf ihre eigene Schuld blicken. Das
fremde Leid soll ihnen zum Anlaß werden, nicht um abstrakt
und objektiv über Gott und die Welt, sondern um subjektiv
und konkret über Gott und sich selbst nachzudenken und
daraus für ihr Leben die Konsequenz zu ziehen. Es soll die
Betroffenen zur Umkehr bewegen, daß sie Gott noch mehr
vertrauen und ihre Nächsten lieben wie sich selbst.

Seinen authentischen Ausdruck findet der Glaube an Gottes
Allmacht im Gebet. Es ist für Jesus die spontanste Bekun-
dung des Vertrauens auf Gott, der unmittelbarste Ausdruck
der Geborgenheit in seiner Vaterliebe. Darum ist, wo immer
Jesus zum Glauben ermutigt, meist zugleich vom Gebet die
Rede.

Beten bedeutet Glauben im Vollzug. Der Beter erinnert
Gott angesichts des Unheils der Welt an die Zusage seines
Heils. Und Jesus mahnt, allezeit zu beten und darin nicht
nachzulassen, auch wenn Gott scheinbar nicht hört: »Alles,
was ihr bittet in eurem Gebet, glaubt nur, daß ihr's empfangt,
so wird's euch zuteil.«

Der Ton liegt auf der Zusicherung der Erhörung: »Bittet,
so wird euch gegeben; sucht, so werdet ihr finden; klopft an,
so wird euch aufgetan. Denn wer bittet, der empfängt; wer
sucht, der findet; wer anklopft, dem wird aufgetan.«

Gar nicht genug Bilder und Gleichnisse kann Jesus häufen,
um die Gewißheit der Erhörung zu bekräftigen. Dabei erfolgt die Beweisführung wieder durch den Rückschluß von
unten nach oben, vom Kleineren auf das Größere: Wenn
schon die Menschen, wieviel mehr dann erst Gott! »Welcher
Mensch ist unter euch, der seinem Sohn, wenn er ihn um
Brot bittet, einen Stein böte, und wenn er ihn um einen Fisch
bittet, ihm eine Schlange gäbe? Wenn nun schon ihr, die ihr

doch böse seid, euren Kindern dennoch gute Gaben geben könnt, wieviel mehr wird euer Vater im Himmel Gutes denen geben, die ihn bitten!«

Oder: In einer Stadt lebte ein Richter, der Gott nicht fürchtete und sich um keinen Menschen kümmerte. Zu ihm kam eine Witwe und sagte: »Verschaff mir mein Recht gegen meinen Gegner!« Lange Zeit wollte der Richter nicht. Schließlich aber dachte er: »Wenn ich auch Gott nicht fürchte und mich sonst um keinen Menschen kümmere, so will ich doch dieser Witwe, weil sie mir lästig wird, zu ihrem Recht verhelfen. Sonst kommt sie am Ende noch und wird handgreiflich.«

Jesus schließt das Gleichnis mit der Frage: »Sollte nicht auch Gott seinen Auserwählten ihr Recht verschaffen, die Tag und Nacht zu ihm rufen, und sollte er sie etwa lange warten lassen?«, und er gibt selbst darauf die Antwort: »Er wird ihnen ihr Recht verschaffen in Kürze.«

Die Gewißheit der Erhörung prägt den Stil der Frömmigkeit – sie bewahrt vor Heuchelei. Wer der Nähe Gottes gewiß ist, stellt seine Frömmigkeit nicht öffentlich zur Schau, damit die Leute sie sehen, sondern übt sie in der Verborgenheit, in die nur Gott hineinschaut. Beim Almosengeben soll die Rechte darum nicht wissen, was die Linke tut. Beim Fasten soll man kein saures Gesicht machen, sondern sein Antlitz waschen und sein Haupt salben. Und beim Beten schließlich soll man in die Kammer gehen und die Tür hinter sich zuschließen und dann nicht plappern wie die Heiden, als ob man um so eher erhört werde, je mehr Worte man macht – »Euer Vater weiß, was ihr braucht, noch ehe ihr ihn bittet«.

Alles in allem bedeuten Jesu Mahnungen zum Gebet keine Forderung: Du sollst beten!, sondern eine Ermächtigung:

Ihr dürft beten. Wer das nicht tut, macht von seinem Recht der Gotteskindschaft keinen Gebrauch und schlägt damit Gottes Angebot aus.

Als Leitfaden zum richtigen Beten hat Jesus seinen Jüngern das »Vaterunser« an die Hand gegeben.

In sieben knappen Bitten faßt es zusammen, was Jesus seine Jünger von Gott gelehrt hat, wie sie ihn verstehen sollen. Und so geht der Blick durch das Vaterunser hindurch auf Jesu eigene Gotteserfahrung und damit auf den Quellgrund seiner Gottesverkündigung. Am Vaterunser läßt sich am einfachsten ablesen, wie Jesus Gott erfahren und seine Sendung verstanden hat.

Nicht zufällig ist das Vaterunser nach seiner Anrede benannt; denn der Anruf »Vater« enthält in der Tat schon das Ganze. Es ist sozusagen ein Evangelium in nuce, der Kern in der Nuß. Die Summe des von Jesus verkündigten Glaubens besteht zuletzt nur in dem einen, daß Gott »unser Vater« ist. Dies gilt es wahrzunehmen und wahrzumachen. Darum sind die sieben Bitten des Vaterunsers im Grunde nur die Entfaltung seiner Anrede. In jeder von ihnen bittet der Beter um ein und dasselbe: daß Gott sich auch ihm in der Welt als Vater erweisen möchte.

In den ersten drei Bitten geht es um die Gottwerdung Gottes, in den folgenden vier um die Menschwerdung des Menschen. Was beide Reihen zusammenhält, ist Jesu Offenbarung der Menschenfreundlichkeit Gottes.

In den ersten drei Bitten sollen die Jünger sozusagen für Gott selbst beten, daß er auch nach außen wird, was er in sich selber ist: »Dein Name werde geheiligt – Dein Reich komme – Dein Wille geschehe.« Alle drei Bitten haben dasselbe Ziel: daß Gott in der Wirklichkeit des Lebens und der Welt wirklich und wirksam werden möchte. Aber indem Menschen für Gott beten: daß sein Name geheiligt werde, sein Reich komme und sein Wille geschehe, beten sie zugleich gegen sich, gegen ihren Unglauben und Egoismus – sie, die andere Namen über den Namen Gottes stellen, die alle möglichen irdischen Bereiche zu ewigen Reichen verklären und lieber nach ihrem eigenen als nach Gottes Willen leben möchten. Aber weil sie dank Jesus wissen, was sie erwartet, wenn sie auf Gott warten, können sie getrost gegen sich selbst beten, denn sie beten dann auf jeden Fall für den, der für sie da sein will. Wenn es nach Gottes Willen geht, dann geht es den Menschen gut. Gottes Kommen bekommt ihnen. Gottes Heiligkeit heilt sie.

Das führt von selbst zu den vier Bitten um die Menschwerdung des Menschen. Als den Kern der Göttlichkeit Gottes erweisen sie seine Menschlichkeit.

Darum beginnen sie mit der Bitte um das tägliche Brot. Daß die leibliche Basis allen menschlichen Daseins zum Gegenstand des Gebets gemacht wird, zeigt an, daß sie nicht berechenbar in der Hand des Menschen liegt, sondern – trotz aller notwendigen Berechnung und Planung – unverfügbar bleibt. Der Mensch ist ein Angewiesener, mag er arm oder reich sein.

Wenn Jesus um das tägliche Brot bitten lehrt, dann will er die Menschen damit von der Sorge um sich selbst befreien und diese zugleich in die Fürsorge für andere verwandeln. Je mehr Menschen für sich selbst erkennen, daß der Mensch nicht vom Brot allein lebt, desto mehr Menschen werden in der Welt Brot zum Leben haben: »Unser tägliches Brot gib uns heute« heißt daher zugleich »Brot für die Welt«.

Wie die ersten drei Bitten des Vaterunsers um die Gottwerdung Gottes eine Einheit bilden, so auch die letzten drei um die Menschwerdung des Menschen. Sie kreisen – wie die ersten drei um Gott – gleichfalls nur um eine einzige Größe: um das Gegengöttliche in der Welt, um das Böse, und in seinem Gefolge um die Schuld und die Versuchung des Menschen.

Daß auf das Gebet um das tägliche Brot unmittelbar die Bitte um Vergebung der Schuld folgt, verrät eine tiefe Einsicht in das Verhängnis des menschlichen Daseins. Denn der Bedarf des täglichen Brotes zum Leben führt wie von selbst zum Lebenskampf um das tägliche Brot und verstrickt damit in Schuld.

Die Schuld offenbart ihre leben- und sinnstörende Macht darin, daß sich eine unbewältigte Vergangenheit zwischen die Menschen schiebt, so daß sie nicht mehr zueinander gelangen. Die gegenseitige Schuld verstellt ihnen den gemeinsamen Weg in die Zukunft. Daß trotzdem ein neuer Anfang möglich ist und damit auch wieder eine gemeinsame Zukunft eröffnet wird, das verheißt im Vaterunser die Bitte um Vergebung.

In ihr sind Gott, Mensch und Mitmensch in einer Dreiecksbeziehung zusammengeschlossen. Ihren Ursprung hat alle Vergebung in Gottes Liebe. Gott hebt seinerseits das Zusammensein mit dem Menschen nicht auf, zieht sich daraus auch nicht zurück, sondern bleibt zur Stelle. Die wechselseitige Vergebung zwischen zwei Menschen ist deshalb nur die selbstverständliche Fortsetzung der Vergebung Gottes. Weil Gott in jedem Fall mit ihnen ist, darum kommen sie, auch wenn sie widereinander sind, aus dem Miteinander nicht heraus. In der Vergebung der Sünde und Schuld gipfelt das Urdatum des Glaubens Jesu: daß Gott Vater sein will und darum der Geber alles Guten ist.

Auf die Bitte um Vergebung der Schuld folgt unmittelbar als nächste: »Führe uns nicht in Versuchung.« Diese Bitte bedeutet noch eine Steigerung gegenüber der um Vergebung. Denn sie drückt die Erwartung aus, daß der Vater Jesu von Nazareth ein Gott ist, der die Menschen vor seinem eigenen Gericht in Schutz nimmt, statt daß er sie auf die Probe stellt, um hinterher einen Anlaß zum Vergeben zu haben – daß er sie vielmehr gerade vor Lebenslagen zu bewahren trachtet, in denen ein Mensch gar nicht anders kann als in Versuchung geraten und in Schuld stürzen.

Alle sieben Bitten des Vaterunsers münden in die letzte: »Und erlöse uns von dem Bösen.« Darin gelangen die Gottwerdung Gottes und die Menschwerdung des Menschen ineins ans Ziel: Wo Gott der Schöpfer und Herr alles in allem ist, dort ist auch der Mensch, sein Geschöpf und Partner, vollends zu sich selbst gekommen.

Erlösung – das ist wie ein Aufatmen der ganzen Schöpfung. Wie diese endgültige Erlösung aussieht, läßt sich nicht mehr in Worte fassen – eben darum beschreibt die Bibel es in lauter Bildern.

Im Vaterunser hat Jesu Gemeinde später im Gottesdienst darauf mit dem Lobpreis geantwortet: »Dein ist das Reich und die Kraft und die Herrlichkeit in Ewigkeit.«

Der Befreier: Gottes Liebe

»Das Gesetz ist durch Mose gegeben;
die Gnade und Wahrheit ist durch Jesus Christus offenbar geworden.«

»Wenn euch der Sohn frei macht, so
seid ihr wahrhaft frei.«

Ein Mann ging von Jerusalem nach Jericho hinab und fiel
unter die Räuber. Die zogen ihn aus, schlugen ihn zusammen,
gingen davon und ließen ihn halbtot liegen. Zufällig kam ein
Priester des Wegs; als er den Überfallenen sah, ging er an ihm
vorbei. Desgleichen kam ein Levit an die Stelle, und als er ihn
sah, ging auch er vorüber. Ein Samariter aber, der auf seinem
Weg vorbeikam und ihn sah, erbarmte sich seiner. Er ging zu
dem am Wege Liegenden hin, verband ihm seine Wunden,
goß Öl und Wein darauf, setzte ihn auf sein Reittier und
führte ihn in eine Herberge, wo er ihn versorgte. Am nächsten Tag zog er zwei Geldstücke hervor, gab sie dem Wirt
und sagte: »Pflege ihn, und wenn du mehr ausgibst, so will
ich dir's ersetzen, wenn ich wieder vorbeikomme.«

Mit diesem Gleichnis antwortet Jesus einem Schriftgelehrten auf die Frage, was er tun müsse, um das ewige Leben zu
erlangen. Die Frage klingt echt und erscheint berechtigt,
denn es gab im Judentum insgesamt 613 Gebote und Verbote.
In Wahrheit jedoch geht es dem Schriftgelehrten gar nicht um

sein eigenes Leben und Tun. Er stellt Jesus jene Frage nur
theoretisch-abstrakt, um ihn in eine theologische Diskussion
zu verwickeln.

Und Jesus läßt sich darauf ein. Er verweist den Fragesteller
an die Bibel, was dort im Gesetz geschrieben stehe.

Der Schriftgelehrte antwortet darauf theologisch korrekt,
indem er zwei verschiedene Bibelstellen zu einer Aussage
vereinigt: »Du sollst Gott, deinen Herrn, lieben mit deinem
ganzen Herzen und deiner ganzen Seele, mit deiner ganzen
Kraft und deinem ganzen Verstand – und deinen Nächsten
wie dich selbst.« Ähnlich haben damals auch rabbinische
Theologen den vielfältigen Inhalt des mosaischen Gesetzes in
einer Art Grundregel zu formulieren versucht.

Jesus bestätigt dem Schriftgelehrten, daß er richtig geantwortet habe. Damit ist das Gespräch im Grunde beendet.
Jetzt bräuchte der Schriftgelehrte nur zu tun, was er gesagt
hat – dann wird er leben.

Statt dessen fragt er weiter: »Wer ist denn mein Nächster?«
Ist es nur der jüdische Volksgenosse oder auch ein Heide,
etwa ein Römer, oder gar einer der verachteten Samariter?
Auch darüber wurde damals viel verhandelt. Aber der
Schriftgelehrte will sich auch hinter dem neuen theologi-
schen Argument wieder nur verschanzen.

Da wird Jesus konkret und rückt ihm mit der Erzählung
vom barmherzigen Samariter auf den Leib. Nun ist nicht
mehr vom Gesetz die Rede, sondern von einem halbtot am
Wegrand Liegenden, nicht von der Frage nach dem ewigen
Leben, sondern von einem sehr irdischen Sehen, Gehen und
Sich-Erbarmen, nicht von der Liebe, sondern von Verbinden, Öl und Wein, von einem Reittier, einer Herberge und
zwei Geldstücken.

Am Ende fragt Jesus den Schriftgelehrten, wer denn nun

nach seiner Meinung von den dreien für den unter die Räuber
Gefallenen der Nächste gewesen sei.

»Der zu ihm barmherzig gewesen ist«, antwortet dieser.
Darauf Jesus: »Dann geh und tu desgleichen!« Das heißt: Er,
der Gesetzeskundige, soll sich den verachteten Samariter
zum Vorbild nehmen und sich von ihm gleichsam das Gesetz
auslegen lassen!

Damit ist die Frage, wer der Nächste sei, beantwortet: Jeder, der in Not geraten ist und Hilfe braucht – ob Jude, Römer
oder Samariter, ob Schriftgelehrter oder Ungelehrter. Liebe
kennt keine sozialen, politischen, völkischen, rassischen und
auch keine religiösen Grenzen.

Die Gestalt des barmherzigen Samariters ist für alle Zeiten
zu einem Vorbild dafür geworden, was Liebe heißt: Der Samariter sieht nicht zu, sondern sieht hin. Er geht nicht vorbei,
sondern geht darauf zu. Er ergeht sich nicht in Gefühlen, sondern handelt sachgemäß. Er läßt es nicht mit der momenta-
nen Hilfe genug sein, sondern plant vernünftig voraus.

Alles in allem: Liebe ist kein abstraktes Prinzip, sondern ein
praktisches Tun. Wer Liebe hat, der hat auch Phantasie und
Verstand und weiß, was er im Augenblick konkret zu tun hat.

Wie Jesus keinen Gottes- oder Sündenbegriff und keine Dä-
monen- oder Endzeitlehre entwickelt hat, so auch keine
Ethik. Und schon gar nicht hat er ein soziales oder politisches
Weltverbesserungsprogramm vertreten. Volk, Staat, Wirtschaft und Recht läßt er gleichgültig beiseite. Er geht stracks
auf den einzelnen zu und verkündet ihm Gottes Willen. Der
Wille Gottes aber ist Liebe. Lieben heißt deshalb, Gottes Willen vollstrecken und die Liebe, die man von Gott empfangen
hat, an den Nächsten weitergeben. Liebe kommt immer nur
von der Liebe.

Ob Gottes- oder Nächstenliebe – die Liebe ist stets unteilbar, sie hat nur jeweils ein verschiedenes Gegenüber. Daher das Doppelgebot: »Du sollst Gott, deinen Herrn, lieben von ganzem Herzen… und deinen Nächsten wie dich selbst.« Das Gebot, Gott zu lieben, geht voran; es nährt und bestimmt die Liebe zum Nächsten. Wie der Mensch sich Gott gegenüber verhält, so soll er sich auch gegenüber seinen Mitmenschen verhalten. Er soll seinen Nächsten lieben wie sich selbst.

Indem Jesus die Nächstenliebe an der Selbstliebe mißt, räumt er dieser kein begrenztes Recht ein. Er macht die Selbstliebe auch nicht zur notwendigen Voraussetzung der Nächstenliebe – die richtige psychologische Erkenntnis, daß nur, wer sich selbst liebt, auch seine Mitmenschen lieben kann, ist nicht sein Problem. Jesus geht es allein um die radikale Erfüllung des göttlichen Liebesgebots. Deshalb erhebt er den äußersten Maßstab, ja geradezu die Maßlosigkeit zum Maß der Nächstenliebe. Und das eben ist die Selbstliebe des Menschen, denn jeder ist sich selbst der Nächste und liebt sich selbst am meisten. Und genauso groß soll auch seine Liebe zum andern sein! Wo dies geschieht, dort verwandelt sich die Sorge um die Selbstverwirklichung, statt zur Selbstbehauptung zu werden, in die Selbsthingabe.

Das Doppelgebot der Liebe findet seinen Ausdruck in dem Zusammenklang zweier Sätze aus zwei verschiedenen Gleichnissen Jesu. Im Gleichnis vom verlorenen Sohn heißt es vom Vater: »Als aber der Sohn noch fern war, sah ihn sein Vater, und es jammerte ihn, lief und fiel ihm um den Hals und küßte ihn.« Dieser Satz kehrt im Gleichnis vom barmherzigen Samariter fast wörtlich wieder: »Ein Samariter aber kam des Wegs; und als er ihn sah, jammerte er ihn…, und er ging hin zu ihm…«

Beide Male ist von einem Weg die Rede, von einem Sehen und von einem Sich-Erbarmen und Sich-auf-den-Weg-Machen. Die Bewegung, die der Vater auf den heimkehrenden Sohn hin macht, wird aufgenommen und gleichsam spiegelbildlich fortgesetzt in der Bewegung des barmherzigen Samariters zu dem am Wege Liegenden hin. Wie sich der Vater über den heimkehrenden Sohn herabbeugt und ihn an sich zieht, so geht auch der Samariter zu dem unter die Räuber Gefallenen hin, beugt sich über ihn, hebt ihn auf und nimmt ihn mit sich.

Die Liebe hat befreiende Kraft; sie bewirkt eine Revolution. Wo immer Liebe geschieht, dort wird ein Mensch aus irgendeiner Unmenschlichkeit zu einem heileren Menschsein befreit, und zwar beide, sowohl, wer Liebe übt, als auch, wer Liebe empfängt.

Diese Befreiung hat ihren Ursprung und bleibenden Grund in Jesu revolutionärer Gottesverkündigung: Gott ist ein gnädiger, den Menschen zugewandter Gott; er will, daß die Menschen leben sollen und nicht an sich selbst oder an anderen zugrunde gehen. Liebe – das ist Gott selbst im Auftritt gegen die Entmenschlichung des Menschen, ablesbar an Jesu Eintreten für alle Menschen und weiterzugeben von den Menschen an ihre Mitmenschen. Weil die Wahrheit über Gott Liebe heißt, darum kann Jesus sagen: »Die Wahrheit wird euch frei machen.«

Wo die Liebe, als Gottes- und Nächstenliebe unlösbar miteinander verkoppelt, zum entscheidenden Motiv und Maßstab des menschlichen Verhaltens wird, dort ist der ursprüngliche Sinn von Gottes Gebot wiederhergestellt. Zugleich wird damit aber auch die zeitgenössische jüdische Gesetzesfrömmigkeit nach Wesen und Praxis in ihrem Kern getroffen.

Das Judentum faßte die Beziehung zwischen Gott und Mensch vornehmlich als ein Rechtsverhältnis auf. Entsprechend wurde das Gesetz zum Maß aller Dinge und seine Erfüllung zum Herzstück der Religion. Zu diesem Behuf mußte das in der Bibel niedergeschriebene mosaische Gesetz – schon dort weit ausgefächert und peinlich genau festgelegt – von den dazu bevollmächtigten Trägern der Tradition ständig neu ausgelegt werden. Das führte unweigerlich zu einer immer ausgefeilteren Kasuistik. Ein ganzes Netzwerk von Geboten und Verboten, von kultischen und rituellen Bestimmungen, von sittlichen und rechtlichen Vorschriften war über das Leben gespannt, so daß Gott und Mensch als die eigentlichen Partner dahinter zu verschwinden begannen. Der Buchstabe des Gesetzes drohte den Geist der Liebe zu töten. Wo ein Gesetz aber, unverstanden, nur noch um seiner selbst willen erfüllt wird, dort bietet es keine Hilfe zum Leben mehr, sondern wird zu einem drückenden Joch, unter dem der Mensch zu gehen hat.

Im Protest gegen solch lebensfeindliche Selbstentfremdung ruft Jesus den Menschen in die Freiheit und damit zu sich selbst. Die Freiheit ist die Lebensweise der Töchter und Söhne Gottes. Jesus hat sie im Umgang mit dem Gesetz beispielhaft vorgelebt. Er greift durch den Wust der mündlichen Überlieferung, durch das Netzwerk der rabbinischen Kasuistik, zurück auf das Wort der Bibel. Aber er wiederholt es nicht buchstabengetreu, sondern nimmt zugleich das Recht zur eigenen Schriftauslegung in Anspruch. Von Gottes Geist erfüllt, wagt er es, das in der Bibel niedergeschriebene Gesetz an Gottes ursprünglichem Schöpferwillen zu messen, und verkündet diesen dann in die jeweilige konkrete Situation hinein. Durch seine Auslegung wird Gottes Gebot eine Hilfe zum Leben, verständlich, praktisch, alltagsnah und konkret.

Der Buchstabe tötet, aber der Geist macht lebendig. Und die
Liebe ist des Gesetzes Erfüllung.

Dabei spricht Jesus den Menschen auf seine Einsicht und
Vernunft an. Er soll nicht blind gehorchen, sondern mit Verstand; er muß wissen, was er tut, und sich entsprechend entscheiden. Als Jesus einmal einen Mann am Sabbat bei der Arbeit antrifft, da sagt er zu ihm: »Mensch, wenn du weißt, was
du tust, Heil dir. Wenn du es aber nicht weißt, so bist du ein
Übertreter des Gesetzes und verflucht.«

Die Konzentration des Gesetzes auf das Liebesgebot bringt
zugleich mit der Verlebendigung eine Vereinfachung mit
sich. Während für die Juden alle Gebote aufgrund ihres einheitlichen göttlichen Ursprungs von gleichem Rang und
Wert waren, macht Jesus Unterschiede. An Recht, Ritus und
Kult zeigt er sich auffällig uninteressiert. Er bricht nicht die
betreffenden Gebote, aber sie sind ihm im Grunde gleichgültig. Manchmal erfüllt er sie, manchmal setzt er sich über sie
hinweg.

Als Petrus ihn fragt, wie er es mit der Tempelsteuer halten
solle, antwortet Jesus ihm mit der Gegenfrage: »Was meinst
du, Simon? Von wem nehmen die Könige auf Erden Steuern
oder Zoll – von ihren Söhnen oder von den Fremden?«

»Von den Fremden«, antwortet Petrus.

Da sagt Jesus zu ihm: »So sind die Söhne frei«, fährt jedoch
fort: »Damit wir ihnen aber keinen Anstoß geben, so nimm
und gib's ihnen für mich und dich.«

Solch gleichgültiges Bestehenlassen kann ein stärkeres
Freiheitssignal sein als ein offener Bildersturm. Denn wer
Bilder stürmt, richtet ein neues Gesetz auf, und es ist sicher
kein Gesetz der Liebe.

Als einige Schriftgelehrte und Pharisäer Jesus fragen,
warum seine Jünger die rituellen Reinheitsgebote nicht be-

folgten, beispielsweise vor einer Mahlzeit sich nicht die Hände wüschen, antwortet er ihnen: »Was zum Mund eingeht, das macht den Menschen nicht unrein; sondern was aus dem Mund herauskommt. Denn das kommt aus dem Herzen. Aber mit ungewaschenen Händen essen, das macht den Menschen nicht unrein.«

Diese Sätze sind in ihrer befreienden Wirkung kaum zu überschätzen. Sie markieren eine religionsgeschichtliche Wende. Mit ihnen polemisiert Jesus nicht nur gegen eine einzelne Zeremonie, sondern hebt – pars pro toto – das ganze auf Mose zurückgeführte Zeremonialgesetz mit seiner strengen Trennung zwischen reinen und unreinen Gegenständen, Personen, Speisen und Orten aus den Angeln.

Mehr noch: Die für die gesamte antike Religionspraxis grundlegende Scheidung zwischen einer sakralen und einer profanen Sphäre wird hier von Jesus grundsätzlich überwunden. Das bedeutet gleichzeitig eine Entgrenzung der Religion und eine Entkrampfung des Lebens, vor allem aber die Befreiung der Menschen von der dauernden Angst, sich zu verunreinigen und deshalb immer neuer Entsühnung zu bedürfen.

Was Jesus hier dekretiert, das hat er in seinem Umgang mit den sozial und religiös Deklassierten selbst praktiziert und damit die von ihm verkündete Freiheit beispielhaft vorgelebt.

Ihre äußerste, lebensbedrohliche Zuspitzung findet Jesu Auseinandersetzung mit der jüdischen Gesetzesfrömmigkeit im Streit um die Sabbatheiligung. Der Sabbat war nach dem babylonischen Exil neben der Beschneidung fast zu einem zweiten Bundeszeichen Israels geworden. Wie ernst ein Jude das mosaische Gesetz nahm, zeigte sich daran, wie streng er das Sabbatgebot hielt. Von seiner vollkommenen Erfüllung hing Israels Erlösung ab. Kein Wunder daher, daß die berufenen Gesetzeskundigen auf Jesu freimütigen Umgang mit dem Gesetz an diesem Punkt am heftigsten reagierten und ihre Gegnerschaft sich hier zuerst zur Todfeindschaft steigerte.

Als einige Pharisäer die Jünger der Sabbatentweihung beschuldigen, weil sie am Sabbat durch ein Kornfeld gewandert sind und dabei Ähren abgerissen, sie zwischen den Fingern zerrieben und die Körner gegessen haben – mithin den Sabbat gleich dreifach entweiht hätten: mit dem Abreißen der Ähren hätten sie Erntearbeit geleistet, mit dem Zerreiben der Körner eine Mahlzeit bereitet und überdies seien sie weiter als die am Sabbat erlaubten achthundert Meter gegangen –, da hält Jesus ihrem frommen Gesetzeseifer das Wort entgegen: »Der Mensch ist nicht um des Sabbats willen, sondern der Sabbat um des Menschen willen da.«

Diese Antwort Jesu an die Pharisäer bedeutet wiederum eine befreiende Wende in der Religionsgeschichte. Sie besagt, daß alle Ordnungen, seien sie sakral oder profan, nur dazu da sind, um dem Leben der Menschen zu dienen. Und keine Ordnung ist so heilig, daß ein Mensch für sie geopfert werden dürfte! Damit befreit Jesus den Sabbat von den Ängsten und Lasten, mit denen die Menschen Gottes wohlgemeinte Ordnung beladen haben, er macht ihn wieder zu einem Tag der Feier und der Freude und zugleich des Ausblicks auf den letzten, ewigen Sabbat am Ende der Zeiten. Er begründet seine Befreiungstat mit dem Hinweis auf seine Vollmacht: »Der Menschensohn ist ein Herr auch über den Sabbat.«

In den meisten Fällen hat sich der Streit um das Sabbatgebot bezeichnenderweise an Jesu Krankenheilungen entzündet. Fast alle Heilungen geschehen an einem Sabbat. Dar-

unter gibt es keine einzige Krankheit, deren Heilung nicht
Zeit gehabt hätte – dennoch heilt Jesus sie ausgerechnet an
diesem Tag. So findet jedesmal gleichzeitig eine doppelte Befreiung statt: von der Krankheit und vom Joch des Gesetzes.

Gleich eine der ersten Heilungen ereignet sich in einem
Sabbatgottesdienst. Unter den in der Synagoge Versammelten befindet sich ein Mann mit einer gelähmten Hand. Die
anwesenden Schriftgelehrten und Pharisäer beobachten Jesus, ob er den Kranken wohl heilen werde; denn da die
Krankheit nicht akut ist, hätte ihre Heilung auch bis zum
nächsten Tag Zeit. Jesus aber ruft den Mann in die Mitte und
fragt dann in die Runde: »Wer unter euch holte sein Schaf
nicht heraus, wenn es am Sabbat in eine Grube gefallen ist?
Wieviel mehr aber ist ein Mensch wert als ein Schaf!« Als ihm
niemand darauf antwortet, spricht er zu dem Kranken:
»Strecke deine Hand aus!« und heilt sie.

Ein andermal fragt Jesus anläßlich einer Heilung am Sabbat: »Was ist, soll man am Sabbat Gutes oder Böses tun, Leben erhalten oder töten?« Die Liebe kennt keine Ausflucht
und duldet keinen Aufschub. Es gibt auch kein heiliges
Nichtstun. Wer eine mögliche Liebestat unterläßt, tut bereits
Böses, und wer nicht heilt, der tötet.

Auch hier gilt wieder: Der Buchstabe tötet, aber der Geist
macht lebendig. Wer sich nur an den Buchstaben des Gesetzes
hält, droht die Liebe zu versäumen. Die Rabbinen hatten aus
Furcht vor Übertretung mit ihren immer kniffligeren Auslegungen des Gesetzes um dieses »einen Zaun gemacht«, wie
sie es ausdrückten. Indem Jesus ihre Kasuistik über den Haufen wirft, legt er den ursprünglichen Sinn des Gesetzes Gottes, nicht Schlagbaum, sondern Geländer und Wegweiser zu
sein, wieder frei.

Wer jetzt das Gesetz erfüllt, verdient sich damit nicht mehr

das ewige Leben im Himmel, aber er verhilft seinem Nächsten zum Leben auf Erden. Wohl kennt auch Jesus den Lohn-
gedanken. Jede gute Tat trägt ihren Lohn in sich selbst. Der
Täter jedoch empfängt ihn nur, wenn er nicht damit rechnet.

Jesus ist liberal – nicht, weil er, wie etwa Rabbi Hillel, eine
mildere Auslegung des mosaischen Gesetzes vertritt, sondern weil er den Menschen allein an Gottes Willen bindet. Ob
ein Mensch frei ist oder nicht, entscheidet sich nicht daran, ob
er gebunden ist oder nicht, sondern an wen oder was er gebunden ist; denn irgendwie gebunden ist in Jesu Augen jeder.
Ob eine Bindung gut ist und darum Freiheit entbindet oder
ob sie schlecht ist und daher Unfreiheit erzeugt, hängt von
dem jeweiligen Subjekt ab, an das einer gebunden ist. Jesu
Offenbarung Gottes als Vater ruft den Menschen in die ihm
gemäße Bindung und damit in die Freiheit. Wer sich in Gott
geborgen weiß, ist nicht mehr Knecht eines fremden Gesetzes, sondern Sohn des Vaters – und darum ist er frei.

Jesu Liberalität hat ihren Ursprung mithin nicht in irgendeinem Freiheitsideal, sie zielt auch nicht nur auf eine Liberali-
sierung des mosaischen Gesetzes, sondern ist die Folge der
von ihm erfahrenen und verkündeten Gotteskindschaft: Wen
der Sohn frei macht, der ist wahrhaft frei. Für ihn ist das Gebot Gottes kein Joch und keine Last mehr; er weiß, was der
Vater will, und tut es von Herzen.

Darum kann Jesus sagen: »Kommt her zu mir alle, ihr
Mühseligen und Beladenen, ich will euch befreien. Nehmt
mein Joch auf euch und lernt von mir, denn ich bin sanftmü-
tig und von Herzen demütig. So werdet ihr Ruhe finden für
eure Seelen. Denn mein Joch ist sanft, und meine Last ist
leicht.«

Das Bild vom Joch und von der Last zielt auf das Verhalten

der Schriftgelehrten und Pharisäer. Sie sind es, die den Menschen das Gesetz wie ein Joch oder eine Last auf die Schultern legen. Seine Kritik an ihnen faßt Jesus in den Vorwurf der »Heuchelei«.

Die Schriftgelehrten und Pharisäer heucheln, weil sie selber nicht tun, was sie lehren; weil sie ihre vielen Einzelsatzungen den Menschen wie eine schwere Last aufbürden; weil sie über lauter äußerlichen Belanglosigkeiten das wirklich Wichtige und Große – Recht, Barmherzigkeit und Glauben – außer acht lassen und so Mücken seihen, aber Kamele verschlukken; weil sie ihre eigene Frömmigkeit öffentlich zur Schau stellen und sich gegenüber dem ungelehrten Volk hochmütig gebärden – mit all dem schließen sie das Himmelreich vor den Menschen zu. Jesus kritisiert nicht die Heiligen, sondern die Scheinheiligen, nicht die Frommen, sondern die Frömmler.

Auch unter den Schriftgelehrten und Pharisäern hat es damals manche Selbstkritik gegeben. Aber sie wurde nie grundsätzlich, sondern ließ das System als ganzes unangetastet bestehen. Mit Jesu Protest gegen die jüdische Gesetzesfrömmigkeit hat diese Kritik – trotz einiger Parallelen im einzelnen – wenig zu tun. Um Jesu Person herrscht eine völlig andere Atmosphäre; in seiner Umgebung weht eine unvergleichlich freiere Luft. Es ist, als gelangte man aus der Enge in einen weiten Raum. Jesus ist kein Reformjude, der nur ein Liberalisierungsprogramm vertritt – seine Botschaft enthält grundsätzlich Neues. Seine Zeitgenossen haben dies gespürt und sich daher über seine »neue Lehre« verwundert. Und seine Gemeinde hat später vom »neuen Bund«, vom »neuen Gebot«, von der »neuen Gerechtigkeit«, ja von einer »neuen Schöpfung« gesprochen.

Angefangen aber hat das Neue mit Jesus selbst, mit seiner

Botschaft von der freien Gnade Gottes, die den Menschen
vom Zwang des Gesetzes befreit. Und zwischen dem Alten
und dem Neuen, zwischen dem Festhalten am Gesetz und der
Freiheit der Gotteskindschaft, hat es für Jesus keinen Kom-
promiß gegeben, keinerlei Flickwerk: »Niemand setzt einen
neuen Flicken auf ein altes Kleid; denn der Flicken reißt doch
wieder ab, und der Riß wird nur noch schlimmer. Und niemand füllt jungen Wein in alte Schläuche, sonst zerreißt der
Wein die Schläuche, und beide, Wein und Schläuche, gehen
zugrunde. Sondern man füllt jungen Wein in neue Schläuche.«

Das Alte ist vergangen, Neues ist im Werden – das haben
die Hüter des Alten erkannt und Jesus deshalb ans Kreuz gebracht und damit, wie sie meinten, Gottes Gesetz erfüllt.

Der Lehrer: Gottes Gerechtigkeit

> »Wenn eure Gerechtigkeit nicht besser
> ist als die der Schriftgelehrten und
> Pharisäer, so werdet ihr nicht in das
> Reich Gottes kommen. Ihr habt ge-
> hört, daß zu den Alten gesagt ist – ich
> aber sage euch.«

Wie das Gesetz Moses die Stiftungsurkunde des Bundes zwischen Gott und dem Volk Israel ist, so die Bergpredigt Jesu
das Grundgesetz des Reiches Gottes.

Als Mose am Sinai dem Volk Israel das Gesetz verkündete,
da wurde zuvor auf Gottes Geheiß eine strenge Grenze gezogen. Niemand durfte den Berg betreten oder auch nur seinen
Fuß berühren. Das Volk mußte unten bleiben, nur Mose
allein durfte zum Gipfel hinaufsteigen. Nachdem Gott sich
dann in seiner Herrlichkeit auf dem Berg niedergelassen
hatte, beschied er Mose zu sich und übergab ihm sein Gesetz.
Und dieser stieg wieder hinab und verkündete es dem Volk.

Ganz anders geht es bei der Bergpredigt Jesu zu. Die Einleitung zu ihr mutet fast wie eine Gegendarstellung zur Sinaigesetzgebung an. Hier geschieht alles wie zufällig und darum
auch ganz unfeierlich. Als Jesus die Scharen des Volkes um
sich her sieht, geht er auf einen Berg, setzt sich nieder, die
Jünger rings um ihn, und fängt an zu lehren.

Was er verkündet, ist weder ein politisches Programm

noch eine Kirchenordnung. Ursprünglich ist die Bergpredigt überhaupt keine zusammenhängende Rede, sondern eine Sammlung von Worten Jesu, die er bei dieser oder jener Gelegenheit gesprochen hat. Auch stammen längst nicht alle Worte von ihm selbst; viele sind erst später von seiner Gemeinde geprägt und ihm in den Mund gelegt worden. Dennoch klingt durch den Chor der vielfältigen Stimmen deutlich die eine Stimme Jesu. Es ist sein Geist, der durch alle Worte weht und das einzelne zusammenhält. Entsprechend kehren alle Themen seiner Botschaft darin wieder.

So ist die Bergpredigt insgesamt eine Einübung in den Glauben an Gott und in die Liebe zum Nächsten, wie Jesus sie verkündigt und vorgelebt hat. Wo beide, Glaube und Liebe, ineins gehen und das Leben bestimmen, dort ergibt sich jene neue Gerechtigkeit, die besser ist als die der Schriftgelehrten und Pharisäer. Sie bildet gleichsam das Grundgesetz des Reiches Gottes. Wie sie aussieht, wird in Sprüchen, Schriftauslegungen und Gleichnissen dargelegt, vor allem immer wieder anhand anschaulicher, teilweise grotesker, ja absurder Beispiele.

Gleich die ersten Sätze weisen die Richtung und geben den Ton des Ganzen an. Im Gegensatz zur Sinaigesetzgebung Moses beginnt die Bergpredigt Jesu nicht mit einem Katalog von Geboten und Verboten: »Du sollst«, »du sollst nicht« – sondern mit lauter Heilrufen, den sogenannten Seligpreisungen. Sie sind eine Glückwunschadresse an die Unglücklichen. Es ist ein überraschender Haufe, an den Jesus seine Glückwünsche richtet – lauter Leute, denen sonst kein Mensch zu ihrem Leben gratulieren würde.

Es beginnt mit der Seligpreisung der Armen. Das Wort »Arme« ist zur Zeit Jesu ein feststehender Begriff. Er bezeichnet gleichzeitig eine religiöse Haltung und einen sozialen Zustand. Die Armen sind alle jene, die an die Grenze ihrer Möglichkeiten geraten sind und sich in Not befinden, die vor Gott und den Menschen nichts vorzuweisen haben und deshalb auf Hilfe angewiesen sind – Menschen, die Gott nötig, aber von Theologie keine Ahnung haben.

Darum gehören zu den Armen auch alle anderen, die Jesus glücklich preist: Die Leidtragenden, die sich von der Gesellschaft ausgeschlossen sehen; die Demütigen, die von den Starken an die Wand gedrückt werden; die nach Gerechtigkeit Hungernden und Dürstenden, die erleben müssen, daß Macht vor Recht geht; die Barmherzigen, die erfahren haben, daß Undank der Welt Lohn ist; die reinen Herzens sind und deshalb übers Ohr gehauen werden; die Friedensstifter, die zwischen die Fronten geraten; die um der Gerechtigkeit willen Verfolgten, die sich fragen, ob aller Einsatz nicht vergeblich ist.

Für diese alle ergreift Jesus im Namen Gottes Partei. Sie sind Gottes Lieblinge, ohne irgendeine Bedingung oder Vorleistung von ihrer Seite, einfach aus Liebe und Erbarmen – weil sie arm sind.

Die Bergpredigt ist ein Angebot an alle: Den Armen wird das Reich Gottes verheißen; die Leidtragenden sollen getröstet werden; die Demütigen sollen das Erdreich besitzen; die nach Gerechtigkeit hungern, sollen satt werden; die Barmherzigen sollen Barmherzigkeit empfangen; die reinen Herzens sind, sollen Gott schauen; die Friedensstifter sollen Gottes Söhne heißen; die Verfolgten sollen belohnt werden.

So verschieden diese Verheißungen lauten, so meinen sie doch alle dasselbe: Erfahrung der Nähe Gottes und Teilhabe an seinem Reich.

Indem Jesus den Armen, den Elenden, den Trauernden, den Beleidigten, den Machtlosen, den nach Gerechtigkeit

Hungernden und nach Frieden sich Sehnenden Gott zuspricht, eröffnet er denen, deren Leben aussichtslos erscheint,
eine neue Zukunft. Diese findet nicht erst irgendwann im
Himmel statt, sondern beginnt bereits auf der Erde.

Auf die Frage, wo Gott anzutreffen sei, antwortet die
Bergpredigt: Überall dort, wo Menschen in Armut, Leid und
Enge sitzen, wo Menschen sich für das Recht der Entrechteten einsetzen, wo Menschen an Menschen Barmherzigkeit
üben, wo Menschen sich gegenüber Menschen menschlich
verhalten, wo Menschen etwas für den Frieden in der Welt
tun und wo Menschen um all dessen willen von anderen
Menschen verlacht, verspottet und verfolgt werden – überall
dort bricht Gottes Herrschaft an. Gott also geschieht zwischen den Menschen, aber es ist Gott, der zwischen den Menschen geschieht.

Wie Gott sich zu den Menschen verhält, geradeso sollen die
Menschen sich zueinander verhalten. Darum folgen auf die
Seligpreisungen mit ihrem bedingungslosen Zuspruch alsbald Forderungen mit einem ebenso unbedingten Anspruch.
Beide bezeugen ineins den Willen Gottes. Die Gnade ist zwar
umsonst, aber sie ist nicht billig! Derselbe Jesus, der den
Menschen in den Seligpreisungen ohne Wenn und Aber Gott
zuspricht, sagt gleich darauf: »Denkt nicht, ich sei gekom-
men, das Gesetz und die Propheten aufzulösen; ich bin nicht
gekommen aufzulösen, sondern zu erfüllen.« Obwohl er das
Sabbatgebot bricht, die Reinheitsvorschriften mißachtet und
die mosaische Erleichterung der Ehescheidung ablehnt, will
Jesus dennoch das Gesetz und die Propheten nicht außer
Kraft setzen, sondern sie im Gegenteil erfüllen.

In ihm selbst, in seiner Person und Botschaft, ist, was im
Gesetz und bei den Propheten geschrieben steht, zur Erfül-

lung gekommen. Und so liest sich die Bergpredigt wie die Urkunde des von dem Propheten Jeremia verheißenen neuen Bundes, der den alten vom Sinai ablösen soll: »Siehe, es kommt die Zeit, spricht der Herr, da will ich mit dem Hause Israel einen neuen Bund schließen, nicht wie der Bund gewesen ist, den ich mit ihren Vätern schloß, als ich sie bei der Hand nahm, um sie aus Ägypten zu führen – ein Bund, den sie nicht gehalten haben –, sondern das soll der Bund sein, den ich mit dem Hause Israel schließen will nach dieser Zeit: Ich will mein Gesetz in ihr Herz geben und in ihren Sinn schreiben, und sie sollen mein Volk sein, und ich will ihr Gott sein.«

Am Beispiel einiger Gebote zeigt Jesus, wie die neue Gerechtigkeit, die besser ist als die der Schriftgelehrten und Pharisäer, aussieht. Unbekümmert um die Tradition und ohne seinen Anspruch zu begründen, nur kraft eigener Vollmacht, stellt er dem überlieferten Gesetz des Mose jeweils seine Auslegung des Willens Gottes in einer scharfen Antithese entgegen: »Ihr habt gehört, daß zu den Alten gesagt ist – ich aber sage euch.«

Jesus radikalisiert das mosaische Gesetz, indem er durch den Wortlaut hindurch auf seinen Sinngrund, den Willen Gottes, vorstößt und aufdeckt, was ein Gebot jeweils zutiefst meint. Dabei lenkt er das Interesse der Menschen von ihrer eigenen Person weg auf den Nächsten. Es kommt nicht darauf an, ein Gebot formal zu erfüllen, sondern konkret Gott und dem Nächsten in Liebe zu dienen. Liebe ist allemal mehr als Recht, Ritus, Kult und selbst Moral.

Die Antithesen der Bergpredigt bilden keine Ergänzungsbestimmungen zu dem überlieferten Gesetz, um es auf die Höhe der Zeit zu bringen; sie bedeuten auch keine bloße Verbesserung der bisher geltenden Gerechtigkeit, sondern sind Beispiele der neuen Gerechtigkeit, die im Reich Gottes gilt.

Die jedesmal wiederkehrende Formel lautet: »Nicht erst, sondern schon«; sie bezeichnet keine Steigerung, sondern einen Überstieg.

Nicht erst, wer mordet, tötet, sondern schon, wer seinem Nächsten zürnt, ihn beleidigt oder beschimpft. Darum: Wenn jemand seine Gabe auf dem Altar opfert und ihm dabei in den Sinn kommt, daß sein Bruder etwas gegen ihn hat, so soll er die Opferhandlung unterbrechen und sich zuerst mit seinem Bruder versöhnen. Und wenn jemand sich mit seinem Gegner auf dem Weg zum Gericht befindet, so soll er sich noch unterwegs mit ihm vertragen.

Nicht erst, wer die Ehe leiblich bricht, begeht Ehebruch, sondern schon, wer eine andere Frau begehrlich anblickt. Darum: Reiß dein Auge aus und hau deine Hand ab und wirf sie weg, wenn sie dich zum Abfall verführen!

Nicht erst, wer einen falschen Eid schwört, verstößt gegen Gottes Gebot der Wahrhaftigkeit, sondern schon, wer überhaupt die Ehrlichkeit eines Gelübdes oder einer Zeugenaussage mit einem Schwur bekräftigt. Darum: »Eure Rede sei: Ja, ja, nein, nein; was darüber ist, das ist schon böse.«

Den Höhepunkt bilden jene beiden Antithesen, in denen Jesus dem mosaischen Gesetz das Gebot der Gewaltlosigkeit und der Feindesliebe entgegenstellt. Hier wird die Liebe grenzenlos und die Steigerung vollends zum Überstieg.

»Ihr habt gehört, daß zu den Alten gesagt ist: Auge um Auge, Zahn um Zahn. Ich aber sage euch, daß ihr dem Bösen überhaupt nicht widerstehen sollt.«

Auge um Auge, Zahn um Zahn – das ist das sogenannte ius talionis, der Grundsatz jedes nur denkbaren Rechts: Es dämmt die grenzenlose Vergeltung ein. Aber eben diese Grundlage allen Rechts wird von Jesus aufgehoben und ihr die strikte Forderung des Rechts- und Gewaltverzichts entgegengestellt. Die Liebe bedeutet nicht Grenze, sondern Ende der Vergeltung. Wie der Rechts- und Gewaltverzicht auszusehen hat, wird an vier extremen Fällen durchgespielt.

»Wenn dich jemand auf deine rechte Backe schlägt, so halte ihm auch die andere hin.« Gemeint ist der Schlag mit dem Handrücken auf die rechte Backe des anderen, was als besonders entehrend galt. Wenn Jesus nun sagt, daß, wer einen solchen Schlag empfangen hat, auch noch die andere Backe hinhalten solle, so bedeutet dies den Verzicht auf die Wiederherstellung der eigenen Ehre.

»Wenn jemand mit dir vor Gericht gehen will und dir deinen Rock nehmen, dann laß ihm auch den Mantel.« Dieses Beispiel stammt aus dem Pfandrecht und besagt: Wenn jemand das Untergewand als Pfand haben will, so soll man ihm auch noch das wertvollere Obergewand dazugeben, ohne das einer nicht auf die Straße gehen konnte. Das bedeutet den freiwilligen Verzicht auf das, was einem rechtmäßig zusteht – sogar über das juristisch festgelegte Existenzminimum hinaus.

»Wenn dich jemand zwingt, eine Meile mit ihm zu gehen, so geh mit ihm zwei.« Diese Forderung spielt auf das Requisitionsrecht der römischen Besatzungsmacht an, durch das ein Jude zu Wegweiser- und Lastträgerdiensten gezwungen werden konnte. Wenn Jesus nun sagt, daß man über die geforderte eine Meile hinaus freiwillig zwei Meilen mitgehen solle, so bedeutet das den Verzicht auf politischen Widerstand.

»Gib dem, der dich bittet, und wende dich nicht ab von dem, der von dir borgen will.« Dieser Satz führt über die eigentliche Rechtssphäre hinaus in den Bereich privater nachbarschaftlicher Verhältnisse. Er bedeutet den Verzicht auf das ängstliche Festhalten am Eigenen.

Zuinnerst verbunden mit der Forderung des Rechts- und

Gewaltverzichts, diese womöglich noch übersteigend, ist
Jesu Gebot der Feindesliebe: »Ihr habt gehört, daß gesagt ist:
Du sollst deinen Nächsten lieben und deinen Feind hassen.
Ich aber sage euch: Liebt eure Feinde und betet für eure Ver-
folger, damit ihr Söhne eures Vaters im Himmel werdet.«

Das Gebot der Feindesliebe steht vor einem doppelten
Hintergrund, einem menschlichen und einem göttlichen.

Das normale Verhalten der Menschen zueinander ist durch
das instinktive Denken im Freund-Feind-Verhältnis bestimmt, wie es sich aus der Notwendigkeit der Selbstbehauptung ergibt: Man haßt den Fremden, den Feind, und liebt den
Gleichgesinnten, den Freund. Darum: »Wenn ihr nur zu euren Brüdern freundlich seid, was tut ihr dann schon Besonderes?« Das tun auch die Heiden und die Zöllner.

Ganz anders dagegen verhält sich Gott: »Er läßt seine
Sonne aufgehen über Gute und Böse und läßt regnen über
Gerechte und Ungerechte.« Natur und Gnade spielen in diesem Bild zusammen: Auf sehr natürliche Weise, nämlich
durch das Wetter, gibt Gott zu verstehen, daß er aller Menschen Vater sein will. Der Gott, der Sonne und Regen schickt,
ist nicht der allmächtige Wettergott, der seine Gaben gleichgültig über alle Menschen ausschüttet oder sie nach Maß aus-
teilt, den Guten die Sonne zur rechten Zeit und den Bösen
den Regen zur Unzeit, sondern es ist der Gott, dessen Allmacht die grenzenlose Macht seiner Liebe ist und der seine
Gaben deshalb nicht nach dem Proporz des Freund-Feind-
Verhältnisses aufschlüsselt.

Aus dieser Freigebigkeit Gottes, aus seiner göttlichen Generosität, ergibt sich für Jesus das Gebot der Feindesliebe. Sie
ist das Abbild der alle Grenzen überschreitenden Vaterliebe
Gottes. Wie Gottes Liebe keine Unterschiede macht, sondern
grenzenlos ist, so sollen auch die Menschen in ihrer Liebe

grenzenlos sein und keine Unterschiede machen. Diese Grenzenlosigkeit kann sich nicht drastischer erweisen, als wenn die Liebe auch den Andersartigen, den Feind, umgreift. Darum stellt Jesus der zweiseitigen, differenzierenden Regel der Allgemeinheit: »Du sollst deinen Nächsten lieben und deinen Feind hassen«, die einfache, nicht differenzierende Forderung des Reiches Gottes entgegen: »Ich aber sage euch: Liebt eure Feinde und betet für eure Verfolger!«

Als vorzüglichste Gelegenheit, die Feindesliebe zu bewähren, nennt Jesus das Gebet. Damit korrigiert er unausgesprochen die Haltung jeder Art von Rachegebeten, ob im alttestamentlichen Psalter oder in der zeitgenössischen Apokalyptik. In ihnen stellt sich der Beter vor Gott gegen den Feind. Bei der Fürbitte für den Feind hingegen schließt er sich vor Gott mit seinem Feind zusammen. Hier gilt die Regel: Vor Gott sind alle Menschen gleich – nicht weil sie von ihm alle gleich geschaffen, sondern gleich geliebt sind.

Zur Forderung der Gewaltlosigkeit und zum Gebot der Feindesliebe gesellt sich die Warnung vor dem Richten: »Richtet nicht, damit ihr nicht gerichtet werdet!« Jesus kleidet seine Warnung in ein groteskes Bild: »Was siehst du den Splitter im Auge deines Bruders und nimmst nicht den Balken in deinem eigenen Auge wahr? Du Heuchler, zieh zuerst den Balken aus deinem Auge; erst danach sieh zu, wie du den Splitter aus dem Auge deines Bruders ziehst.« Wer bedenkt, daß Gott ihn nach dem gleichen Maß richten wird, nach dem er seine Mitmenschen richtet, dem vergeht alle Lust zum Richten.

Jesu Auseinandersetzung mit dem überlieferten Gesetz mündet in die sogenannte »Goldene Regel«: »Alles nun, was ihr wollt, das euch die Menschen tun, das tut ihnen auch! Das ist das Gesetz und die Propheten:« Damit wird dem Gesetz sein wahrer Gottessinn zurückgegeben. Wer sich danach richtet, benötigt keine kasuistischen Weisungen mehr, die bis ins einzelne gehen – er weiß, worauf es in jedem Fall ankommt.

Alles in allem: Wie Gott sich in seiner Liebe allen Menschen zugewandt hat, so soll auch der Wille des Menschen in ungeteilter Liebe auf Gott gerichtet sein. Darin spiegelt sich Gottes Vollkommenheit wider, und die Menschen werden zu dem, was sie sein sollen: Gottes Söhne und Töchter. »Darum seid vollkommen, wie euer Vater im Himmel vollkommen ist.«

Am Ende der Bergpredigt stellt Jesus die Hörer gleichsam an einen Kreuzweg. Er legt ihnen zwei Wege vor. Der eine geht durch eine weite Pforte und ist breit, führt aber ins Verderben; der andere geht durch eine enge Pforte und ist schmal, führt aber ins Leben. Die Menschen haben die Wahl zwischen diesen beiden Wegen. Und Jesus warnt: »Es werden nicht alle, die ›Herr, Herr!‹ zu mir sagen, ins Reich Gottes eingehen, sondern wer den Willen meines Vaters tut.«

Wes Geistes Kind jemand ist, wird man an seinen Taten erkennen, wie umgekehrt die Taten auf seinen Geist zurückschließen lassen. Es verhält sich damit wie mit einem Baum und seinen Früchten: Ein gesunder Baum trägt gute Früchte, aber ein kranker Baum trägt schlechte Früchte; ein gesunder Baum kann keine schlechten Früchte tragen, und ein kranker Baum kann keine guten Früchte tragen. Darum: An ihren Früchten werdet ihr sie erkennen!

Die Bergpredigt schließt mit dem Bild vom Hausbau: Wer Jesu Worte hört und sie tut, der gleicht einem klugen Mann, der sein Haus auf Fels baute. Als nun ein Platzregen kam und Wind und Wasser über das Haus herfielen, da fiel das Haus nicht, weil es auf Fels gegründet war. Wer Jesu Worte nicht hört und tut, der gleicht einem törichten Mann, der sein Haus auf Sand baute. Als nun ein Platzregen kam und Wind und Wasser über das Haus herfielen, da fiel das Haus, und sein Sturz war gewaltig.

Mit diesem Bild erinnert Jesus an das architektonische Grundgesetz allen Lebens: daß das Fundament wichtiger ist als der Bau. Es kann einer ein Haus bauen und ihm einen festen Boden geben – das genügt jedoch nicht. Vielmehr muß auch der Boden des Hauses auf einem sicheren Grund ruhen – erst dann kann man sagen, daß das Haus ein stabiles Fundament habe. Diesen Grund aber kann der Mensch nicht selber legen. Der Apostel Paulus sollte dies später so ausdrücken: »Einen andern Grund kann niemand legen als den, der gelegt ist, welcher ist Jesus Christus.«

»Und es geschah, als Jesus diese Rede vollendet hatte, entsetzte sich die Menge über seine Lehre. Denn er lehrte wie einer, der Vollmacht hat, und nicht wie ihre Schriftgelehrten.« Das haben auch die Schriftgelehrten gespürt – und eben diese Vollmacht in Frage gestellt: Ketzer oder Zeuge? – das ist die Frage, eine Frage auf Leben und Tod.

Der Menschensohn: Gottes Leidenschaft

»Der Menschensohn muß viel leiden und verworfen werden.«

»Wie er die Seinen geliebt hatte, so liebte er sie bis ans Ende.«

Von Anfang an konnte es mit Jesus von Nazareth kein gutes Ende nehmen.

Wer auf Gottes reinen, ursprünglichen Willen zurückgreift und so sich über die Autorität des Mose und der Thora hinwegsetzt; wer behauptet, er biete mehr als Salomo und Größeres als der Tempel und so geheiligte Traditionen entwertet; wer den Geist der Liebe über den Buchstaben des Gesetzes stellt und so die kasuistische Auslegungskunst der Schriftgelehrten verdächtigt; wer das Sabbatgebot wissentlich bricht und so die Erlösung Israels verzögert; wer die rituellen Reinheitsgebote übertritt und so die Trennung zwischen sakraler und profaner Sphäre aufhebt; wer die kultischen Institutionen, das Priestertum und den Opferdienst, geringschätzt und so den Tempel mißachtet; wer mit den religiös und sozial Deklassierten verkehrt und so den Armen einen Vorzug vor den Reichen gibt; wer die Schriftgelehrten und Pharisäer der Heuchelei bezichtigt und so das Schema von Leistung und Lohn kritisiert; wer Zöllner, Samariter und Heiden als Vorbilder des Glaubens und der Liebe rühmt und so die Einzig-

artigkeit des erwählten Volkes in Frage stellt; wer die Frauen
als Partnerinnen ernst nimmt und so die Alleinherrschaft der
Männer angreift; wer die Feindschaft gegen die römische Besatzungsmacht nicht teilt und so den Greuel der Gottlosigkeit
im Lande duldet – kurzum: wer das herrschende System der
Gesetzesfrömmigkeit so angreift, der ist ineins ein Todfeind
der Religion und der Gesellschaft. Das ist mehr als nur die
übliche Kritik eines Charismatikers an den bestehenden Institutionen, mehr auch als der fromme Eifer eines Reformers
oder als ein Mangel an Patriotismus – es ist Gotteslästerung
und Aufruhr.

Bei der Auseinandersetzung zwischen Jesus und seinen
Gegnern geht es nicht um dies oder das, nicht um einzelnes,
sondern um das Ganze – der Streit geht um Gott. Und da gibt
es nur ein Entweder-Oder: Entweder haben die verantwort-
lichen Hüter des herrschenden Religionssystems recht, dann
muß Jesus fallen, weil er mit seiner Gottesverkündigung dieses System untergräbt – oder aber Jesus hat mit seiner Botschaft von Gott recht, dann müßten ihm ehrlicherweise auch
die bestellten Hüter des herrschenden Religionssystems folgen. Wie aber vermöchten sie dies?

Hier verquickt sich die Frage nach der Wahrheit Gottes mit
der Frage nach Jesu Vollmacht. Seine Gegner brauchen sich
nicht zu legitimieren – ihre Autorität ist von altersher. Legitimieren aber muß sich das Neue. Woher also stammt Jesu
Vollmacht, und wie kann er sie angesichts des offensicht-
lichen Widerspruchs zwischen seinem Anspruch und seiner
Armut beweisen? Wie soll man überhaupt vor Menschen
einen Gott legitimieren, dessen Stärke gerade in seiner
Schwäche für die Menschen liegt? Mehr noch als sonst gibt es
hier nur die Entscheidung zwischen Glaube und Unglaube.

Die Ereignisse treiben auf eine Entscheidung zu. Länger läßt sich der gegenwärtige Schwebezustand nicht hinhalten – der Konflikt will zu Ende gebracht sein. Jesus muß sich entscheiden, welchen Weg er wählt: ob er, um der endgültigen Auseinandersetzung zu entgehen, einen Ausweg suchen oder den eingeschlagenen Weg bis ans Ende gehen will. So oder so, der entscheidende Wendepunkt steht bevor.

Zwar wird die Entscheidung über den Ausgang der Sendung Jesu erst in Jerusalem fallen, aber in seiner galiläischen Heimat kündet sie sich bereits an. Schon hier beginnt sein Unternehmen zu scheitern. Nach kurzem, steilen Aufstieg fällt die Erfolgskurve bald wieder ab.

Am Anfang haben sich die Erfolgsmeldungen gehäuft. Da drängt das Volk sich zu dem neuen Propheten. Wo Jesus auftritt, strömen die Menschen von überall her zusammen, um ihn zu hören, und bringen ihre Kranken mit, damit er sie heile. Einmal ist das Gedränge so groß, daß Jesus ein Boot besteigen und von ihm aus der Menge am Seeufer predigen muß. Die Leute staunen über seine Reden, und um seiner Wundertaten willen preisen sie Gott. Immer wieder beteuern sie, daß sie solches vorher noch nie gehört oder gesehen hätten. Das Gerücht von Jesu Wirken breitet sich über ganz Galiläa aus und überspringt auch die Grenzen des Landes.

In Judäa jedoch bleibt Jesus unbekannt. Wenn er in Jerusalem einzieht, werden die Zuschauer fragen: Wer ist der? Trotz des großen Zulaufs in Galiläa wird sein Auftreten kein nationales Ereignis. Es gelingt ihm nicht, das jüdische Volk mitzureißen und es zur Umkehr zu bewegen.

Vom Beginn seines öffentlichen Wirkens an mischt sich in die Begeisterung des Volkes das Mißtrauen der religiösen Führer. Die Schriftgelehrten und Pharisäer beargwöhnen Jesu Reden und Tun. Wo er auftritt, schalten sie sich ein, stellen ihm Fangfragen und verwickeln ihn in Streitgespräche. So wird die Lage schon bald gespannt. Der Hohe Rat in Jerusalem entsendet eine Theologenkommission nach Galiläa, um die Vorgänge dort untersuchen zu lassen. Das Urteil steht alsbald fest: Jesus wird der Ketzerei verdächtigt. Bestätigt sich der Verdacht, droht ihm der Tod. Seine Familie sorgt sich um ihn und will ihn nach Hause holen. Er aber geht nicht mit, sondern bleibt bei seinen Jüngern; nur sie sind fortan noch seine »wahren Verwandten«.

Auch das Volk beginnt sich von Jesus abzuwenden. Die Erfolgsmeldungen nehmen deutlich ab. Die anfänglich so hoffnungsvoll entfachte Glaubensbewegung droht ins Stokken zu geraten. Statt Jesus weiter begeistert zuzuströmen, fangen jetzt viele an, enttäuscht davonzugehen. Betroffen fragt Jesus seine Jünger: »Wollt auch ihr fortgehen?« Er weiß, daß er auf Menschen angewiesen ist, wenn er seinen göttlichen Auftrag erfüllen will.

Darum entschließt Jesus sich zu einem letzten Angebot an Israel. Er sendet seine Jünger aus: Sie sollen zu zweit, ohne Geld im Gürtel und ohne Stab und Reisetasche, durch das Land wandern und wie er die Nähe des Reiches Gottes ankündigen und Kranke heilen. Wo man sie aufnimmt, dort sollen sie einkehren; wo man sie abweist, dort sollen sie weiterziehen und den Staub des ungastlichen Ortes von ihren Füßen schütteln. Dabei sollen sie die Straßen der Heiden und die Städte der Samariter meiden und sich nur auf Galiläa beschränken.

Die Jünger kehren zwar mit einigen Erfolgsmeldungen zurück, aber der Umschlag der Volksstimmung insgesamt läßt sich, wie es scheint, nicht mehr aufhalten.

Zum Vorwurf der Ketzerei gesellt sich indes noch der Verdacht des Aufruhrs. Jesu Landesherr, der Vierfürst Herodes

Antipas, hat gerüchtweise von seiner Tätigkeit gehört. Aber-
gläubisch vermutet er, der von ihm hingerichtete Johannes
der Täufer sei auferstanden, und befürchtet einen politischen
Aufstand. Wie er den Täufer hat köpfen lassen, so fordert er
jetzt auch Jesu Kopf.

Einige Pharisäer warnen Jesus kollegial vor den Nachstel-
lungen des Herodes und raten ihm fortzugehen. Jesus aber
gibt ihnen zur Antwort: »Geht und sagt diesem Fuchs: Siehe,
ich treibe Dämonen aus und heile heute und morgen, und erst
am dritten Tage werde ich am Ziele sein. Doch muß ich heute
und morgen und am Tage danach noch wandern; denn es
geht nicht an, daß ein Prophet außerhalb Jerusalems um-
kommt.«

Damit tritt zum erstenmal Jerusalem ins Blickfeld. Aber
noch scheint Jesus der Zeitpunkt für die endgültige Entscheidung dort nicht gekommen. Vorerst möchte er noch uner-
kannt bleiben. Darum verläßt er Galiläa, das Herrschaftsge-
biet des Herodes, und damit zugleich die feindselige Atmosphäre der jüdischen Religionswelt und geht über die Grenze.
Er wandert mit seinen Jüngern nach Norden in das phönizi-
sche Gebiet von Tyrus und Sidon sowie in die Gegend von
Cäsarea Philippi und nach Westen in die Dekapolis, jene
Zehn Städte jenseits des Sees Genezareth, die direkt unter römischer Militärhoheit standen.

Dort, auf seiner Wanderung in den äußersten Norden Paläs-
tinas, in der Gegend von Cäsarea Philippi, auf der Grenze zum
Heidenland, fragt Jesus seine Jünger nach der öffentlichen
Meinung über ihn: »Was sagen die Leute, wer ich sei?«

Die Frage liegt nahe. Schließlich ist Jesus in die Öffentlichkeit gegangen, um die Menschen mit seiner Botschaft von
Gott zu erreichen. Und seine Worte und Taten sind nicht

ohne Widerhall geblieben. Doch das Echo ist nicht deutlich. Nun möchte er wissen, wessen er sich zu versehen hat. Aus diesem Grunde fragt er seine Jünger, für wen die Leute ihn halten. An ihrem Urteil über den Botschafter möchte er erkennen, wie sie die Botschaft aufgenommen und verstanden haben.

Die Auskunft, die Jesus von den Jüngern erhält, klingt nicht ungünstig: Die einen halten ihn für den wiedergekommenen Johannes den Täufer, die anderen für Elia, den Vorläufer des Messias, wieder andere für einen auferstandenen Propheten. Höher geht es kaum – die Namen weisen alle in die Nähe des Reiches Gottes. Jesus hat durch sein Auftreten messianische Hoffnungen geweckt. Wer so redet und handelt wie er, soll sich über derlei Mutmaßungen nicht wundern, zumal in einer Zeit, in der so viele Menschen auf den Messias warten und nach Vorzeichen für sein Kommen Ausschau halten.

Aber die Auskunft der Jünger genügt Jesus nicht. Darum fragt er weiter, jetzt jedoch nach ihrem eigenen Urteil über ihn – damit wird das Gespräch für sie verbindlich: »Was sagt denn ihr, wer ich sei?«

Da antwortet Simon Petrus, der Sprecher des Jüngerkreises: »Du bist der Christus!«

Sofort aber gebietet Jesus den Jüngern, dies niemandem weiterzusagen.

Von Anfang an hat Jesus gegenüber dem Messiastitel strenge Zurückhaltung geübt. Wenn ihn die Menschen – Besessene oder andere Kranke, die er geheilt hatte – »Davidssohn«, »Messias« oder »Sohn Gottes« nannten, dann hat er ihnen stets zu schweigen geboten: Der Offenbarer Gottes will selbst nicht offenbar werden. Jene Schweigegebote wurden freilich immer wieder durchbrochen, so daß die Messiasfrage offenblieb.

Nicht, daß Jesus seine göttliche Sendung verleugnen wollte! Er will sie nur vor politischem Mißverständnis schützen. Der Messiastitel erscheint ihm nicht nur gleichgültig, sondern gefährlich; er verwirrt eher, als daß er etwas erklärt. Zu verschieden ist das, was Jesus über das Kommen des Reiches Gottes sagt, von dem, was sich allgemein mit der Messiaserwartung an Hoffnungen und Vorstellungen verband. Darum hat er wie jede Zeichenforderung auch jede Titulierung immer wieder abgewiesen. In seinem Auftreten, an seinen Worten und Taten, sollen die Menschen Gottes Wirken erkennen und sich entsprechend auf das Kommen seines Reiches einstellen. Den richtigen Titel zu kennen und dann über Jesus Bescheid zu wissen meinen, ist ein Trugschluß – als ob solches Wissen schon Glaube wäre! Für Jesus selbst ist entscheidend nur die Identifikation seiner Person mit der Sache Gottes. Darauf allein gründet sich seine Vollmacht und Autorität: »Ich habe nicht aus mir selbst geredet, sondern der Vater, der mich gesandt hat, der hat mir geboten, was ich tun und reden soll.«

Weil Jesus ohne Titel und Amt beansprucht, im Namen Gottes zu reden, darum wird er von denen, die mit Amt und Titel über die richtige Auslegung des Willens Gottes zu wachen haben, als Gotteslästerer verurteilt werden. Sein Gehorsam – sein Hören auf Gott und sein Reden von ihm – wird ihn ins Leiden führen.

Kaum hat Petrus darum das Christusbekenntnis ausgesprochen, da eröffnet Jesus den Jüngern, welcher Weg ihm bevorsteht: »Der Menschensohn muß viel leiden und verworfen werden.«

Petrus begehrt gegen diese Aussicht auf. Er nimmt Jesus beiseite und beschwört ihn: »Gott bewahre dich davor, Herr! Das soll dir nicht widerfahren!«

Daß der, den er für den Messias Gottes hält, leiden soll, das kann und will Petrus nicht begreifen. Für ihn bedeutet Gott Allmacht und Stärke – darum muß auch der Messias ein Sieger und darf kein Verlierer sein. Aber da fährt Jesus ihn hart an: »Weg von mir, du Satan! Du stehst mir im Wege. Denn du denkst nicht, was Gott will, sondern was sich die Menschen wünschen.«

Der Messiastitel steht für Jesus gleichsam für das, was sich die Menschen wünschen; der Menschensohntitel entspricht dagegen dem, was Gott will. Darum hat Jesus ihn als Selbstbezeichnung bevorzugt: Er hat die größere Nähe zum Gedanken der Verborgenheit und des Leidens und ist daher auch ganz und gar unpolitisch. Mag auch erst später die Urgemeinde in Palästina den Menschensohntitel ausführlich verwendet haben, um Jesu Leiden und Sterben bildhaft auszumalen und theologisch zu deuten, die Anregung dazu geht auf Jesus selbst zurück. Daß sich der Name »Menschensohn« stets nur in seinem Munde findet, niemals aber von anderen als Anrede gebraucht wird, deutet darauf hin.

In dem Würdetitel »Menschensohn« treffen sich zwei prophetische Linien, sozusagen eine Hoheits- und eine Niedrigkeitslinie. Der Name, ursprünglich aus dem Buch Daniel stammend, bezeichnet in der jüdischen Apokalyptik eine visionäre Gestalt, die, jetzt noch verborgen bei Gott, dereinst am Ende der Zeiten als Richter und Retter auf den Wolken des Himmels erscheinen wird.

Daneben aber gibt es im Alten Testament noch eine andere Linie, die im Judentum jedoch niemals auf den Messias hin gedeutet worden ist. Das ist die Vorstellung vom leidenden Gottesknecht. Daß die Gerechten auf Erden leiden müssen, ist ein im Alten Testament, vor allem bei den Propheten und im Psalter, immer häufiger auftauchender Gedanke. Seine höchste Steigerung hat er im babylonischen Exil durch jenen anonymen Propheten erfahren, der allgemein Deuterojesaja genannt wird. Dieser schildert im Liede das Schicksal eines Menschen, der gehorsam für die Sünden der vielen leidet und dafür am Ende von Gott erhöht wird.

Beide Gestalten – den herrlichen Heilsbringer der Endzeit und den leidenden Gottesknecht auf Erden – hat Jesus miteinander verbunden und auf seine Person bezogen. Auf diese Weise neu definiert, ist der Titel »Menschensohn« für die ersten Gemeinden zur entscheidenden Selbstbezeichnung Jesu geworden, die ihn von allen anderen Offenbarungsgestalten abhebt. Diese Selbstbezeichnung Jesu enthält zugleich eine Aussage über Gott: In Jesu Geschick bilden sich Gottes Wille und Weg ab. Wer das Leiden des Menschensohns verstanden hat, der hat Gottes eigene Leidenschaft für die Menschen verstanden.

So hat Jesus sein Geschick im Licht des Alten Testaments gedeutet – jedoch wiederum nicht so, daß er daraus im vorhinein Gottes ewigen Ratsschluß über sich herausgelesen hätte und darum nur wie ein Schauspieler auf der Bühne des göttlichen Welttheaters auf sein Stichwort zu warten brauchte.

In Jesu Passion funktioniert kein heilsgeschichtlicher Mechanismus. Sein Tod ist nicht aufgrund einer innertrinitarischen Verabredung zwischen dem Vater und dem Sohn zustande gekommen. Sein Leben wäre dann nur ein Vorspiel gewesen, eine Art Programmhinweis auf das eigentliche Heilsdrama. Andererseits aber ist Jesu Tod auch kein reiner Zufall gewesen. Schließlich ist er nicht an einem Herzinfarkt im Bett gestorben oder bei einem Verkehrsunfall ums Leben gekommen, sondern er ist hingerichtet worden. Und das hat seinen Anlaß, Grund und Zusammenhang gehabt; es ist dabei natürlich und geschichtlich zugegangen.

Von Anfang an hat das Todesgeschick über Jesu Leben ge-
hangen. Es war zwar nicht von Ewigkeit her vorgesehen,
aber es war von Anfang an abzusehen. Jesus selbst hat es
durch sein Verkündigen und Verhalten provoziert. Wenn er
die Wirklichkeit nicht schwärmerisch überfliegen wollte,
mußte er damit rechnen, seine Botschaft mit seinem Leben
bezahlen zu müssen – so, wie ein Hirte sein Leben läßt für
seine Herde.

Schließlich hat er auch seinen Jüngern immer wieder vor-
ausgesagt, daß sie leiden müßten: »Siehe, ich sende euch wie
Schafe mitten unter die Wölfe... Ihr werdet gehaßt werden
von jedermann um meines Namens willen... Und wer nicht
sein Kreuz auf sich nimmt und mir nachfolgt, der ist meiner
nicht wert.« Wie hätte Jesus sich selbst da ausschließen können?

Und so beginnt er auf jenen letzten Wanderwegen, zu seinen Jüngern offen von seinem bevorstehenden Leidensweg
zu sprechen. Er weissagt ihn nicht aufgrund göttlicher Einge-
bung, sieht ihn auch nicht in seinem genauen Ablauf visionär
voraus, aber daß jetzt unausweichlich Leiden auf ihn zukommen werden, das steht ihm klar vor Augen. Er braucht sich
nur die Feindschaft der geistigen Führungsschicht vor Augen
zu halten und sich dabei an das Schicksal früherer Propheten
oder Johannes des Täufers zu erinnern – dann weiß er Bescheid. Wie oft hat Israel seine gottgesandten Boten verworfen und sogar getötet! Geradeso wird es auch ihn, den letzten
Gesandten Gottes, ablehnen.

Es wird ihm ergehen wie dem Sohn eines Weinbergbesit-
zers, den sein Vater zur Zeit der Ernte zu den Pächtern des
Weinbergs gesandt hat, um den Ertrag abholen zu lassen. Zuvor schon hatte er nacheinander mehrere Boten entsandt,
aber die Pächter hatten sie alle verprügelt und mit leeren Händen wieder weggeschickt, und einige hatten sie sogar totge-

schlagen. Da sandte der Vater schließlich seinen eigenen Sohn, denn, sagte er sich, vor ihm werden sie sich scheuen und nicht Hand an ihn legen. Aber er irrte sich. Gerade auf ihn hatten sie es abgesehen, denn er war der Erbe, und wenn sie ihn umbrächten, dann würde das Erbe ihnen gehören. Und so nahmen sie den Sohn und töteten ihn und warfen ihn hinaus vor den Weinberg.

Dieses Gleichnis hat die Gemeinde zwar erst später von Jesus erzählt – aber es schildert genau das Schicksal, das ihm bevorsteht. Wie Wolken am Himmel aufziehen, erst eine, dann immer mehr, sich miteinander verbinden und schließlich wie eine dunkle Wand drohend am Himmel stehen, so zieht auch über Jesus jetzt sein Todesgeschick endgültig herauf. Aber weder läßt er sich von seinen Gegnern vorantreiben, noch weicht er vor ihnen zurück. Er behält sich das Gesetz des Handelns vor und geht seinen Weg gehorsam bis ans Ende.

Bisher hat sich Jesu Wirken gleichsam nur in der Provinz abgespielt und ist mehr oder minder eine Randerscheinung geblieben. Aus diesem Grund zieht es ihn jetzt nach Jerusalem. Denn Jerusalem war nicht nur die Landeshauptstadt, sondern bildete das religiöse und nationale Zentrum für das jüdische Volk in der ganzen Welt. Hier stand der Tempel, und hier residierte der Hohepriester, das offizielle Oberhaupt der Judenschaft.

Und so geht Jesus mit seinen Jüngern hinauf nach Jerusalem, nicht mit der ausdrücklichen Absicht, dort für die Sünden der Menschheit zu sterben und deshalb gewaltsam den Tod zu suchen – Jesus ist leidensbereit, aber nicht todessüchtig –, sondern um die endgültige Entscheidung für oder wider seine Botschaft von Gott herbeizuzwingen. Aber weil diese Botschaft die Befreiung des Menschen von seiner Sünde und

Schuld durch Gottes vergebende Gnade zum Inhalt hat, wird Jesus, wenn er für diese Botschaft stirbt, tatsächlich sein Leben für die Menschen lassen. Und so wird – angesichts der bisherigen Ablehnung seiner Predigt durch die religiöse Führungsschicht – Jesu Aufbruch zum Passahfest nach Jerusalem in der Tat zum Antritt einer Todesreise.

»Es begab sich aber, als die Zeit erfüllt war, daß er hinweggenommen werden sollte, da wandte er sein Angesicht, stracks nach Jerusalem zu wandern.«

DER VOLLENDER DES
GLAUBENS

Letzte Tage

> »Wenn das Weizenkorn nicht in die
> Erde fällt und stirbt, bleibt es allein;
> wenn es aber stirbt, bringt es viel
> Frucht.«

Wer von Galiläa nach Jerusalem pilgerte, mußte, um das
feindselige Samarien zu meiden, den Weg südwärts durch das
Jordantal nehmen und stieg dann über Jericho zur hochgele-
genen Stadt hinauf. Auch Jesus wandert mit seinen Jüngern
diesen Weg nach Jerusalem. Dabei kommt er durch jene öde
Gegend, in der er seinerzeit von Johannes die Taufe empfangen hat. Was damals angefangen hat, das soll sich jetzt
vollenden. Der Anfänger des Glaubens wird zum Vollender
des Glaubens.

Die neutestamentlichen Evangelien sind keine Biographien mit einem tragischen Schluß, sondern Passionsge-
schichten mit ausführlichen Einleitungen. Alles in ihnen
treibt auf Jesu Passion zu. Darum ist die Leidensgeschichte
auch als erste im Zusammenhang erzählt worden und nimmt
im Vergleich zum Ganzen einen unverhältnismäßig breiten
Raum ein.

Jesus kommt zum Passahfest nach Jerusalem. Es ist das
höchste unter den großen religiös-nationalen Festen Israels;
an ihm feierte das jüdische Volk die Erinnerung an den Auszug aus Ägypten, mit dem seine Geschichte als Gottesvolk

begonnen hat. Aus allen Ländern strömten die Pilgerzüge herbei, zu Fuß, zu Pferd, auf Eseln und im Wagen, Arme in Lumpen und Reiche in kostbaren Kleidern. Die Stadt vermochte die Menge der Gläubigen nicht zu fassen; zu Tausenden lagerten sie draußen vor den Mauern in Zelten.

Vom Ölberg aus erblickten die Wallfahrer zuerst die heilige Stadt. Es war ein überwältigender Anblick. Wie ein schneebedeckter Gipfel leuchtete der Tempel mit seinem weißen Marmor und goldenen Schmuck über der Stadt in der Sonne. Herodes der Große hat ihn in Jahrzehnten prächtig erbaut, mit allem Glanz hellenistischer Kultur, und immer noch war das kolossale Bauwerk nicht vollendet. »Wer nicht den Bau des Herodes gesehen hat, hat nie etwas Schönes gesehen«, lautete ein zeitgenössisches Sprichwort. »Gottes Haus bei den Menschen«, sagte man auch, und das besagte noch mehr.

Auch Jesu Jünger sind vom Anblick des Tempels begeistert: »Meister, siehe, was für Steine und was für Bauten!«

»Es wird kein Stein auf dem andern bleiben«, erwidert ihnen Jesus darauf harsch. Er sollte Recht behalten.

Die Pilgerzüge grüßten einander fröhlich, wenn sie sich begegneten. Die alten Wallfahrtslieder aus dem Psalter anstimmend, zogen sie gemeinsam vom Ölberg hinab in das Kidrontal und stiegen von dort wieder hinauf zu den Toren Jerusalems.

Inmitten der Menge zieht auch Jesus in die Stadt ein. Er reitet auf einem Esel, und seine Jünger gehen ihm zur Seite – wie Rabbiner mit ihren Schülern bisweilen zu reisen pflegten.

Die Einwohner von Jerusalem sehen Jesus zum erstenmal. Sie kennen ihn nicht und erkundigen sich deshalb neugierig, wer der fremde Rabbi mit seinem Anhang sei. Die Menge, die ihn begleitet, gibt Auskunft: »Das ist Jesus, der Prophet aus Nazareth in Galiläa.« Damit ist alles gesagt. Aber für die rechtgläubigen und stolzen Judäer besagt das nichts. Aus Galiläa steht kein Prophet auf – und was kann gar aus Nazareth Bedeutendes kommen?

Jesu Begleiter rufen jubelnd »Hosiannah«, und das ist eine messianische Huldigung; sie gehört zur liturgischen Tradition des Passahfestes. Sonst findet keine messianische Demonstration statt.

Mitten in diesem Wallfahrtstrubel geht von Jesus eine tiefe Ruhe aus. Es ist kein Triumphzug, der sich vom Ölberg hinüber zum Tempelberg bewegt. Eher wirkt Jesu Einzug wie eine große Geste der Demut und des Friedens. Wer auf einem Esel reitet, verläßt sich nicht auf Roß und Reiter. Er erhebt auch keinen messianischen Anspruch; er vertraut auf Gott und nicht aufs Volk. Was hier wirklich vor sich geht, versteht das Volk nicht. Die römische Besatzungstruppe kann ruhig in ihrer Kaserne auf der Burg Antonia bleiben; zum Eingreifen besteht kein Anlaß.

Unter den Pilgern befinden sich auch einige Griechen – Proselyten, die zum Passahfest nach Jerusalem gekommen sind. Sie möchten Jesus kennenlernen und nehmen deshalb Kontakt mit zweien seiner Jünger auf, die Jesus diese Bitte übermitteln. Zeigt sich hier womöglich ein Ausweg aus der drohenden Katastrophe? Griechenland? Das hieße auf jeden Fall kein Kreuz, kein Leid, keinen Tod. Aber Jesus lehnt ab, beinahe schroff: »Wenn das Weizenkorn nicht in die Erde fällt und stirbt, bleibt es allein; wenn es aber stirbt, bringt es viel Frucht.«

Jesus beschreitet nicht, wie andere Heilsbringer, den Höhenweg der olympischen Götter und ihrer Heroen; er wählt auch nicht, wie politische Retter und Revolutionäre, das Mit-

tel der Macht und Gewalt; sein einziges Machtmittel ist die
Liebe, und darum führt sein Weg nach unten, in die Tiefe.

Das Ziel des Einzugs Jesu ist der Tempel, das Haus Gottes,
Israels Heiligtum. Als Jesus den Tempelvorhof betritt, bietet
sich ihm dort ein buntes Treiben. Es geht auf dem weiten
Platz wie auf einem großen Markt zu, jetzt vor dem Passahfest noch turbulenter als sonst. Die Geldwechsler hocken an
ihren Tischen und tauschen die gängige Münze mit dem
Kopf des römischen Kaisers in die bildlose Tempelwährung
um, und die Händler stehen an ihren Ständen und verkaufen
die für die Opfer benötigten Tiere, den Armen Tauben und
denen, die es sich leisten können, Schafe und Lämmer.

Da greift Jesus ein. Er stößt die Tische der Wechsler und die
Stände der Händler um und wirft den Markt aus dem Tempel
hinaus. Das ist eine prophetische Demonstration. Mit ihr
knüpft Jesus an die Kritik der alttestamentlichen Propheten
am Tempelkult an: »Mein Haus soll ein Bethaus sein; ihr aber
habt eine Räuberhöhle daraus gemacht.«

Das bedeutet die Warnung vor jedem Mißbrauch der Religion: Der Mensch soll aus der Religion kein Geschäft machen, weder ein weltliches noch ein frommes. Zugleich aber
bedeutet Jesu Eingreifen noch Strengeres, Endgültiges: Wo
es für die Opfer kein Geld mehr zu wechseln und keine Tiere
mehr zu kaufen gibt, dort ist der alte Tempeldienst zu Ende;
dort steht ein neuer Tempel in Aussicht, in dem man Gott im
Geist und in der Wahrheit anbeten wird, nicht mehr als Ge-
bender und Leistender, sondern als Bittender und Emp-
fangender. Des zum Zeichen wird Jesus während seiner letzten Lebenstage täglich im Tempel lehren.

Wie Jesu Einzug in die Stadt, so ist auch seine Reinigung des
Tempelvorhofs keine großangelegte Aktion, sondern ein

symbolischer Akt. Weder die jüdische Tempelpolizei noch
die römische Wachtruppe hält es für nötig einzuschreiten.
Die Hierarchie jedoch hat Jesu Zeichenhandlung verstanden.
Der Hohe Rat, an der Spitze der Hohepriester, reagiert auf
seine Provokation mit dem Vorsatz, den Störenfried endlich
zu beseitigen. Jetzt hat Jesus nicht nur die Schriftgelehrten,
sondern auch die Priester und mit ihnen die Religionspartei
der Sadduzäer gegen sich, und diese wieder verfügen über
Beziehungen zur römischen Besatzungsmacht. So zieht sich
das Netz um ihn enger zusammen. Vorerst aber halten sich
die Behörden noch zurück, um während der ohnehin stets
aufgeregten, mit messianischen Erwartungen erfüllten Fest-
tage kein unnötiges Aufsehen zu erregen. Für ein öffentliches
Eingreifen erscheint Jesu Anhang noch zu groß. Und so verläßt Jesus den Tempel unbehelligt und kehrt am Abend nach
Bethanien zurück, wo er mit seinen Jüngern bei einer be-
freundeten Familie ein Nachtquartier gefunden hat.

Am nächsten Tag geht Jesus mit seinen Jüngern wieder hinauf in den Tempel, um dort im Vorhof zu lehren. Da stellt
sich ihm eine Gruppe von Mitgliedern des Hohen Rats – Priester, Schriftgelehrte und Älteste – in den Weg und fragt ihn
nach seiner Legitimation: »Wer hat dir die Vollmacht gegeben, dies zu tun?« Die Frage bezieht sich zunächst auf sein
Auftreten im Tempel am gestrigen Tag, zielt aber darüber
hinaus auf seinen Wahrheitsanspruch insgesamt: Woher er
das Recht nimmt, so zu lehren und zu handeln, wie er es tut.
    Damit beginnen die Streitgespräche, die die letzten Tage
Jesu füllen und schließlich zum tödlichen Ausgang führen
werden. In ihnen kommen noch einmal die wichtigen Themen seiner Verkündigung zur Sprache. Letztlich aber geht es
immer nur um eine und dieselbe Frage: ob Jesus im Namen

Gottes spricht und seine Botschaft daher Gottes Wahrheit ist.
Damit hat er erreicht, was er mit seinem Gang nach Jerusalem
beabsichtigt hatte. Die geistlichen Führer des Volkes stellen
sich ihm zur entscheidenden Auseinandersetzung. Sie suchen
ihn der Gotteslästerung und des Aufruhrs zu überführen. Jesus aber gibt jede Frage, die sie ihm stellen, an sie zurück und
verlangt umgekehrt von ihnen eine Entscheidung.

Gleich das erste Streitgespräch verläuft in dieser Weise. Die
Vertreter des Hohen Rats fragen Jesus nach seiner Vollmacht
– er fragt sie nach ihrem Urteil über Johannes den Täufer:
»Die Taufe des Johannes, war sie von Gott oder von Menschen? Antwortet mir!«

Mit dieser Gegenfrage bringt Jesus die Fragesteller in Verlegenheit. Sie überlegen sich: Antworten wir »von Gott«,
dann wird er uns fragen: Warum habt ihr ihm dann nicht
geglaubt? Sagen wir aber »von Menschen«, dann haben wir
das Volk gegen uns, denn dieses hält Johannes den Täufer
nach wie vor für einen Propheten.

Und so weichen die Fragesteller aus: »Wir wissen es
nicht.«

»So sage auch ich euch nicht, in welcher Vollmacht ich
handle.«

Das ist kein geistreiches Versteckspiel, das Jesus hier mit
seinen Gegnern treibt. Vielmehr nagelt er sie fest: Man kann
nicht von außen feststellen, wer und wo Gott ist – man muß
sich auf seine Boten einlassen und es mit der von ihnen ange-
botenen Wahrheit probieren, wenn man herausfinden will,
ob sie von Gott stammt. Wo es um die Frage nach Gott geht,
gibt es kein Ausweichen und Lavieren, sondern nur ein klares
Ja oder Nein.

Ein andermal schickt der Hohe Rat einige Pharisäer und Parteigänger des Herodes vor. Sie sollen versuchen, Jesus eine Falle zu stellen, um ihn so öffentlich in Mißkredit zu bringen.

»Meister«, beginnen sie, »wir wissen, daß du wahrhaftig bist und auf niemand Rücksicht nimmst; du schaust nicht auf das Ansehen bei Menschen, sondern lehrst den Weg Gottes aufrichtig« – und dann rücken sie mit ihrer Frage heraus: »Ist es erlaubt, dem Kaiser Steuern zu zahlen oder nicht? Sollen wir sie zahlen oder nicht zahlen?«

Das war eine religiös wie politisch gleichermaßen prekäre Frage. Die Kopfsteuer wurde von den Römern erhoben und von den Juden entsprechend als eine Schmach empfunden: Gottes eigenes Volk tributpflichtig dem heidnischen Kaiser in Rom! Die Zeloten verweigerten deshalb die Zahlung, die anderen leisteten sie widerwillig.

Durch die Frage der Kaisersteuer wird Jesus geschickt in den Zwiespalt zwischen Loyalität und Popularität gedrängt. Wie immer er antwortet, mit einer Seite muß er es verderben: Lehnt er die Zahlung der Steuer ab, hat man ihn als Staatsfeind entlarvt und kann ihn bei den Römern denunzieren; erlaubt er dagegen die Zahlung, wird er als Kollaborateur verdächtigt und büßt seinen Anhang im Volk ein.

Jesus erkennt die Falle und gibt die Frage wiederum an die Fragesteller zurück, so daß diese ihrerseits Rede und Antwort stehen müssen.

Er läßt sich eine römische Münze reichen und fragt dann: »Wessen Bild und Aufschrift ist das?«

Man antwortet ihm: »Des Kaisers.«

Darauf Jesus: »So gebt dem Kaiser, was des Kaisers ist, und Gott, was Gottes ist.«

Dieses Wort Jesu richtet sich sowohl gegen den politi-

schen Messianismus der Juden als auch gegen die religiöse
Verehrung des römischen Kaisers. Weder wird der Staat sa-
kralisiert noch die Revolution religiös legitimiert. Aber damit fällt Jesus in der Frage der Kaisersteuer kein salomoni-
sches Urteil, etwa im Streit zwischen den aktiven Zeloten
und den eher passiven Pharisäern. Er gibt auch keine ein für
allemal praktikable Verhaltensregel an die Hand, die ein neutrales Sowohl-als-Auch erlaubte. Gott und Kaiser stehen
nicht wie zwei gleichberechtigte Größen nebeneinander – ein
Reich beziehungslos neben dem andern: Kein Mensch, kein
Land, kein Volk, kein Staat ist heilig, kein Weltreich Gottes
Reich. Vielmehr hat Gottes Herrschaft den Vorrang vor allen
irdischen Herren und Reichen. Wie beim doppelten Liebesgebot die Liebe gegen Gott die Liebe zum Nächsten nährt
und bestimmt, so auch das Verhältnis zu Gott das Verhalten
gegenüber dem Kaiser.

Mit seiner Antwort führt Jesus aus dem Konflikt heraus in
die Freiheit: Die Bindung an Gott ermächtigt in den wechselnden Situationen zur immer neuen politischen Entscheidung. Das ist keine bequeme Freiheit; der Konflikt ist dabei
vorprogrammiert, denn eine neutrale, sozusagen gottfreie
Zone gibt es nicht. Jesus selbst wird dies erfahren. Im Augenblick zwar hat er seine Gegner zum Schweigen gebracht. Sie
lassen ihn stehen und gehen davon, aber nicht überzeugt, nur
überführt.

Die Sadduzäer kommen Jesus mit der Frage nach der Auferstehung der Toten. Sie glauben nicht an sie, weil im Pentateuch, den fünf Büchern Mose, die sie allein für verbindlich
halten, davon nichts geschrieben steht. Als Argument gegen
die Auferstehung führen sie das Gebot der Leviratsehe ins
Feld, welches besagt, daß, wenn ein Mann stirbt, ohne Nach-

kommen zu hinterlassen, seine Witwe nicht einen fremden Mann, sondern ihren Schwager heiraten solle, damit die Nachkommenschaft in der Familie gesichert bleibe.

Mit Hilfe dieses Gebotes suchen die Sadduzäer den Glauben an die Auferstehung der Toten ad absurdum zu führen. Spöttisch konstruieren sie einen Extremfall: Es waren sieben Brüder. Der erste nahm eine Frau und, als er starb, hinterließ er keine Nachkommen. Darauf heiratete der zweite Bruder die Frau, und auch er starb und hinterließ keine Nachkommen. Der dritte gleichfalls, und so fort bis zum siebten. Zuletzt nach allen starb auch die Frau. Wessen Frau wird sie nun bei der Auferstehung sein? Denn alle sieben haben sie doch zur Frau gehabt.

Die Sadduzäer stellen sich die Auferstehung nur als eine überhöhte Fortsetzung des hiesigen Lebens vor – darum glauben sie nicht an sie. Jesus aber führt sie aus der Enge ihrer Vorstellungen heraus. Er erinnert sie daran, daß Gott größer und ganz anders ist und darum auch die Auferstehung größer und anders zu verstehen: nicht als eine Verlängerung des natürlich-irdischen Daseins, sondern als der Beginn einer völlig neuen Seinsweise.

Von ihr spricht Jesus im Bild: »Die Kinder dieser Welt heiraten und lassen sich heiraten. Die aber gewürdigt werden, das ewige Leben zu erlangen, werden weder heiraten noch sich heiraten lassen. Denn sie können nicht mehr sterben. Sie sind den Engeln gleich und Gottes Kinder, weil sie Kinder der Auferstehung sind.«

Aber wie ist Auferstehung von den Toten überhaupt möglich? Jesus antwortet auf diese Frage nicht mit der Voraussage seiner eigenen Auferweckung, sondern mit dem Hinweis auf Gottes Allmacht. Aus jenem Teil der Thora, den auch die Sadduzäer für verbindlich halten, zitiert er Gottes Zusage an

Mose: »Ich bin der Gott Abrahams und der Gott Isaaks und der Gott Jakobs.«

Das soll heißen: Gottes Treue garantiert den Fortgang in allem Vergehen. Wenn Gott sich einem Menschen verspricht, dann leidet dies keine Unterbrechung, auch durch den Tod nicht. In dem Augenblick, in dem der Mensch aufhört, sich zu sich selbst und zur Welt ringsum sich her verhalten zu können, verhält sich Gott weiterhin zu ihm. Und weil ihm Gott bleibt, darum hat der Mensch ewige Bleibe.

So folgt der Glaube an die Auferstehung und das ewige Leben für Jesus mit innerer Logik aus seiner Gottesverkündigung. Er bedeutet nur ihre in die Unendlichkeit ausgezogene Perspektive, den von Gott selbst durchgehaltenen Bezug zum Menschen bis in den Tod hinein. Was Jesus über das Kommen des Reiches Gottes sagt, hier wird es endgültig Ereignis: schlechthinnige Abhängigkeit, Unverfügbarkeit des Daseins, verdankte Existenz, unendliche Freiheit. Wer das nicht glaubt, irrt sich über Gott. Denn: »Gott ist nicht ein Gott der Toten, sondern der Lebenden.«

Als ein Schriftgelehrter Jesus mit den Sadduzäern diskutieren sieht, tritt er hinzu und stellt seinerseits eine Frage. Er möchte von Jesus wissen, welches Gebot er für das höchste halte. Der Schriftgelehrte fragt in ehrlicher Absicht – Jesu Antwort an die Sadduzäer hat ihn überzeugt. Überdies liegt seine Frage für einen Schriftgelehrten nahe, denn es gab in der Thora sehr viele Gebote, und auch die Rabbinen unterschieden deshalb zwischen schweren und leichten. Und so kommt jetzt noch einmal das Gesetz zur Sprache und damit die Grundlage der jüdischen Religion.

Jesus antwortet dem Schriftgelehrten auf seine Frage nach dem Hauptgebot: »Das erste ist: ›Höre, Israel, der Herr unser

Gott ist Einer. Und du sollst den Herrn, deinen Gott lieben
mit deinem ganzen Herzen und deiner ganzen Seele, mit deinem ganzen Verstand und deiner ganzen Kraft.‹« Es ist das
Sch'ma, das Jesus hier zitiert, das jeder männliche Israelit
morgens und abends zu sprechen hatte – das monotheistische
Grundbekenntnis Israels. Aber sogleich fährt er fort: »Das
zweite ist dies: ›Du sollst deinen Nächsten lieben wie dich
selbst.‹ Ein anderes Gebot, größer als diese, gibt es nicht.«

Noch einmal konzentriert Jesus den ganzen Inhalt des Gesetzes mit seinen zahllosen Vorschriften und entsprechenden
Leistungen auf das Doppelgebot der Liebe: Nur von der Gottesliebe her empfängt die Nächstenliebe ihre Lebenskraft,
und nur in der Nächstenliebe wird die Gottesliebe kräftig und
lebendig. Dies ist der Kern der Botschaft Jesu, der aus jedem
seiner Worte klingt und sich in jeder seiner Taten widerspiegelt. Um seinetwillen ist er mit dem religiösen Establishment
aneinander geraten – zuerst mit dem Rabbinat, dann auch mit
der Priesterschaft. Dieser Konflikt, der sein Wirken von Anfang an durchzieht, wird jetzt in den Streitgesprächen im
Tempelvorhof noch einmal, diesmal endgültig, ausgetragen.

Der Schriftgelehrte, der die Frage nach dem Hauptgebot
gestellt hat, stimmt Jesu Antwort unumwunden zu: »Ja, Meister, du hast recht, das ist wahr. Er ist der Einzige, und kein
anderer ist außer ihm, und ihn lieben mit ganzem Herzen, mit
ganzem Verstand und mit ganzer Kraft und seine Nächsten
wie sich selbst, das ist mehr als alle Brandopfer und Schlacht-
opfer.« Als Jesus hört, wie verständig der Schriftgelehrte antwortet, spricht er zu ihm: »Du bist nicht fern vom Reiche
Gottes.«

Danach wagt niemand mehr, ihn noch weiter zu befragen.

Schließlich richtet Jesus seinerseits eine Frage an die Schriftgelehrten. Er fragt sie nach ihrer Lehre von der Davidssohnschaft des Messias. Ihm selbst ist es gleichgültig, ob er ein
Nachkomme Davids ist – darauf beruht seine Vollmacht
nicht. Aber die Juden legen auf die Davidssohnschaft des
Messias Wert; auf sie gründet sich ihre national-religiöse
Hoffnung. Wie aber können sie behaupten, daß der erwartete
Messias Davids Sohn sei? Wie stimmt das mit dem Zeugnis
der Schrift zusammen?

Jesus argumentiert in rabbinischer Manier. Er zitiert den
110. Psalm, der auf den künftigen Messias gedeutet wurde. In
ihm spricht David, von Gottes Geist ergriffen: »Der Herr
sprach zu meinem Herrn: Setze dich zu meiner Rechten, bis
ich deine Feinde unter meine Füße lege.« Wie geht das zusammen: Wenn David selbst den Messias seinen Herrn nennt, wie
kann der Messias dann sein Sohn sein?

Mit dieser Fangfrage bringt Jesus die Schriftgelehrten in
Verlegenheit. Sie wissen darauf keine Antwort. Jesus aber
gibt ihnen auch keine: Die Juden müssen ihre messianische
Erwartung selbst verantworten. Er wenigstens will bis ans
Ende, und bedeutete es auch das Ende seines Lebens, kein
politischer Messias sein. So endet Jesu öffentliche Wirksamkeit mit einer offenen Frage.

Für den Hohen Rat indes gibt es in dieser Sache keine offene
Frage mehr. Die täglichen Streitgespräche im Tempel haben
gezeigt, daß der angebliche Prophet aus Nazareth in Galiläa
nicht mit sich reden läßt. Darum muß jetzt schleunigst gehandelt werden. Und so versammeln sich die Mitglieder der
höchsten geistlichen Behörde im Haus des Hohenpriesters
Kaiphas zur Beratung. Sie kommen überein, den Todesbeschluß, den sie bereits nach der Tempelreinigung gegen Jesus

überlegt haben, nunmehr auszuführen und loszuschlagen. Aber es soll heimlich geschehen und auf jeden Fall noch vor dem Beginn des Passahfestes. Bis dahin sind es gerade noch zwei Tage.

Zum letztenmal kehrt Jesus am Abend von Jerusalem nach Bethanien zurück. Dort widerfährt ihm Ungewöhnliches. Als er im Haus der Freunde mit seinen Jüngern zu Tisch sitzt, tritt eine Frau mitten unter die Männer. Sie trägt ein Gefäß mit kostbarem Nardenöl in der Hand, zerbricht das Glas und gießt den Inhalt über Jesu Kopf. Da empören sich die Männer über solch sinnlose Verschwendung. Und gar so unrecht haben sie nicht, denn von dem Geld, das das Salböl kostet, hätte ein Tagelöhner ein Jahr lang leben können. Jesus aber weist sie zurecht:»Laßt sie in Frieden! Denn sie hat ein gutes Werk an mir getan. Arme habt ihr allezeit bei euch, und wenn ihr wollt, könnt ihr ihnen Gutes tun. Mich aber habt ihr nicht allezeit.« Sodann deutet er die Tat der Frau:»Sie hat getan, was sie konnte. Sie hat meinen Leib im voraus gesalbt für mein Begräbnis.« Und er fügt hinzu:»Überall, wo das Evangelium verkündigt wird, in der ganzen Welt, dort wird man auch ihrer gedenken und erzählen, was sie getan hat.«

Während die Jünger immer noch nicht verstehen und ihr Sinn nach wie vor auf das Allernächste gerichtet ist, hat eine einfache, unbekannte Frau erkannt, welcher Leidensweg Jesus bevorsteht. Im Licht ihrer Tat beginnt jetzt die letzte Strecke dieses Weges.

In scharfem Kontrast zur Tat der Frau steht das Handeln des Judas. Während die Frau, eine Fremde, Jesus zum Sterben bereitet, wirkt Judas, der Jünger, an seinem Tod mit. Auch dessen wird man gedenken und davon erzählen, solange das Evangelium in der Welt verkündigt wird.

Judas, aus Karioth stammend, darum mit Beinamen Ischarioth genannt, ist ein überzeugter Thorajude und leidenschaftlicher Patriot. Auch ihm geht es im Ernst um Gott und um das Kommen seines Reiches. Aber, anders als Jesus, ist er in der nationalen Messiashoffnung befangen und strebt die Befreiung seines Volkes vom Joch der heidnischen Römer mit Gewalt an. Zuerst hat er Jesus mißverstanden, dann ist er von seinem Zögern enttäuscht, schließlich verliert er die Geduld mit ihm. Und so wird der Jünger zum Gegenspieler.

Als sich der Konflikt in Jerusalem zuspitzt, sucht Judas Jesus aus seiner scheinbaren Passivität herauszulocken und zum Handeln zu zwingen. Er will Jesus nicht vernichten, er will ihn nur für seinen Plan gewinnen: Jesus soll endlich sein Messiasgeheimnis lüften und sich an die Spitze des Aufstands gegen die Römer stellen!

Darum dient Judas sich auch nicht dem römischen Statthalter an, sondern geht zur höchsten jüdischen Behörde, zum Hohen Rat. Er verspricht diesem eine günstige Gelegenheit, wie er Jesus unauffällig verhaften lassen kann. Und so spielt er ihn seinen Gegnern in die Hände. Erfreut über seinen Vorschlag, bieten ihm die Priester von sich aus eine Belohnung an – sie können sich nicht vorstellen, daß einer so etwas ohne Geld tut. Aber für Judas ist dies zuerst keine Geld-, sondern eine Gewissensfrage. Überdies ist es ein Spottgeld, das man ihm anbietet: Dreißig Silberstücke – so viel mußte einer gerade als Entschädigung zahlen, wenn sein Sklave einen fremden Ochsen getötet hatte.

Judas Ischarioth ist eine dunkle, schwer durchschaubare, fast unheimliche Gestalt. In seiner Tat verdichtet sich geradezu leibhaftig die unlösbare Frage nach der Macht des Bösen angesichts der Allmacht Gottes und nach der Freiheit des menschlichen Willens angesichts göttlichen Wollens und Planens. Die christliche Gemeinde hat das menschliche Rätsel als ein göttliches Geheimnis gedeutet: Judas galt ihr als ein Werkzeug Gottes, freilich kein willenloses – er hat den Verrat bewußt geübt. Und so hat er sich in Schuld verstrickt und ist schließlich in einsamer Verzweiflung geendet.

Nachdem der Todesbeschluß des Hohen Rates feststeht und auch seine Durchführung mit Judas abgesprochen ist, liegt alles nur noch an Jesu Wollen und Vollbringen, wann er bereit ist, sich in die Hände seiner Feinde zu geben.

Da bricht Jesus einen Tag vor dem Passah von Bethanien nach Jerusalem auf, um die letzte Strecke seines Lebensweges zurückzulegen. Aber bevor er sich von seinen Jüngern trennen muß, verlangt es ihn, zum Abschied noch einmal ein festliches Mahl mit ihnen zu halten. Und so schickt er zwei von ihnen voraus, damit sie in Jerusalem einen Raum dafür besorgen. Sie finden ihn auch in der überfüllten Stadt im Obergeschoß eines Hauses und bereiten dort alles für das gemeinsame Mahl vor. Am Abend folgt Jesus mit den anderen Jüngern nach.

Es ist keine gewöhnliche Mahlzeit, die an diesem Abend stattfindet, auch nicht nur ein übliches Abschiedsmahl. Wenn es auch kein Passahmahl ist, das Jesus mit seinen Jüngern hält, so ist der Abend doch ganz und gar von dem kommenden Tag bestimmt, an dem Israel das Passah feiern und Jesus sterben wird. Von beiden Ereignissen empfängt dieses letzte gemeinsame Mahl seine Signatur und wird so zu einer symbolischen Handlung.

Gleichwie das Passahmahl an den Auszug Israels aus Ägypten und damit an Gottes Bund mit seinem Volk erinnert, so bedeutet auch das Abendmahl die Stiftung eines neuen Bundes.

Zum Zeichen dessen nimmt Jesus eines der Fladenbrote, spricht wie üblich das Segenswort darüber, bricht es dann in Stücke und reicht diese den Jüngern mit den Worten: »Nehmt! Das ist mein Leib.« Desgleichen ergreift er nach dem Mahl einen Becher, spricht das Dankeswort über ihn und läßt ihn unter den Jüngern kreisen mit den Worten: »Trinkt alle daraus! Dies ist mein Blut des Bundes, das für viele vergossen wird.« Dabei lenkt er ihren Blick auf Gottes endgültige Herrschaft: »Wahrlich, ich sage euch: Ich werde von dem Gewächs des Weinstocks nicht mehr trinken bis zu dem Tag, an dem ich neu mit euch davon trinken werde in meines Vaters Reich.«

So werden die Jünger durch Jesu Handlung und Wort zu einer neuen Gemeinschaft zusammengeschlossen. Wie sie jetzt hier am Tisch mit ihm und untereinander verbunden sitzen, so werden sie vereint bleiben – auch über Jesu Tod hinaus. Dies ist Jesu Vermächtnis an seine Jüngergemeinde und zugleich Gottes neuer Bund mit allen Menschen.

Trotz seines Verrats nimmt auch Judas an dem Abendmahl teil; zusammen mit den anderen Jüngern sitzt er am Tisch. Während sie miteinander essen, kündet Jesus seinen Verrat an, nennt jedoch nicht seinen Namen. Er sagt nur: »Einer unter euch, der jetzt mit mir am Tisch sitzt, wird mich verraten.«

Erschrocken fragen die Jünger einer nach dem andern: »Bin ich's?« Keiner von ihnen ist sich seiner selbst sicher.

Jesus antwortet darauf mit einem dunklen Wort: »Einer, der mit mir jetzt die Hand in die Schüssel taucht« – aber wer es ist, sagt er wieder nicht. Er stellt Judas nicht bloß, sondern verweist auf Gottes Willen: »Der Menschensohn geht zwar dahin, wie von ihm geschrieben steht, wehe aber dem Menschen, durch den der Menschensohn verraten wird! Es wäre für diesen Menschen besser, wenn er nie geboren wäre.«

Nicht Jesus verstößt den Verräter aus der Gemeinschaft der Jünger – Judas selbst verdammt sich und geht hinaus in die Nacht.

Nachdem sie miteinander gegessen und den Lobgesang gesungen haben, wandert Jesus mit seinen Jüngern aus der Stadt hinaus durch die Kidronschlucht an den Ölberg. Auf dem Weg dorthin sagt er ihnen voraus, daß sie noch in dieser Nacht alle an ihm irre würden. »Ich werde den Hirten schlagen, und die Schafe der Herde werden sich zerstreuen«, zitiert er den Propheten Sacharja. Am Ende wird Jesus in seinem Leiden ganz allein sein. Was aber bei Sacharja nicht geschrieben steht: seine Verbundenheit mit den Jüngern wird nicht aufhören. Es wird einen neuen Anfang geben. Nach der Zerstreuung wird die Herde sich wieder sammeln.

Die Jünger begehren gegen Jesu Voraussage auf: Sie werden nicht versagen! Petrus zumal, wie stets so auch diesmal lebhaft mit dem Munde voran, versichert Jesus: »Und wenn sie alle von dir abfallen – ich nicht!« Er blickt auf sich, auf seinen Glauben, und weiß sich gegen jede Anfechtung gefeit – und gerade er wird am tiefsten fallen.

»Ich sage dir«, warnt Jesus ihn, »noch in dieser Nacht, ehe der Hahn kräht, wirst du mich dreimal verleugnen.«

Doch nur noch leidenschaftlicher beteuert Petrus seine Ergebenheit: »Und wenn ich mit dir sterben müßte, so werde ich dich doch nicht verleugnen.« Auch die anderen Jünger behaupten dies von sich. Wie sehr sie sich täuschen, soll sich schon bald zeigen.

Jesus führt seine Jünger in einen Olivenhain, der Gethsemane, zu deutsch »Ölkelter«, genannt wurde. Schon in den letzten Tagen hat er sich manchmal dorthin in die Stille zurückgezogen, um jenseits des Festlärms mit seinen Jüngern

allein zu sein. Diesmal läßt er auch sie zurück und nimmt nur
die drei vertrautesten – Petrus, Johannes und Jakobus – mit
sich.

Jetzt, da die letzte Wegstrecke vor ihm liegt und es keinen
Ausweg mehr gibt, bangt Jesus um sein Leben, und die Angst
vor dem Sterben überfällt ihn. »Meine Seele ist zu Tode be-
trübt«, gesteht er seinen Jüngern und bittet sie, hier zu bleiben
und zu wachen. Dann geht er selbst ein paar Schritte weiter.
Etwa einen Steinwurf entfernt wirft er sich auf die Erde und
betet: »Abba, mein Vater, dir ist alles möglich. Laß diesen
Kelch an mir vorübergehen. Aber nicht wie ich will, sondern
wie du willst.«

So betet kein göttlicher Heros, auch kein Übermensch,
der, über alle Not erhaben, unangefochten durch das Leid
geht, sondern ein Mensch, der, von Angst gepeinigt, zitternd
und zagend Gottes Willen bis in die letzte Tiefe an sich erlei-
det. In seiner Not fleht Jesus zu Gott – und sucht zugleich die
Nähe der Menschen. Aber seine Jünger versagen sich ihm.
Als er zu ihnen zurückkommt, findet er sie schlafend. Sie sind
müde von der seelischen Anspannung der letzten Tage und
voll Ungewißheit angesichts der nächsten Stunden. Enttäuscht fragt Jesus Petrus: »Simon, du schläfst? Kannst du
nicht eine Stunde wachen?« und geht dann wieder hin, um
wie zuvor zu beten.

Als er zurückkommt, schlafen die Jünger abermals und wissen nicht, was sie ihm antworten sollen. Sie haben ihn schon
früher häufig mißverstanden, jetzt aber verstehen sie ihn vollends nicht mehr – zu weit schon ist er von ihnen entfernt. Und
so geht Jesus noch einmal hin und betet ein drittes Mal.

Dann ist mit Gottes Hilfe der Kampf bestanden. Sich gehorsam in den Willen des Vaters schmiegend, ist Jesus bereit,
den vorbestimmten Weg zu Ende zu gehen. Erschöpft, wie

von einem Ringkampf, kehrt er zu seinen Jüngern zurück
und heißt sie aufstehen: »Genug! die Stunde ist gekommen.
Der Menschensohn wird in die Hände der Sünder ausgeliefert. Steht auf, laßt uns gehen! Siehe, der Verräter ist da.«

Kaum hat Jesus dies angekündigt, da erscheint Judas auch
schon mit einem Trupp Soldaten unter Führung ihrer Haupt-
leute. Sie sollen Jesus im Auftrag des Hohen Rats verhaften.
Aus diesem Grund sind auch einige Ratsmitglieder – Priester,
Schriftgelehrte und Älteste – mitgekommen.

Judas tritt auf Jesus zu und begrüßt ihn mit einem Kuß – für
die Soldaten das verabredete Zeichen, wen sie verhaften sollen. Als diese Jesus festnehmen, zieht einer der Dabeistehen-
den sein Schwert und schlägt einem der Knechte ein Ohr ab.
Sofort, ehe noch ein Handgemenge entstehen kann, tritt Jesus
dazwischen. Er gebietet dem Mann, sein Schwert in die
Scheide zu stecken, und zu den Abgesandten des Hohenpriesters sagt er: »Wie zu einem Räuber seid ihr mit Schwertern
und Spießen ausgezogen, um mich gefangen zu nehmen. Dabei habe ich täglich bei euch im Tempel gesessen und gelehrt,
und ihr habt nicht Hand an mich gelegt.«

In der Tat hätte der Hohe Rat sich die Sache einfacher machen können. Aber seine Absicht ist deutlich: Er möchte der
Verhaftung Jesu einen politischen Anstrich geben. Darum
der große Aufwand, als gelte es, in einer Nacht- und Nebel-
aktion eine messianische Verschwörergruppe auszuheben.
Zu solchem Verdacht jedoch hat Jesus keinerlei Anlaß gegeben. Weder ist er ein Zelot, noch ist er gar als Messiasprätendent
dent aufgetreten. Er hat überhaupt keine politischen Ziele
verfolgt, sondern eine Glaubensbewegung ins Leben gerufen. Darum verzichtet er auch jetzt auf jede Gewalt und gibt
sich wehrlos preis – so, wie er es gelehrt hat. Seine Jünger aber

halten sich an die Devise »Rette sich, wer kann!« Sie verlassen ihren Meister und fliehen in die Nacht.

Von diesem Augenblick an ist Jesus endgültig allein. Am Anfang ist er ständig von vielen Menschen umgeben gewesen, bis sie sich von ihm abzusetzen begannen. Dann blieben ihm die Zwölf, von denen ihn zudem einer verriet. Schließlich waren es nur noch drei Vertraute, die aber auch nicht mit ihm wachten, während er in seiner Todesangst betete. Jetzt hat er überhaupt keinen Menschen mehr, nur noch Gott allein. Am Ende wird er sich auch von ihm verlassen fühlen.

Kurzer Prozeß

>Er entäußerte sich selbst und nahm
Knechtsgestalt an, ward gleich wie ein
anderer Mensch und an Gebärden als
ein Mensch erfunden.«

Nachdem sie ihn heimlich in ihre Gewalt gebracht haben,
machen die geistlichen und politischen Behörden in bewähr-
ter Zusammenarbeit mit Jesus kurzen Prozeß. In weniger als
vierundzwanzig Stunden ist alles vorüber.

Mit den üblichen Mitteln geistlich-politischer Justiz wird
der Prozeß gegen Jesus durchgepeitscht. Es ist kein Schau-
prozeß, aber ein Schnellverfahren. Das bevorstehende Passahfest, an dem keine Gerichtsverhandlung stattfinden darf,
zwingt zu höchster Eile. Überdies weiß man noch nicht, wie
das Volk reagieren wird, wenn es erfährt, daß Jesus zum Tode
verurteilt ist – darum muß es rasch und hinter verschlossenen
Türen geschehen. Schließlich ist man sich auch über die An-
klagepunkte noch nicht klar: mit welchen Beweisgründen
man Jesus verurteilen soll, damit das Verfahren formaljuri-
stisch einigermaßen korrekt vonstatten geht.

So gibt es im Verlauf des Prozesses ein hektisches Hin und
Her – »von Pontius zu Pilatus«, wie man seitdem zu sagen
pflegt.

Nach seiner Verhaftung wird Jesus zunächst zum Verhör in den Palast des Hohenpriesters gebracht. Das zeigt, daß bei dem Prozeß vor allem die Priesterschaft und mit ihr die Religionspartei der Sadduzäer das Sagen haben werden. Sie mußten sich durch Jesu Auftreten im Tempel besonders brüskiert fühlen, zumal sie ohnehin schon verunsichert waren, weil der Wortgottesdienst der Synagoge dem Tempelkult zunehmend Konkurrenz zu machen drohte. Vor allem aber wünschte der Priesteradel um jeden Preis den Frieden mit den Römern zu erhalten. Dadurch bekommt das Gerichtsverfahren gegen Jesus von vornherein eine politische Note.

Den Vorsitz beim Prozeß führt der amtierende Hohepriester Kaiphas, während sein Amtsvorgänger und Schwiegervater Hannas als graue Eminenz im Hintergrund fungiert. Kaiphas war schon seit dem Jahre 18 im Amt und blieb es insgesamt neunzehn Jahre. Kein anderer Hohepriester hat sich unter der Herrschaft der Römer so lange halten können. Das läßt darauf schließen, daß Kaiphas sich mit der Besatzungsmacht gut stand, augenscheinlich sogar mit dem Prokurator Pontius Pilatus, denn als dieser im Jahr 36/37 abgesetzt und nach Gallien verbannt wurde, verlor auch er kurz darauf sein Amt.

Kaiphas wird das Wort zugeschrieben: »Es ist besser, daß *ein* Mensch für das Volk stirbt, als daß das ganze Volk zugrunde geht.« In jedem Fall charakterisiert dieses Wort seine Gesinnung: Die eigene Sicherheit ist des Staates höchstes Gebot. Ruhe ist daher die erste Bürgerpflicht und dafür zu sorgen, die wichtigste Aufgabe des Staatsmannes, auch wenn die Staatsraison zur Zusammenarbeit mit der heidnischen Besatzungsmacht nötigt. Von dieser Überzeugung läßt Kaiphas sich bei der Führung des Prozesses gegen Jesus leiten und haben sich später oft genug auch christliche »Hohepriester« bei ihrer Bekämpfung von Ketzern und Staatsfeinden lenken lassen.

Zum Beginn des Prozesses wird eine Reihe von Zeugen vernommen. Dabei spielt ein angebliches Wort Jesu über den Tempel eine Rolle. Er soll gesagt haben: »Ich will diesen Tempel abbrechen und in drei Tagen wiederaufbauen.« Tempelschändung wäre in der Tat ein brauchbarer Anklagepunkt. Aber die Aussagen der Zeugen darüber sind widersprüchlich und reichen daher für ein Todesurteil nicht aus. Es gelingt nicht, wie es die Prozeßordnung vorschreibt, wenigstens zwei übereinstimmende Zeugenaussagen zu gewinnen. Darum braucht man von Jesus unbedingt ein Geständnis. Der aber schweigt.

Da erhebt sich der Hohepriester, tritt in die Mitte der Versammlung und fragt Jesus: »Antwortest du nicht auf das, was die Zeugen gegen dich vorbringen?« Aber Jesus schweigt weiter wie bisher. Er protestiert nicht gegen das Unrecht, das ihm widerfährt, und fordert dadurch das Todesurteil über sich geradezu heraus.

Durch sein beharrliches Schweigen zum äußersten gereizt, beschwört der Hohepriester Jesus bei dem lebendigen Gott, endlich zu sagen, ob er der Messias sei. Damit ist die den Prozeß entscheidende Frage gestellt.

Jesus antwortet auf die Frage des Hohenpriesters: »Du sagst es«, und hält so seine Antwort bewußt in der Schwebe. Sie kann beides bedeuten, sowohl eine eindeutige Antwort: »Du sagst es« als auch ein zweideutiges Offenlassen: »Das sagst du.« Auf jeden Fall ist Jesus kein Messias im Sinne der Anklage. Wer er in Wahrheit ist, läßt sich durch kein Gerichtsurteil feststellen – das kann einer nur entweder glauben oder nicht glauben.

Der Hohepriester nimmt Jesu Antwort für ein Geständnis.
Entsetzt zerreißt er seine Kleider und fragt: »Was brauchen
wir weitere Zeugen? Ihr habt es gehört: Er lästert Gott! Wie
also lautet euer Urteil?« Da stimmen sie alle für Jesu Tod.
Und im selben Augenblick durchbricht die Leidenschaft alle
bisher eingehaltenen Prozeßregeln. Die Ratsherren und ihre
Diener verspotten Jesus als falschen Propheten. Sie spucken
ihn an, verdecken sein Gesicht, schlagen mit Fäusten auf ihn
ein und fragen dann: »Weissage uns, Messias, wer war's?«

Während Jesus im Palast des Hohenpriesters das Verhör
durchsteht und um Gottes willen Schimpf und Schläge erduldet, verleugnet Petrus ihn zur gleichen Zeit draußen im Palasthof. Als die Soldaten Jesus abführten, ist er ihnen von weitem bis in den Innenhof des Palastes gefolgt. Dort hat er sich
zu den anderen ans Feuer gesetzt, das sie gegen die Kälte der
Frühjahrsnacht angezündet haben. Als eine Magd ihn dort
sitzen sieht, tritt sie auf ihn zu und sagt ihm ins Gesicht: »Du
gehörst auch zu dem Jesus aus Nazareth.« Er aber leugnet:
»Ich kenne ihn nicht«, und zieht sich in die dunklere Vorhalle
zurück.

Aber auch dort erkennt ihn einer der Knechte und macht
die Umstehenden auf ihn aufmerksam. Und wieder leugnet
Petrus, und in seiner Verlegenheit schwört er jetzt sogar: »Bei
Gott! Ich kenne den Menschen nicht.«

Nach einer Weile treten andere hinzu; sie haben Petrus an
seinem Dialekt erkannt und sagen es ihm auf den Kopf zu:
»Kein Zweifel. Du gehörst dazu. Denn du bist ein Galiläer.«

Da fängt Petrus an, zu fluchen und zu schwören: »Ich kenne
den Menschen überhaupt nicht, von dem ihr redet.« Und im
selben Augenblick kräht ein Hahn. Da erinnert Petrus sich an
die Voraussage Jesu: »Ehe der Hahn kräht, wirst du mich

dreimal verleugnen.« Und er geht nach draußen und beginnt zu weinen.

Petrus verleugnet Jesus nicht nur aus Feigheit. Er hat sich nie kleinmütig gezeigt. Es fehlt ihm nicht an Charakter, sondern an Glauben. In der Gestalt des stumm sich ergebenden Jesus steht ihm, wie in ein Bild gefaßt, vor Augen, was dieser von Gott gesagt hat: daß er ein Gott der Armen und Elenden, der Gottlosen, sei und daß er, Jesus, um dessentwillen leiden müsse. Daß Gott so ohnmächtig sein soll, das will Petrus immer noch nicht in den Sinn. Darum verleugnet er Jesus.

Zwar hat das nächtliche Verhör durch den Hohen Rat zur einstimmigen Verurteilung Jesu geführt, aber die Juden besaßen kein Recht mehr auf die peinliche Gerichtsbarkeit; überdies verbot die Prozeßordnung, ein Todesurteil in der Nacht zu fällen.

Darum tritt der gesamte Hohe Rat – Priester, Schriftgelehrte und Älteste – in der Morgenfrühe des neuen Tages zu einer Vollsitzung zusammen und beschließt, Jesus an den römischen Prokurator auszuliefern, damit dieser das Todesurteil bestätige und vollstrecken lasse – auf diese Weise ist »Pontius Pilatus ins Credo gekommen«.

Und so wird Jesus gefesselt und zum Amtssitz des römischen Statthalters im ehemaligen Palast des Königs Herodes gebracht. Damit wird der Prozeß gegen ihn endgültig politisch.

Jesus vor dem römischen Statthalter Pontius Pilatus – dies ist eine der großen symbolischen Szenen der Weltgeschichte, deren Historizität eben in ihrer Symbolik besteht. In ihr wird die Konfrontation zwischen Gottesreich und Weltreich zu figürlicher Darstellung und sachlichem Austrag gebracht. Dabei wird das wahre Wesen aller Beteiligten offenbar. Wo Jesus hinkommt, da kommt die Wahrheit auf.

Die Anklage gegen Jesus wird von den Abgesandten des Hohen Rats vorgebracht und damit vor allem von der Priesterpartei, den Sadduzäern, vertreten. Mit ihnen hat sich auch eine Volksmenge eingefunden, darunter Pöbel, der sich nach Wunsch dirigieren läßt.

Die Gerichtsverhandlung findet draußen vor dem Prätorium, dem Amtssitz des Prokurators, statt, denn die Juden, die Jesus begleiten, scheuen sich, das Haus des Heiden zu betreten, um sich nicht zu verunreinigen, weil sie sonst am Abend das Passahmahl nicht essen dürften. Die rituellen Vorschriften halten sie peinlich genau ein – aber den Offenbarer Gottes wollen sie zu Tode bringen!

Pilatus, den Juden gegenüber sonst längst nicht so zuvorkommend, läßt sich's für diesmal gefallen. Er tritt hinaus und fragt die Vertreter des Hohen Rats kühl nach dem Grund ihrer Anschuldigung.

Mit ihren Glaubensfragen können die Juden dem römischen Statthalter nicht kommen. Und so verklagen sie Jesus zunächst nur allgemein als Übeltäter. Aber Pilatus reicht diese vage Anschuldigung nicht; deshalb weist er ihre Klage ab – sie sollen darüber nach ihrem Gesetz entscheiden. Da aber müssen die Ankläger ihre Verlegenheit eingestehen: Sie haben kein Recht, ein Todesurteil zu fällen. Deshalb sind sie, um Jesu Tod zu erwirken, auf die Amtshilfe des heidnischen Staates angewiesen. Damit hat Pilatus, ob es ihm paßt oder nicht, nun doch den Prozeß am Hals.

Er ist entschlossen, das Gerichtsverfahren gegen Jesus ordnungsgemäß durchzuführen – neutral, wie es sich für die Staatsmacht in Sachen Religion geziemt. Fragt sich nur, ob Pilatus den Mut zur Gerechtigkeit aufbringt und so die Neu-

tralität durchhalten wird. Jedenfalls hat er es vor. Er begibt
sich in das Prätorium zurück und läßt sich Jesus dort vorfüh-
ren, um ihn ungestört verhören zu können.

»Bist du der König der Juden?« fragt er ihn und wiederholt
damit in römisch-griechischer Formulierung die Messiasfrage, die der Hohepriester Jesus beim nächtlichen Verhör gestellt hat. Für ihn ist dies eine politische Frage, und die allein
interessiert ihn. Denn für die Römer gab es keinen König der
Juden mehr, sondern nur noch »Vierfürsten« – Roms Vasal-
len. Deshalb bedeutete in ihren Augen jeder messianische
Anspruch eines Juden eine Rebellion gegen den Kaiser in
Rom und damit eine Störung der Pax Romana. Bejahte Jesus
daher die Frage des Statthalters, so erwiese er sich als ein gefährlicher Aufrührer und Friedensstörer.

Doch Jesus fragt zurück: »Sagst du das von dir aus, oder
haben es dir andere über mich gesagt?«

Darauf Pilatus empört: »Bin ich ein Jude?«

Aber er muß zugeben, daß er sich von den Juden in seine
Richterrolle hat drängen lassen. Deshalb bleibt ihm nichts
übrig, als mit dem Verhör fortzufahren und Jesus nun direkt
zu fragen: »Was hast du getan?«

Wieder gibt Jesus zunächst eine zweideutige Antwort:
»Mein Reich ist nicht von dieser Welt.« Der Beweis dafür
liegt auf der Hand: Wäre er ein politischer Herrscher, also der
König der Juden im Sinne der Anklage, dann stünde er nicht
hier, denn dann verfügte er über Truppen, und diese würden
für ihn kämpfen und ihn nicht widerstandslos in die Hände
der Römer fallen lassen. Indirekt aber gibt Jesus mit seiner
Antwort zu, daß er ein König ist – nur hat seine Würde einen
anderen Ursprung und ist darum von anderer Art als alle irdische Macht sonst.

»Also bist du doch ein König?« hakt Pilatus nach.

Darauf Jesus nun unverhüllt: »Du sagst es. Ich bin ein König. Ich bin dazu geboren und in die Welt gekommen, daß ich
für die Wahrheit zeuge.«

Es ist die Wahrheit über Gott, die Jesus in die Welt gebracht
hat. Gottes Wahrheit aber ist keine Sache der Rechtspre-
chung, sondern des Glaubens. Man wird ihrer nur inne, wenn
man sich rückhaltlos auf sie einläßt. Darum fügt Jesus sogleich hinzu: »Wer aus der Wahrheit ist, der hört meine
Stimme.«

Pilatus vernimmt aus Jesu Mund die Stimme der Wahrheit
offensichtlich nicht. »Was ist Wahrheit?« erwidert er. Aus
dieser Frage spricht nicht die Resignation eines lebenslangen
Wahrheitssuchers; der römische Statthalter erweckt nicht
den Eindruck eines Mannes, der leidenschaftlich an der
Wahrheit interessiert ist und in seinen freien Stunden Plato,
Aristoteles oder die Stoiker liest. Eher spricht aus seiner
Frage der Zynismus des Politikers, der zu oft erlebt hat, wie
leicht die Wahrheit, von der Macht brutal überrollt, unter die
Räder gerät. Wahrheit bleibt am Ende nur, was dem Staate
nützt. Jedenfalls hat er, der Vertreter des Staates, nicht darüber zu befinden, was Wahrheit heißt, und schon gar nicht zu
entscheiden, wer ein wahrer und wer ein falscher Gottge-
sandter ist. Als Pragmatiker hält Pilatus sich aus der Sache
heraus, bleibt aber eben damit, wenigstens vorläufig, in den
Grenzen der ihm als Richter auferlegten Neutralität.

Er tritt hinaus vor das Prätorium und teilt der wartenden
Menge das Ergebnis seines Verhörs mit: »Ich finde keine
Schuld an ihm.«

Nicht schuldig im Sinne der Anklage – damit müßte die
Gerichtsverhandlung eigentlich abgeschlossen sein. Weil Pi-
latus aber ahnt, daß die Ankläger einen glatten Freispruch
Jesu nicht akzeptieren würden, schlägt er ihnen als erfahrener

Taktiker sogleich einen Handel vor. Um den friedlichen Verlauf des bevorstehenden Passahfestes zu sichern, erklärt er sich bereit, den Juden einen Gefangenen freizugeben, und bietet ihnen dafür Jesus an. Auf diese Weise würde er den in seinen Augen schuldlos Angeklagten freibekommen und wäre zugleich selbst aus der Sache heraus.

Aber mit diesem Handel beginnt Pilatus den Boden der Gerechtigkeit zu verlassen und gerät von nun an unaufhaltsam auf die abschüssige Bahn. Die Vertreter der Anklage denken nicht daran, auf die Hinrichtung Jesu zu verzichten, und fordern statt seiner die Freilassung des gleichsam in Gewahrsam gehaltenen Jesus Barrabas.

Dieser war wirklich ein politischer Aufrührer, ein Zelot, der noch jüngst mit dem Schwert in der Hand für die Befreiung Israels vom römischen Joch gekämpft hat, wobei er sich nach Terroristenart den Lebensunterhalt für sich und seine Bande durch Überfälle mit Gewalt verschaffte und auch Menschenleben nicht schonte.

Jesus aus Nazareth oder Jesus Barrabas – diese Wahl verstrickt beide, die Juden und den Römer, über Kreuz in denselben Widerspruch: Die Juden denunzieren Jesus beim römischen Statthalter als politischen Aufrührer und fordern von ihm zugleich die Freilassung eines wirklichen politischen Rebellen. Pilatus aber, als römischer Statthalter für Ruhe und Ordnung im Lande verantwortlich, bringt sich in die fatale Lage, einen politischen Aufrührer, zudem noch einen Mörder, freilassen zu müssen.

Als Pilatus erkennt, daß ihm alles Nachgeben nichts nützt, daß ihm selbst sein Amnestieangebot nicht hilft, sich aus der Affäre zu ziehen, da findet er nicht endlich den Mut zur Gerechtigkeit, sondern sucht sich weiterhin durchzulavieren – und gibt so ein weiteres Stück der staatlichen Autorität preis.

Obwohl er Jesus nach wie vor für unschuldig hält, wendet er das übliche Mittel politischer Justiz gegen ihn an. Er läßt ihn geißeln, was sonst erst nach der Verurteilung zu geschehen pflegte.

Jesus wird an eine Säule gebunden und mit Peitschen geschlagen, in die Bleikugeln und Knochenstückchen hineingeflochten sind, so daß jeder Schlag einen Fetzen Haut wegreißt. Dazu treiben die Soldaten aus Übermut und Langeweile noch ihren Spaß mit ihm. Sie werfen Jesus einen roten Offiziersmantel über, setzen ihm einen aus Dornen geflochtenen Kranz als Krone auf den Kopf und geben ihm als Zepter ein Rohr in die Rechte. Dann fallen sie vor ihm auf die Knie, als huldigten sie einem Imperator und sprechen: »Sei gegrüßt, König der Juden!« Dabei spucken sie ihn an und schlagen ihn mit dem Rohr auf den Kopf.

So verspotten die Kriegsknechte des Pilatus Jesus als Narrenkönig, wie die Diener des Hohenpriesters ihn zuvor als falschen Propheten verhöhnt haben.

In der Hoffnung, es möchte damit nun sein Bewenden haben, veranstaltet Pilatus mit dem geschundenen, dorngekrönten Jesus eine Art Schaustellung. Er führt ihn aus dem Palast hinaus und stellt ihn der Menge vor, um sie durch diesen Anblick umzustimmen. »Seht, welch ein Mensch!« Pilatus meint damit: Seht, welche Jammergestalt! Welche Karikatur eines Königs! Diese lächerliche, harmlose Figur soll politisch gefährlich sein? Mit der ist doch wirklich kein Staat zu machen!

In Wahrheit aber bezeugt Pilatus mit dieser Vorführung Jesu, ohne daß er es ahnt, die Paradoxie der göttlichen Offenbarung: Seht, welch ein Mensch – siehe da, euer Gott!

Die Menge jedoch fordert nur noch nachdrücklicher Jesu Tod. »Kreuzige, Kreuzige!« schreit wütend der Pöbel.

Jetzt rücken die Vertreter des Hohen Rates mit dem

zweiten Anklagepunkt heraus, dem religiösen Grund ihrer Todfeindschaft. Sie beschuldigen Jesus der Gotteslästerung: »Er hat sich selbst zu Gottes Sohn gemacht« – dafür fordert das Gesetz die Todesstrafe.

Als Pilatus das hört, bekommt er es erst recht mit der Angst. Jetzt wird Jesus ihm unheimlich. Es ist die Furcht des Heiden, sich womöglich an einem Gott zu vergreifen – und wer weiß denn schon, wann und in welcher Gestalt ihm eine Gottheit begegnet?

Jetzt muß Pilatus unbedingt erfahren, woher Jesus stammt – ob er ein Mensch oder ein Gott ist. Und so geht er wieder hinein zu ihm ins Prätorium und fragt ihn ohne Umschweife: »Woher kommst du?«

Jesus aber gibt ihm auf seine Frage keine Antwort – wie er auch schon vor dem Hohen Rat nicht darauf geantwortet hat.

Gereizt fährt Pilatus ihn an: »Redest du nicht mit mir?« und droht ihm: »Weißt du nicht, daß ich die Macht über dich habe, dich freizulassen oder auch zu kreuzigen?«

Da verweist Jesus hoheitsvoll auf seine Vollmacht: »Du hättest keine Macht über mich, wenn sie dir nicht von oben gegeben wäre.«

Von jetzt an ist Pilatus noch entschlossener, Jesus freizulassen.

Als die Juden seine Absicht erkennen, spielen sie ihren letzten Trumpf aus. Sie drohen Pilatus mit einer Anzeige beim Kaiser in Rom: »Läßt du diesen frei, so bist du nicht des Kaisers Freund.«

Dieselben Juden, die nichts so sehr erstrebten wie endlich die Befreiung von der römischen Fremdherrschaft, deren viele darum sehnlich auf das Kommen des Messias warteten, drohen dem römischen Statthalter ausgerechnet mit einer Anzeige beim Kaiser in Rom, ja versteigen sich sogar zu der

Beteuerung: »Wir haben keinen König außer dem Kaiser.« Damit verzichten sie auf ihren messianischen Anspruch, ja geben die Grundlage der geschichtlichen Existenz Israels, seine Erwählung als Gottes eigenes Volk, preis.

Da willfährt Pilatus ihnen schließlich. Als die Juden die Gottessohnschaft zur Sprache bringen, trachtet er danach, Jesus freizulassen. Aber als sie ihm mit dem Kaiser in Rom drohen, kapituliert er und ist bereit, Jesus zu verurteilen. Vor den Göttern muß man sich fürchten, vor dem Kaiser aber muß man sich in acht nehmen – darum im Zweifelsfall immer für den Kaiser und die eigene Karriere.

Und so verurteilt Pontius Pilatus Jesus am Ende zum Tode und liefert ihn zur Kreuzigung aus. Gekreuzigt wurden von den Römern entlaufene Sklaven und Aufrührer in den besetzten Ländern. Es war eine politische Strafe.

So machen Kaiphas und Pilatus, der jüdische Hohepriester und der römische Prokurator, auch wenn sie sich sonst, trotz aller Kumpanei, gegenseitig nicht über den Weg trauen, im Falle Jesu gemeinsame Sache. Juden und Römer – genauer: das jüdisch-religiöse und das römisch-politische Establishment – haben vereint Jesus ans Kreuz gebracht.

Die religiöse Führungsschicht der Juden hat schon früh Jesu Tod betrieben. Für sie war er ein Ketzer und Lästerer – ein Feind Gottes. Die Römer aber waren keineswegs nur willfährige Werkzeuge in den Händen der Juden. Auch sie waren an Jesu Tod interessiert. Ob schuldig oder unschuldig – in jedem Fall war er ein Aufrührer und Unruhestifter und damit ein Feind der Pax Romana.

Jesus ist – entsprechend dem Ineinander von Religion und Politik in der antiken Welt – zugleich als Gotteslästerer und Aufrührer verurteilt worden. Solche Zusammenarbeit zwi-

schen »geistlichem« und »weltlichem Arm« hat sich in der
Geschichte des Christentums mannigfach wiederholt. In den
Augen der christlichen Obrigkeit galten die Ketzer immer
zugleich auch als Aufrührer. Im Heiligen Römischen Reich
Deutscher Nation stand auf Leugnung der Dreieinigkeit die
Todesstrafe.

»Sein Blut komme über uns und unsere Kinder«, sollen die
Juden beim Prozeß Jesu gerufen haben. Ob diese Selbstver-
fluchung tatsächlich stattgefunden hat, ist höchst fraglich.
Dieses Wort aber hat sich in furchtbarer Weise erfüllt. Nur
drei Jahrzehnte später brach, angezettelt von den Zeloten,
den Rechtsextremisten, der Aufstand der Juden gegen die
Römer los. Die Leiden des Volkes im römisch-jüdischen
Krieg waren unvorstellbar. Am Ende stand die Zerstörung
Jerusalems und des Tempels durch Titus im Jahre 70 nach
Christus.

Wie das Schicksal des jüdischen Volkes ausgesehen haben
würde, wenn Jesus mit seiner Botschaft durchgedrungen
wäre, läßt sich nicht abschätzen. Die Frage ist auch müßig.
Denn nach den Römern sind alsbald die Christen, statt Jesu
Gebot der Feindesliebe und des Gewaltverzichts zu beherzi-
gen, zu Exekutoren an dem jüdischen Volk geworden und
haben die Erfüllung jener angeblichen Selbstverfluchung
gründlich besorgt. In einer todbringenden Verwirrung haben
sie zwar ständig ihre, der Sünder, Mitschuld an Jesu Kreuzigung bekannt, zugleich aber die Juden für seinen Tod haftbar
gemacht und ihn grausam an ihnen gerächt.

Jesu Vorhersage, daß seine Jünger würden leiden müssen –
sie hat sich vor allem erfüllt an den Juden, vollstreckt von
Christen.

Tod und Begräbnis

»Er erniedrigte sich selbst und ward
gehorsam bis zum Tode, ja zum Tode
am Kreuz.«

Die Hinrichtung Jesu geschieht, wie schon der Prozeß, in
großer Eile. Die Zeit drängt jetzt noch mehr. Es ist der
14. Nisan, der Rüsttag vor dem Passahfest, an dem im Tempel von Mittag an die Lämmer für das Mahl am Abend geschlachtet wurden. Mit Sonnenuntergang beginnt der Sabbat
und mit ihm das siebentägige hohe Fest – bis dahin muß alles
beendet sein.

Sogleich nach seiner Verurteilung wird Jesus dem Exeku-
tionskommando unter dem Befehl eines Hauptmanns über-
geben. Dieses führt ihn zusammen mit zwei gleichfalls zur
Kreuzigung verurteilten Verbrechern – offenbar zwei Terro-
risten wie Barabbas – hinaus vor die Stadt auf einen Hügel,
der wegen seiner Ähnlichkeit mit einer Schädeldecke Golgatha, zu deutsch Schädelstätte, genannt wurde. Der Weg dorthin war kurz. Von der Stadtmauer aus konnten Gaffer den
Hinrichtungen zuschauen und die Delinquenten verhöhnen.

Diese mußten den schweren Querbalken des Kreuzes, an
den sie bei der Hinrichtung gebunden oder genagelt wurden,
selbst zur Richtstätte tragen. Jesus aber ist so entkräftet, daß
er unter der Last zusammenzubrechen droht. Da greifen die

Soldaten sich einen Mann mit Namen Simon, einen Auslän-
der aus Kyrene, der wegen des Rüsttages schon früh vom
Feld in die Stadt zurückkehrt, und laden ihm Jesu Kreuz auf.
Und so folgt der Fremdling Jesus mit dem Kreuz auf dem
Rücken nach.

Wie üblich begleitet ein Haufen Neugieriger den Zug, unter ihnen auch etliche Frauen, die klagen und weinen. Jesus
aber weist die Klageweiber ab; er will nicht Mitleid, sondern
Umkehr.

An der Richtstätte angelangt, wird Jesus zusammen mit
den beiden Verbrechern gekreuzigt. Vorher wird ihm nach
jüdischer Sitte noch ein Betäubungstrank, aus Wein mit
Myrrhe gemischt, verabreicht, aber er lehnt auch diesen ab.
Dann wird er liegend mit ausgestreckten Armen, durch die
Unterarme zwischen Elle und Speiche hindurch, an das
Querholz genagelt und dieses sodann mit Stricken an einem
der senkrechten Pfähle, die immer dort standen, hochgezo-
gen, bis es, gut mannshoch, in einer Kerbe einrastet. Etwa
einen Meter über dem Boden befindet sich am Pfahl ein
Holzklotz, an dem die Füße befestigt werden, damit der Kör-
per nicht durchhängt und der Tod zu rasch eintritt. Die Gekreuzigten verreckten langsam; oft dauerte es Stunden,
manchmal sogar Tage, bis einer unter Qualen erstickte.

Oben am Kreuz, zu Häupten Jesu, wird wie üblich eine
Tafel mit seinem Namen und der Art seines Verbrechens befestigt. Die Inschrift lautet »Jesus von Nazareth, der König
der Juden«. Als die anwesenden Mitglieder des Hohen Rats
dies lesen, beschweren sie sich bei Pilatus, er solle nicht
schreiben lassen »Der König der Juden«, sondern daß Jesus
behauptet habe, er sei der König der Juden. Pilatus aber fer-
tigt sie kurz ab: »Was ich geschrieben habe, das habe ich geschrieben.«

Nachdem sie Jesus gekreuzigt haben, verteilen die Soldaten seine Kleider unter sich – das Beuterecht der Henker.
Einer von ihnen reicht Jesus einen Schwamm, mit Essig ge-
tränkt, hinauf, die anderen verspotten ihn.

Auch die Gaffer, die wie bei jeder Hinrichtung mitgekommen sind, um sich an dem grausigen Schauspiel zu er-
götzen, verhöhnen Jesus. Sie suchen ihn mit ihrem Spott
dort zu treffen, wo er am verwundbarsten scheint, in seiner
Gottesgewißheit. Boshaft vergleichen sie seine Situation mit
seinem Anspruch. Sie halten ihm seinen Glauben vor, auf
den er seine Vollmacht gegründet hat, und weiden sich an
seiner Ohnmacht: Er hat Gott vertraut – soll der ihn doch
retten und vom Kreuz herabholen, wenn er an ihm Wohlge-
fallen hat. Er hat anderen geholfen – soll er sich doch selber
helfen und vom Kreuz heruntersteigen, wenn er Gottes
Sohn ist. Einsam unter den Spöttern stehen nur einige
Frauen, die ihm die Treue halten.

Jesus leidet und schweigt. Er hat die Menschen schon weit
hinter sich gelassen – Juden wie Römer, den Statthalter wie
den Hohenpriester, die Folterknechte wie die gröhlende
Menge. Es ist wie ein großes Verzeihen: »Vater, vergib ihnen, denn sie wissen nicht, was sie tun.«

Damit ist Jesu Geschichte mit den Menschen abgeschlossen
– er hat vollbracht, wozu er gesandt war. Jetzt bleibt ihm
nur noch seine ganz eigene Geschichte mit Gott.

Ursprung und Quelle allen Glaubens, Lebens und Lehrens Jesu bildete von Anfang an seine »Abba«-Erfahrung:
daß Gott sein Vater ist und daß er es, wie für ihn, für alle
Menschen sein will: ein menschenfreundlicher Gott, jedem
gnädig zugewandt, insbesondere jedoch jenen, die bislang
von seiner Nähe ausgeschlossen schienen. Mit diesem Gott

hat Jesus sich identifiziert und, wie er bislang glaubte, dieser
Gott sich mit ihm. Statt dessen muß er jetzt erleben, daß Gott
ihn augenscheinlich im Stich läßt, daß er ihm keineswegs so
nahe ist wie ein Vater seinem Sohn, sondern sehr fern ist, ja
gar nicht mehr da. Aber wenn Gott sich ihm jetzt nicht als
Vater bewahrheitet, dann muß er daraus schließen, daß das
Bild, das er von Gott entworfen hat, falsch ist, daß Gott selbst
es verworfen hat: »O große Not, Gott selbst ist tot!«

In dieser Situation – von den Menschen verurteilt, im
Glauben angefochten und, wie es aussieht, selbst von Gott
verlassen – flieht Jesus nun gerade zu Gott. Am Kreuz hän-
gend, betet er den 22. Psalm: »Mein Gott, mein Gott, warum
hast du mich verlassen…«

Dieses Gebet spiegelt wider, wie Jesus sich mit seinem Leiden auseinandergesetzt, wie er es verstanden und schließlich
angenommen hat.

Der alttestamentliche Psalmist beginnt mit der Klage über
das ihm widerfahrene Leid, insonderheit über das ihm von
seinen Feinden angetane Unrecht. Schlimmer aber noch als
alle ihm von den Menschen zugefügten Kränkungen quält
den Beter seine Gottverlassenheit. Er sucht Gott in seiner
Not und kann ihn nirgends finden. Da klagt er Gottes Treue
ein. Und darüber verwandelt sich ihm seine Klage über die
Ferne Gottes in die Bitte um seine Nähe. Sein Vertrauen
wächst wieder, bis er der Gegenwart Gottes aufs neue gewiß
ist. Der Psalm endet in Lob und Dank, mit der Bezeugung
der Treue Gottes.

In Jesu Mund bedeutet dieser Psalm weder nur einen Ver-
zweiflungsschrei noch nur eine Vertrauenskundgebung. Weder bricht Jesus sterbend in seinem Glauben zusammen, noch
geht er wie ein Held mit einem Triumph auf den Lippen unter. Vielmehr erfährt er am Kreuz bis in die letzte Tiefe hinab,

was es heißt, von den Menschen verworfen und von Gott
verlassen zu sein.

Nicht, daß Jesus größere körperliche Schmerzen erdulden
muß als andere Verurteilte, eher geringere, weil zeitlich kür-
zere. Aber weil er sich mit Gott und den Menschen in einzig-
artiger Weise verbunden weiß, weil er Gott seinen Vater
nennt, wie sonst kein Mensch zu Gott Vater sagen kann, und
weil er sich an seine Mitmenschen hingegeben hat, wie sonst
kein Mensch sich auf einen Mitmenschen einläßt, darum
muß er auch tiefer als je ein Mensch erfahren, was es bedeutet,
von Gott und den Menschen verlassen zu sein.

In dieser Menschen- und Gottverlassenheit aber ruft Jesus
nun gerade zu Gott. Er flieht zu dem, der ihn scheinbar verlassen hat, und wirft sich ihm in die Arme: »Mein Gott, mein
Gott, warum hast du mich verlassen?« In dem schweigenden
Dunkel rings um ihn her bleibt Gott für ihn der Adressat
seines Notschreis.

Das bedeutet: Jesus hält seine Gottesgewißheit, seine
»Abba«-Erfahrung durch, richtiger, sie trägt ihn hindurch.
Selbst in der Stunde der Gottverlassenheit bewahrheitet sie
sich. Inmitten allen Bruchs, den Jesu Scheitern und Tod bedeuten, ist etwas Bleibendes: Gottes Treue und Jesu Trauen.

In diesem Augenblick befindet sich Jesus fast schon jenseits
des Todes – hineingescheitert in Gott.

Lange dauert es auch nicht mehr, dann fällt ihm der Kopf
zur Seite, und er stirbt mit einem lauten Schrei. Als der
Hauptmann des Hinrichtungskommandos ihn so sterben
sieht, ruft er aus: »Wahrhaftig, dieser Mensch war ein Gottessohn!« So erkennt ein Heide als erster Jesu wahre Würde und
bekennt dies in der Sprache seiner Religionswelt.

Wegen des bevorstehenden Sabbats muß das Begräbnis
Jesu eilig und provisorisch geschehen. Ein vornehmer Rats-

herr mit Namen Joseph von Arimathäa erwirkt von Pontius Pilatus die Freigabe der Leiche und kümmert sich selbst um die Bestattung. Er gehört zu jenen Kreisen, von denen man sagte, daß sie auf das Reich Gottes warteten, und hat deshalb mit Jesus sympathisiert.

Der Leichnam Jesu wird gleich in der Nähe der Hinrichtungsstätte in eine in den Fels gehauene Nische gelegt und diese dann mit einem Rollstein verschlossen. Nur einige Frauen sind wieder als Zeugen zugegen. Die Grablegung bestätigt die Endgültigkeit des Todes. Es ist kein Scheintod, den Jesus am Kreuz gestorben ist.

Das Neue Testament hält für den Tod Jesu eine Fülle von Deutungen bereit. Es ist, als faßte die Welt nicht genug Bilder und Begriffe, um diesen Tod auszusagen. Alle Auslegungen aber haben ihren einheitlichen Ursprung und Horizont in der Einheit von Jesu Leben, Leiden und Sterben.

Jesus ist im Vollzug seiner Sendung gestorben – am Kreuz hat er »vollbracht«, wozu er sich von Gott berufen wußte. Sein Tod entspricht der Grundtendenz seines Lebens. Er ist gestorben, wie er gelebt hat. Das einigende Band zwischen seinem Leben und Sterben bildet die Liebe: »Wie er die Seinen geliebt hat, so liebte er sie bis ans Ende.«

In Jesu Kreuzestod wird vollends offenbar, was sein Leben ausgemacht hat: Jesus hat unter den Bedingungen der Existenz des Menschen in der Welt die Liebe Gottes geglaubt und gelebt. Daher läßt sich sein ganzes Leben in dem Wort »Hingabe« zusammenfassen: Er hat sein Leben für Gott an die Menschen hingegeben. Die völlige Hingabe des Lebens aber ist der Tod.

Am Kreuz auf Golgatha erreicht Jesu Gottesbild seine schärfste und tiefste Kontur: Sein Antlitz ist das »Haupt voll Blut und Wunden«. Daß von Gott nicht nur Liebe, sondern

auch Leiden aus Liebe ausgesagt wird, bedeutet die letzte, un-
überbietbare Vollendung der Gotteserfahrung, die Jesus
durch sein Leben, Leiden und Sterben stellvertretend »erbracht« hat. Was sich im Alten Testament – in Prophetie und
Psalter – bereits anbahnt, das hat Jesus »erfüllt« und damit
jeden nur möglichen Gottesgedanken auf die Spitze getrieben
– tiefer als bis ins Leid hinein läßt Gott sich nicht »exponie-
ren«.

So betrachtet, bedeutet das Todesgeschick Jesu von Nazareth die Erfüllung der Religionsgeschichte. Die allgemeine
religiöse Aussage, daß Gott den Menschen das Leid schicke,
wird hier überboten durch die Zusage, daß Gott sich selbst
ins Leid der Menschen schickt. Gottes eigener Umgang mit
seiner Allmacht besteht in seiner freiwilligen Ohnmacht.
Was das Leid der Welt betrifft, ist Gott ein Mitbetroffener. Er
leidet mit den Menschen mit. Wie aber kann es auch anders
sein, wenn Leid und Tod sich überall schon ins Leben mischen?

Mit Jesu Tod ist zugleich eine bestimmte Gottesvorstel-
lung gestorben: Es ist einmal das Verlangen nach einem starken, allmächtigen Gott, der den Menschen wie ein Deus ex
machina aus aller Not hilft und ihnen alle Wünsche erfüllt –
und zum anderen, damit gekoppelt, das Bestreben, Gottes
Gegenwart an ausgegrenzte sakrale Personen, Orte, Dinge
oder Daten zu binden, um ihrer sicher zu sein. Das Kreuz
streicht alle diese Wünsche und Versuche durch. Es zeigt an,
daß Gott überall und nirgends ist und am ehesten dort, wo die
Menschen meinen, dort könne doch der allmächtige Gott
niemals sein.

So begründet der Kreuzestod Jesu endgültig den Glauben
an die Macht der Liebe Gottes. Weil sich in ihm Jesu Botschaft von Gott konzentriert, ist das Kreuz mit Recht zum

Zentrum der Christologie und zum Symbol der Christenheit geworden.

Zunächst aber hat Jesu Tod alles in Frage gestellt. Die Kreuzigung widerlegt den Inhalt seiner Botschaft und streicht jedweden Anspruch durch. Sie läßt seine angebliche Vollmacht als eine maßlose Anmaßung erscheinen. Ist Jesu Sache mit seinem Tode ausgelöscht? Das ist die Frage, die das Kreuz stellt, wenn es sie nicht sogar schon beantwortet.

Am dritten Tag

»Wer wälzt uns den Stein von des
Grabes Tür?«

Als der Stein vor Jesu Grab gerollt war, da schien auch der
Glaube der Jünger begraben. Vergeblich hatten sie ihre Hoffnung an Jesus festgemacht. Wieder einmal war es den amtlichen Hütern der Religion im Bunde mit der politischen
Macht gelungen, einen Störenfried zu beseitigen. In Jerusalem nahm unter Aufsicht der römischen Besatzer das Passahfest ungestört seinen Verlauf, und auf dem Tempelberg
wurde weiterhin Gott geopfert, wie das Gesetz des Mose es
befahl – als hätte auf Golgatha keine Kreuzigung stattgefunden.

Die Jünger waren verschreckt. Ängstlich versteckten sie
sich in Jerusalem oder kehrten enttäuscht in ihre galiläische
Heimat zurück und nahmen dort ihre liegengelassene Arbeit
wieder auf. Sie waren mit Jesus durch die Städte und Dörfer
des jüdischen Landes bis nach Jerusalem gewandert. Dort
war der, den sie für einen Gesandten Gottes gehalten hatten,
als Aufrührer und Gotteslästerer verurteilt und hingerichtet
worden. Es war gekommen, wie Jesus gesagt hatte: Der
Hirte war erschlagen, und die Herde hatte sich zerstreut.

»Wir aber hofften, er sei es, der Israel erlösen werde« – aus
diesem Wort spricht mehr als nur die momentane Stim-

mung der Jünger. Es ist, als ballte sich in ihm die ganze Hoff-
nungslosigkeit der Welt zusammen, die Enttäuschung aller
Erlösungshoffnungen, eine universale Resignation, die
Nichteinlösung aller göttlichen Zusagen, die Vergeblichkeit
aller Religionsgeschichte.

Mit dem Tode Jesu schien seine Botschaft von Gott öffentlich widerlegt zu sein. Wer hatte nun recht: der Gerichtete
oder seine Richter? Es war die Frage nach der Vollmacht Jesu,
nach der Gültigkeit seines Wahrheitsanspruchs. Vom Beginn
seines Wirkens an hatte diese Frage über seinem Leben gestanden. Jetzt stellte sie sich den Jüngern angesichts des Kreu-
zestodes in letzter Zuspitzung – und sie wußten keine Antwort darauf.

Da wurde ihre Ratlosigkeit noch durch ein Gerücht gesteigert. Etliche aus ihrem Kreis behaupteten, daß sie Jesus »gesehen« hätten. Sie berichteten verwirrt und widersprüchlich
davon. Die einen sprachen von Engelerscheinungen, andere
glaubten, Jesus leibhaftig erblickt oder ihn an seiner Stimme
wiedererkannt zu haben; wiederum andere erzählten sogar,
sein Grab sei leer gewesen, als sie hineingeschaut hätten. Damit geriet für die Jünger alles vollends ins Zwielicht – bis sich
ihnen ihre verschiedenen Widerfahrnisse schließlich zu der
Erfahrung verdichteten: Der Gekreuzigte lebt!

Die Jünger waren betroffen. Sie hatten ihre Visionen nicht
aus sich selbst. Hier war ihnen etwas begegnet, womit sie in
ihrer Verzagtheit nicht gerechnet hatten. Sie konnten das Un-
faßliche nicht anders deuten und ausdrücken als in dem ihnen
vertrauten apokalyptischen Verständnishorizont. Und so bekannten sie voll Staunen, ja Erschrecken: Gott hat Jesus von
Nazareth von den Toten auferweckt!

Beweisen konnten die Jünger die Auferweckung Jesu
nicht. Es war eine Sache des Glaubens. Aber sie waren über-

zeugt, daß sie sich jene Erscheinungen nicht nur eingebildet hatten, daß ihnen vielmehr etwas widerfahren war, das von außen kam und ihre Einbildungskraft überstieg – etwas Unglaubliches, und eben darum nur zu glauben. Aus diesem Grunde vernahm man auch nichts von irgendwelchen Erscheinungen Jesu vor Pontius Pilatus, Kaiphas, Herodes oder dem Hohen Rat. Ihnen erschien die ganze Geschichte nur als ein unglaubhaftes Märchen oder aber als ein bewußter Betrug. Wer nicht glaubt, sieht nichts! Allein der Glaube vermag Gottes Handeln zu erkennen. Und um ein Handeln Gottes ging es hier.

Gott selbst hat Jesus von Nazareth beglaubigt! Er hat sich zu dem bekannt, dem die Juden und Römer – Synagoge und Imperium – ihr Bekenntnis versagt haben und den selbst seine engsten Anhänger verlassen hatten, weil sie ihm nicht mehr glaubten. Wenn nicht alles aus und vorbei sein sollte, dann bedurfte Jesu Botschaft von Gott, nachdem sie durch seine Kreuzigung scheinbar widerlegt war, einer göttlichen Beglaubigung. Anders konnte es keinen Fortgang der von Jesus ins Leben gerufenen Glaubensbewegung geben. Ein neuer Anstoß zum Glauben war für die Jünger notwendig geworden – und eben diesen hatten sie erhalten.

Nicht die Wiederbelebung des Leichnams Jesu war ihnen wichtig – so etwas kam angeblich auch sonst vor –, sondern die Bestätigung seiner Botschaft von Gott durch Gott selbst. Der Gerichtete hat mit seinem Reden von Gott recht gehabt, nicht seine Richter! Gott hat zu Jesus Ja gesagt – das war die Antwort auf die Frage nach dem Recht von Jesu Wahrheitsanspruch. Damit erschien auch sein Tod am Kreuz nicht mehr als etwas Zufälliges, nur von Menschen Veranstaltetes, sondern als etwas Notwendiges, Gottgewolltes.

Durch die Erscheinungen des Auferstandenen erfuhren die Jünger nichts Neues über Gott, nichts, was Jesus ihnen nicht schon zu seinen Lebzeiten gesagt hätte, aber es erschien ihnen jetzt in einem neuen, endgültigen Licht: Jesus ist kein Gotteslästerer, er hat sich über Gott auch nicht geirrt, sondern er ist das wahrhaftige Lebenszeichen Gottes in der Welt. Gott ist in der Tat, wie Jesus es verkündigt hat, ein den Menschen zugewandter, wie ein Vater um sie besorgter Gott.

Das haben die Jünger an sich selbst erfahren. Sie waren, als Jesus verhaftet wurde, in die Nacht geflohen und hatten seine Sache kleingläubig im Stich gelassen. Trotzdem hat Gott sie eingeholt, sie wieder angenommen und ihnen einen neuen Anfang im Glauben gewährt. Er hat an ihnen genau so gehandelt, wie Jesus behauptet hatte, daß Gott an den Menschen handle: Er sucht die Sünder, stärkt die Kleingläubigen und geht den Gottlosen nach. Das ist den Jüngern an den Erscheinungen des Auferstandenen aufgegangen – ihnen ist Gott darin aufgegangen.

Damit hat sich ihnen bestätigt, daß der Glaube Jesu nicht nur seinem eigenen bewegten Herzen entsprang, sondern einer Bewegung Gottes entsprach. Künftig gehören Gott und Jesus unwiderruflich zusammen. Darum ist die Geschichte Jesu von Nazareth – trotz der Kreuzigung – nicht zu Ende, sondern geht weiter: Die Botschaft gilt! Die von Gott selbst entfachte Glaubensbewegung setzt sich fort bis zu ihrer Vollendung. Jesus bleibt.

Auf welche Weise der Glaube der Jünger sich das Leben und Bleiben Jesu vorstellte: ob im Leibe oder im Geist, ob als Person oder in Wort und Sakrament – das letzte erreichbare Datum bilden in jedem Fall jene Erfahrungsereignisse, die von den Betroffenen als Auferstehung Jesu geglaubt und bekannt wurden. Dabei waren die Bilder, in denen sie von diesen Ereignissen erzählten, und die Begriffe, auf die sie sie brachten, zahlreich und mannigfaltig. Die Skala reicht von einer massiv-leibhaftig vorgestellten Auferweckung mit Essen, Trinken und Wandeln bis zur sofortigen Aufnahme Jesu in den Himmel unmittelbar nach seinem Tode, ohne Auferweckung, leeres Grab und irgendeinen irdisch-leiblichen Zwischenzustand.

Der neu entzündete Glaube führte die zerstreuten Jünger wieder zusammen und trieb sie alsbald an, nach Jerusalem zurückzukehren. Dieselben Jünger, die eben noch davongelaufen waren und sich in Sicherheit gebracht hatten, um nicht Jesu Schicksal zu teilen, waren wieder beieinander, hielten seine Sache jetzt für das Aussichtsreichste, ja für das einzig Aussichtsreiche in der Welt. Sie predigten öffentlich davon und waren sogar bereit, dafür ins Gefängnis zu gehen und selbst ihr Leben zu riskieren.

Sie erinnerten sich an alles, was sie auf ihren Wanderungen mit Jesus erlebt hatten, an die Glaubens-, Lebens- und Tischgemeinschaft mit ihm. Aber sie kümmerten sich nicht um Jesu Grab, sondern brachen wieder auf und begaben sich neu auf die Wanderschaft, um, Botschafter an Jesu statt, den Menschen Gott zu verkündigen, wie er es getan, und so seine Sendung fortzusetzen – über Jerusalem, Judäa und Samarien hinaus in die ganze bewohnte Welt hinein. Sie konnten es nicht lassen, von dem zu reden, was sie gesehen und gehört hatten.

DIE ENTSTEHUNG DES CHRISTENTUMS

»In Antiochia wurden die Jünger zuerst Christen genannt.«

Was Jesus von seinem Tod gesagt hat, das hat sich erfüllt: Wenn das Weizenkorn in die Erde fällt und stirbt, bleibt es allein; wenn es aber stirbt, bringt es viel Frucht. Als erste Frucht aus Jesu Tod ist die Urgemeinde erwachsen. In ihr setzte sich die von ihm entfachte endzeitliche Glaubens- und Sammlungsbewegung fort.

Genau genommen beginnt die Geschichte des Christentums nicht mit Jesus von Nazareth, sondern mit Menschen, die dem Manne aus Nazareth seine Botschaft vom Kommen des Reiches Gottes geglaubt haben. Dies ist zuerst, unter dem Eindruck der Erscheinungen des Auferstandenen, im Kreis der Jünger in Jerusalem geschehen. Und so steht die Jerusalemer »Urgemeinde« am Anfang der Geschichte des Christentums.

Aber nur allmählich ist die Urgemeinde sich des eigenen Neubeginns innerhalb des Judentums bewußt geworden. Ihre Mitglieder waren Juden und wollten es bleiben – Juden, die glaubten, daß der Messias schon gekommen sei und demnächst wiederkommen werde. Sie hielten am mosaischen Gesetz fest und beriefen sich dafür auf Jesus, der selbst gesagt habe, er sei nicht gekommen, das Gesetz und die Propheten aufzulösen, sondern zu erfüllen, und, bis Himmel und Erde vergehen, werde nicht der kleinste Buchstabe, auch nicht ein

Tüpfelchen vom Gesetz untergehen. Und so besuchten die ersten Christen weiterhin den Tempel, versammelten sich dort in der Halle Salomos, fasteten nach jüdischer Sitte zweimal in der Woche und feierten nach wie vor den Sabbat, noch nicht den Sonntag.

Ihren jüdischen Landsleuten galten sie als die »Sekte der Nazarener«, wie auch die Jünger Johannes des Täufers noch eine Zeitlang als eine eigene Gruppe fortbestanden. Sich selbst nannten die ersten Christen »die Heiligen«, »die Armen«, »die Erwählten«, »die Brüder« – oder auch ganz einfach, ohne jeden Zusatz, »die Glaubenden«, was den Fortgang der Sendung Jesu am zutreffendsten wiedergab.

Die Aufnahme in die Gemeinde geschah durch die Taufe. Sie stammte nicht von Jesus, der selber nie getauft hat, sondern war von den Johannesjüngern übernommen, die sie beibehalten hatten – nur, daß die Taufe jetzt von den Christen im Namen Jesu vollzogen wurde.

Das tägliche Leben der Urgemeinde war ganz und gar von der Erwartung der nahen Wiederkunft Jesu in Herrlichkeit bestimmt. Ihre Mitglieder verstanden sich als die messianische Gemeinde der Endzeit, wie die alttestamentlichen Propheten es verkündigt hatten. Die erwartete Wiederkunft Jesu war für sie nicht ein blasses Gedankengebilde, keine bloße »Kathedereschatologie«, sondern ein allgegenwärtiges Lebenselement: Heute kann es sein, daß der Herr kommt!

Im Mittelpunkt des Gemeindelebens stand die regelmäßige Wiederholung des letzten Mahles Jesu. Wie dieser am Vorabend seines Todes noch einmal mit seinen Jüngern zusammen gegessen hatte, so versammelten sich die Gläubigen jetzt gleichfalls in ihren Häusern zu gemeinsamen Mahlzeiten und setzten so das letzte Abendmahl Jesu als einen festen Ritus fort. Diese Mahlfeiern waren gleichfalls Sättigungsmahl-

zeiten. Bei dem gemeinsamen Essen beteten die Versammelten in Erwartung der Wiederkunft Jesu: »Maranata – Komm,
Herr!«, erfuhren gleichzeitig aber auch schon seine Anwesenheit in ihrer Mitte, so daß sich Zukunft und Gegenwart, wie in
Jesu Reich-Gottes-Verkündigung, miteinander verflochten.

Unter den Gemeindemitgliedern herrschte Gütergemeinschaft. Hab und Gut wurden verkauft und untereinander verteilt, wie jeder es nötig hatte. Dieser »Liebeskommunismus«
war jedoch kein Zwang, sondern geschah freiwillig. Als ein
Ehepaar von dem Erlös seines Ackers etwas Geld für sich
zurückbehielt, wurde es nicht deswegen beschuldigt, sondern weil es dies heimlich getan hatte – obgleich es dies gar
nicht nötig gehabt hätte.

An der Spitze der Jerusalemer Urgemeinde stand das Apo-
stelkollegium, nach dem Ausscheiden des Judas Ischarioth
durch die Nachwahl des Matthias wieder auf zwölf ergänzt,
entsprechend den zwölf Stämmen des Volkes Israel. Damit
bekundete die Gemeinde, daß sie sich als das neue Gottesvolk
verstand. Unter den Aposteln ragten Petrus und Johannes
hervor; sehr bald nach Jesu Tod trat auch sein Bruder Jakobus
hinzu und, ausgezeichnet durch eine Erscheinung des Auferstandenen, nahm er bis zu seiner Hinrichtung im Jahre 62 eine
Ehrenstellung ein. Alle drei Apostel zusammen galten als die
»Säulen« der Jerusalemer Urgemeinde.

Auch die anderen Brüder Jesu schlossen sich der Gemeinde
an, erhielten in ihr jedoch keine Sonderstellung. Als nach
dem Tode des Jakobus ein Vetter Jesu zum Nachfolger gewählt wurde und später auch noch weitere leibliche Ver-
wandte in die Leitung der Gemeinde eintraten, schien für
einen Augenblick so etwas wie ein »Kalifat« zu entstehen.
Doch war dies nur eine vorübergehende Erscheinung.

Von Anfang an trieb die Urgemeinde Mission – in Judäa,

Galiläa und Samarien und noch darüber hinaus. Der eifrigste
Missionar war Petrus; er drang bis nach Kleinasien und weiter vor. Die Mission der Urgemeinde richtete sich jedoch
allein an Juden; Jerusalem blieb die Zentrale, und die drei
»Säulenapostel« bildeten eine Art geistliche Aufsichtsbe-
hörde.

So eng blieb der Verbund der christlichen Urgemeinde mit
der jüdischen Muttergemeinde, daß kurze Zeit sogar die Gefahr einer Rückbildung ins Judentum zu drohen schien. Auf
die Dauer jedoch erwies sich der von Jesus gesetzte neue Anfang als stärker. Bezeichnenderweise waren es hellenistische
Diasporajuden, die innerhalb der Gemeinde über das gesetzestreue palästinische Judentum hinausdrängten. Aufgewachsen in der griechischen Diaspora, nahmen sie dem Gesetz gegenüber eine weniger strenge Haltung ein.

Zum religiösen Konflikt zwischen »Hellenisten« und »Hebräern« kam es, wie später oft in der Kirchengeschichte, aus
einem äußeren Anlaß. Bei der täglichen Speisung der Witwen
fühlten die Hellenisten sich von den anderen Gemeindeglie-
dern übergangen. Man bildete daraufhin einen Siebeneraus-
schuß, der sich künftig um die Diakonie in der Gemeinde
kümmern sollte. Gleichzeitig aber verstärkten die hellenistischen Judenchristen auch ihre eigene Missionstätigkeit und
gerieten darüber nun wieder in Streit mit anderen hellenistischen Diasporajuden, die keinerlei Lockerung des Ritualge-
setzes dulden wollten.

Der Anführer der liberalen Hellenisten war Stephanus, ein
geschickter und eifriger Disputant, der sich mit seiner Polemik viele Feinde verschaffte. Ihm warfen die gesetzestreuen
Juden vor, er habe in seinen Reden das Gesetz und den Tempel angegriffen, und bezichtigten ihn deswegen der Gottes-

lästerung. Sie verklagten ihn vor dem Hohen Rat, und Stephanus wurde – ob nun in Vollstreckung eines ordentlichen Gerichtsurteils oder in wilder Lynchjustiz – aus der Stadt hinausgestoßen und gesteinigt. So wurde er der erste christliche Märtyrer.

Ausgelöst durch diese Streitigkeiten, brach gegen die christliche Urgemeinde eine spontane Verfolgungswelle los, in deren Verlauf viele Mitglieder ins Gefängnis geworfen wurden. Die Hellenisten zerstreuten sich und flohen nach Antiochien, während die gesetzestreue Urgemeinde weiterhin in Jerusalem geduldet wurde.

Keine zehn Jahre später folgte eine zweite Verfolgungswelle. König Herodes Agrippa I. suchte durch die Unterdrückung der »Nazarener« die von ihm so benötigte Gunst der jüdischen Bevölkerung zu gewinnen. Jakobus, der Bruder des Johannes, wurde enthauptet und Petrus vorübergehend eingekerkert.

Auf die Dauer konnte sich die Urgemeinde in Jerusalem jedoch nicht halten. Als sich der große nationale Aufstand ankündigte, drohte sie zwischen die Fronten zu geraten. Und so verließ sie die heilige Stadt und siedelte in das heidnische Pella im Ostjordanland über. Dort hat sie sich schließlich in die synkretistische Religionswelt des Orients aufgelöst.

Gegen Ende des ersten Jahrhunderts stieß die Judenschaft die Christen endgültig aus ihren Reihen. Seitdem wurde in den Gottesdiensten der Synagoge täglich der Fluch über sie ausgesprochen: »Den Abtrünnigen sei keine Hoffnung, …und die Nazarener und Ketzer mögen umkommen in einem Augenblick; ausgelöscht mögen sie werden aus dem Buch des Lebens und nicht aufgeschrieben mit den Gerechten.« Damit war die Trennung zwischen Synagoge und Kirche definitiv vollzogen.

Aber längst war unterdessen in Antiochien ein neuer Zweig des Christentums entstanden. Ihm gehörte die Zukunft, denn er führte die neue Religion aus der Enge ihres palästinisch-jüdischen Heimatlandes in die Weite der hellenistisch-heidnischen Welt.

Die syrische Weltstadt Antiochien wurde zum Ausgangspunkt der christlichen Heidenmission. Hier entstand die erste Christengemeinde aus Juden und Heiden; hier kam auch zum erstenmal der Name »Christianer« als Bezeichnung für die Anhänger der neuen Religion auf.

An der Spitze der antiochenischen Gemeinde stand Barnabas, ein Diasporajude aus Zypern. Er kam als erster auf den Gedanken, nicht nur Juden für den christlichen Glauben zu gewinnen, sondern auch zu den Heiden zu gehen und unter ihnen Mission zu treiben. Als Gehilfen holte er sich einen gewissen Saul, mit römischem Namen Paulus genannt, nicht ahnend, welch weltweite Bedeutung er damit in Gang setzte, aber auch welche Konflikte er damit heraufbeschwor.

Dem Apostel Paulus kommt in der Geschichte des Christentums eine Schlüsselstellung zu wie keinem anderen Zeugen Jesu nach ihm. Er hat die junge christliche Religion davor bewahrt, sowohl eine judaisierende Sekte zu werden als auch in der synkretistischen Religionswelt des Hellenismus aufzugehen. Durch ihn ist das Christentum eine ökumenische Religion geworden.

Nicht, daß das Christentum nicht auch ohne Paulus über Palästina hinaus in die Länder rings um das Mittelmeer vorgedrungen wäre – es befand sich ja bereits auf dem Wege dazu. Paulus aber hat ihm den Weg in die griechisch-römische Welt eröffnet, indem er dem Evangelium Jesu jene Gestalt gab, in der es auch die Heiden verstehen und als einen möglichen Heilsweg für sich erkennen konnten.

Was Jesus von Nazareth verkündigt hat, das hat Paulus sozusagen am eigenen Leibe erfahren: den Durchbruch von der jüdischen Gesetzesfrömmigkeit zum Vertrauen allein auf Gottes Gnade und damit den Übergang von der Leistungs- zur Gnadenreligion. Diese Glaubenserfahrung hat sein Leben bestimmt und ihn zum Völkerapostel werden lassen.

Auch Paulus war Diasporajude, sogar römischer Staatsbürger. Er war in Tarsus geboren und aufgewachsen und hatte in Jerusalem bei dem berühmten Schriftgelehrten und Pharisäer Gamaliel gründlich das Gesetz studiert. So war er einerseits durch Elternhaus und Studium zum strengen Gesetzesgehorsam erzogen, andererseits mit der hellenistischen Gedankenwelt und der griechischen Sprache vertraut. Als Eiferer für das Gesetz haßte er die neue Sekte, die sich auf den angeblichen Messias Jesus von Nazareth berief, und verfolgte sie nach Kräften; er stand dabei, als Stephanus gesteinigt wurde.

Was Paulus zu einem so leidenschaftlichen Gegner der Christen machte, war ihr Anspruch, daß Jesus der erwartete Messias sei. Das widersprach sowohl seinem Bild von Gott als auch seiner Vorstellung vom Messias: Wer wie Jesus mit Sündern und Verlorenen, also mit »Gesetzlosen«, verkehrt, ihnen sozusagen Gottes Liebe nachträgt und überdies dann selbst noch in Schmach und Schande wie ein Verbrecher am Kreuz stirbt, der kann niemals der von Gott gesandte Messias sein! Ein solcher Anspruch bedeutet Blasphemie: Er beleidigt Gott und verachtet das Gesetz.

So stand für Paulus hier Gott gegen Gott. Sollte er seine Feindschaft gegen die Christen aufgeben, dann mußte sich im

innersten Kern seines Gottesglaubens eine radikale Wand-
lung vollziehen. Und eben dies ist geschehen, nach Paulus'
eigener Überzeugung durch Gott selbst.

Als er vom Hohen Rat in Jerusalem nach Damaskus entsandt wurde, um die dortigen Juden in ihrem Widerstand gegen die neue Sekte der Nazarener zu stärken, brach unterwegs in ihm durch, was ihn im Innern schon länger bewegt
haben mochte. Kurz vor Damaskus hatte er eine Christusvi-
sion: Der Auferstandene erschien seinem Verfolger und berief ihn in seine Nachfolge.

In jener Stunde hat Paulus das Geheimnis Jesu erkannt:
Gott ist in der Tat, wie die von ihm verfolgten Christen behaupteten, ein gnädiger, allen Menschen ohne Vorbehalt zugewandter Gott und Jesus von Nazareth darum wahrhaftig
der von Gott gesandte Messias. Fortan begründet für Paulus
allein der Glaube das Verhältnis des Menschen zu Gott und
bildet die Gnade daher den alleinigen Grund allen Christ-
seins: »Durch Gottes Gnade bin ich, was ich bin.«

Das »Damaskuserlebnis« wurde für Paulus zur Erfahrung
einer neuen Lebenswirklichkeit. Es teilte sein Leben in zwei
gegensätzliche Hälften. Blickte er zurück auf seine Herkunft,
so konnte er sich wie nur je ein Jude seiner Abstammung
rühmen: »Am achten Tage beschnitten, aus dem Volk Israel,
vom Stamm Benjamin, ein Hebräer von Hebräern, nach dem
Gesetz ein Pharisäer, nach dem Eifer ein Verfolger der Gemeinde, nach der Gerechtigkeit, die das Gesetz fordert, untadelig« – wer könnte wohl mehr religiöse Vorzüge und
fromme Leistungen vor Gott aufzählen? Aber dann fährt
Paulus, alle Leistungen und Vorzüge kurzerhand durchstrei-
chend, fort: »Was mir Gewinn war, habe ich um Christi willen für Schaden erachtet«; mehr noch, er nennt sein ganzes
bisheriges, gehorsam nach dem Gesetz geführtes Leben einen

»Dreck« im Vergleich zur überschwenglichen Erkenntnis
Christi.

So wurde Paulus Christ, »aus einem Saulus zu einem
Paulus«, wie man zu sagen pflegt. Die Hinwendung zu
Christus bedeutete für ihn den Beginn eines neuen, angst-
freien Gottesverhältnisses und daher ein einzigartiges Be-
freiungserlebnis. Fortan fühlte er sich frei vom Gesetz, nicht
vom Willen Gottes, wohl aber vom Gesetz, wie Juden und
Judenchristen es auffaßten und nach wie vor erfüllt wissen
wollten.

Aber wenn Gott für alle Menschen vorbehaltlos dasein
will, warum dann nicht auch für die Gesetzlosen, für die Heiden? Noch in seinem Brief an die Römer, dem letzten, den er
geschrieben hat, formuliert Paulus die entscheidende Frage,
die sein ganzes Leben und Wirken bestimmt hat, so: »Ist Gott
allein der Gott der Juden? Ist er nicht auch der Gott der Heiden? Ja gewiß, auch der Heiden. Denn es ist der eine Gott, der
gerecht macht die Juden aus dem Glauben und die Heiden aus
dem Glauben.«

Und so wird Paulus in dem gleichen Augenblick, in dem er
Christ wird, ein Missionar für die Heidenwelt. Die Bekehrung zum christlichen Glauben und die Berufung zum Hei-
denapostel haben für ihn eine und dieselbe Wurzel.

Fortan widmete Paulus sein ganzes Leben der Heidenmis-
sion. Er war ein Einzelkämpfer, der es sich selbst schwer, aber
anderen auch nicht gerade leicht machte. Getrieben von dem
Gedanken, daß bis zur Wiederkunft Christi nur noch kurze
Zeit sei, daher im ständigen Wettlauf mit der Zeit, eilte er
durch die Länder um das Mittelmeer – von Syrien durch
Kleinasien und Griechenland schließlich bis nach Rom – den
Plan, auch noch nach Spanien zu reisen, konnte er nicht mehr

verwirklichen. Es ist etwas Aufenthaltsloses in seinem Leben: Er springt gleichsam von Provinz zu Provinz, nur eben die Hauptstädte und wichtigsten Verkehrsknotenpunkte berührend. In einigen Zentren wie Ephesus blieb er zwar länger, unternahm aber auch von dort weitere Reisen.

Meistens suchte Paulus in einer Stadt zunächst die Synagoge auf und begann dort zu predigen, so lange oder so kurz man ihn gewähren ließ. Mit Taufen hielt er sich nicht auf. Hatte er den ersten Grund zu einer neuen Gemeinde gelegt, zog er weiter. Sein Beruf war die Predigt, nicht die Organisation. Sofern er überhaupt ein Leitungsamt wahrnahm, geschah es vornehmlich durch Briefe, und auch diese waren zumeist Gelegenheitsschriften. Insgesamt hat seine Missionstätigkeit dreißig Jahre gedauert. Es war ein Leben im Dienst Jesu Christi, voll Arbeit, Leiden, Gefahr, Verfolgung und Krankheit, bis es sich im Martyrium in Rom vollendete.

Am anschaulichsten hat Paulus selbst einmal sein Leben geschildert, als es galt, die Ebenbürtigkeit seines Apostolats gegenüber den zwölf Altaposteln zu verteidigen: »Ich habe mehr gearbeitet, ich bin öfter gefangen gewesen, ich habe mehr Schläge erlitten, ich bin oft in Todesnöten gewesen. Von den Juden habe ich fünfmal vierzig Streiche weniger einen erhalten; dreimal bin ich ausgepeitscht, einmal gesteinigt worden; dreimal habe ich Schiffbruch erlitten, einen Tag und eine Nacht bin ich auf dem Meer getrieben. Ich bin oft gereist und bin oft in Gefahr gewesen, in Gefahr durch Flüsse, in Gefahr unter Räubern, in Gefahr unter Juden, in Gefahr unter Heiden, in Gefahr in Städten, in Gefahr auf dem Meer, in Gefahr unter falschen Brüdern; in Mühe und Arbeit, in viel Nachtwachen, in Hunger und Durst, in viel Fasten, in Frost und Blöße – außer all dem, was täglich auf mich einstürmt, und die Sorge für alle Gemeinden.«

Kein Wunder, daß dieser Mann ein strenger Asket war und für nichts sonst Zeit hatte – nicht einfach nur aus Verzicht auf Lust, sondern um der Sammlung aller Kräfte und Gedanken willen auf ein einziges Ziel hin.

Es waren vornehmlich drei Gruppen von Gegnern, unter denen Paulus zu leiden hatte: Am wenigsten durch die römischen Behörden, mehr schon durch die Enthusiasten in einigen hellenistischen Gemeinden, die sich als Geistträger bereits für erlöst hielten und deshalb Gesetz und Sitte mißachten zu können meinten, am meisten jedoch durch seine jüdischen Volksgenossen, die streng am Ritualgesetz festhielten und es auch den Heidenchristen auferlegen wollten.

Paulus wollte den Heiden ein Heide werden, trotzdem aber Jude bleiben. Wie Jesus in seiner Gottesverkündigung die Erfüllung der Absicht Gottes mit Israel sah, so Paulus im Christentum die Vollendung des Judentums. Darum hat er sich auch niemals von seinem Volk losgesagt. Seine Volksgenossen haben ihm dies freilich nicht abgenommen – und hatten sie gar so unrecht?

So mußte es unausweichlich zu Kampf und Konflikt kommen, nicht nur mit den Juden, auch mit den sogenannten »Judaisten« unter den Judenchristen. Das bedeutete für Paulus zugleich einen lebenslangen Kampf um die Anerkennung seines Apostelamtes. Apostel oder Apostat – um diese Frage ging es. Die Gegner suchten Paulus immer wieder seine Apostelwürde abzusprechen, um damit seiner Vollmacht zur gesetzesfreien Heidenmission den Boden zu entziehen. Deshalb sah Paulus sich ständig genötigt, seine Gleichrangigkeit mit den Jerusalemer Aposteln zu beweisen. Aus diesem Grund legte er auch so großen Wert darauf, gleich jenen durch seine Vision vor Damaskus als ein authentischer Zeuge der Auferstehung Jesu zu gelten.

Worum es bei der Auseinandersetzung zwischen Judenchristen und Heidenchristen ging und wohin sie schließlich
führte, dafür bietet der Zusammenstoß zwischen Paulus und
Petrus in Antiochien ein charakteristisches Beispiel.

Auf dem Apostelkonvent in Jerusalem hatten Paulus und
die »Säulenapostel« Petrus, Johannes und Jakobus sich einigermaßen schiedlich-friedlich geeinigt. Beide Seiten sollten
es so halten wie bisher: Paulus und die Seinen sollten unbehelligt unter den Heiden missionieren, die Urapostel gleichfalls ungehindert unter den Juden. Dabei sollten die Heidenchristen vom jüdischen Ritualgesetz, insonderheit vom
Zwang zur Beschneidung, befreit sein, die Judenchristen
hingegen das Gesetz nach wie vor in seinem ganzen Umfang halten müssen. Sonst verpflichtete Paulus sich nur
noch, in den heidenchristlichen Gemeinden eine Kollekte
für die Urgemeinde in Jerusalem zu sammeln, hauptsächlich
zu ihrer finanziellen Unterstützung, wohl aber auch als Anerkennung ihres Primats. Weiter wurde in Jerusalem nichts
festgelegt.

Wie aber stand es mit der Handhabung der in Jerusalem
getroffenen Abmachung, wenn zu einer und derselben Gemeinde sowohl Judenchristen als auch Heidenchristen gehörten? Eben dies war schon früh in Antiochien der Fall,
und so brach der Konflikt hier in seiner ganzen Schärfe aus.

Zunächst hatte in der Gemeinde Eintracht geherrscht. Judenchristen und Heidenchristen feierten das Herrenmahl gemeinsam, und auch Petrus schloß sich, als er nach Antiochien kam, dieser Tischgemeinschaft ohne Skrupel an. Dann
aber trafen im Auftrag des Jakobus Abgesandte der Jerusalemer Urgemeinde ein und erhoben gegen diese Praxis Ein-
spruch: Geborene Juden, so verfügten sie, dürften auch als
Christen nicht mit unreinen Heiden Tischgemeinschaft hal-

ten. Und tatsächlich sonderten sich jetzt die Judenchristen ab, unter ihnen auch Petrus und selbst Barnabas.

Da redete Paulus dem Petrus vor der ganzen Gemeinde mächtig ins Gewissen, nannte ihn zornig einen Heuchler und erinnerte ihn an die durch Christus erbrachte Freiheit, daß seitdem nicht mehr Werke des Gesetzes vor Gott gerecht machten, sondern allein der Glaube an Gottes Gnade. Jedoch vergebens. Die einmal vollzogene Scheidung blieb bestehen. Künftig existierten zwei christliche Gemeinschaften nebeneinander und feierten jede für sich das Herrenmahl.

Paulus aber ging von da an seine eigenen Wege. Er setzte sich von Antiochien ab und hielt auch zu Jerusalem keine Verbindung mehr. Nur noch die Kollekte sammelte er stets treulich für die Urgemeinde ein.

Der Apostel Paulus hat das Evangelium Jesu den Heiden in der Vorstellungs- und Gedankenwelt der hellenistischen Erlösungsreligionen dargeboten. Entsprechend hat er Jesu Geschick zu einem weltumspannenden Heilsdrama ausgeweitet, in dem Himmel und Erde sich miteinander verbanden. Der irdische Jesus interessiert ihn kaum noch: »Auch wenn wir Christus gekannt haben nach dem Fleisch, so kennen wir ihn doch jetzt so nicht mehr.« Aus dem endzeitlichen Messias, dessen Wiederkunft die Urgemeinde erst in der Zukunft erwartete, ist – in Analogie zu den Kultgöttern der hellenistischen Mysterienreligionen – der »Kyrios« Jesus Christus geworden, der erhöhte Herr, der schon jetzt vom Himmel aus die Welt regiert und sich in seiner Gemeinde mystisch verleiblicht.

Gleichzeitig wurden Taufe und Abendmahl – wiederum analog zur antiken Kultpraxis – zu Sakramenten, durch deren Empfang die Gläubigen mystische Gemeinschaft mit ihrem

Herrn erlangten. So drohte der Kultus die Geschichte zu ver-
drängen. Das galt vor allem für das Abendmahl. Aus dem
einstigen Abschiedsmahl Jesu mit seinen Jüngern wurde die
formelle Einsetzung eines Sakraments und damit aus der Sät-
tigungsmahlzeit ein Kultmahl – das »Herrenmahl«, bei dem
die Gläubigen unter Brot und Wein Leib und Blut Christi
genossen und dadurch mit ihrem Kulthaupt vereint wurden.
So entstand die »Eucharistie« und wurde schließlich zum
kultischen Mittelpunkt des Christentums, um den sich die
Gemeinden unter Leitung ihrer Priester scharten.

Aber trotz aller Anleihen bei der hellenistischen Religions-
und Gedankenwelt hat Paulus das Christentum nicht in eine
synkretistische Religion verwandelt, also das ursprüngliche
Evangelium Jesu nicht verdorben. Der Apostel war kein
zweiter Religionsstifter neben Jesus. Die Anpassung an die
neue Umwelt war notwendig, wenn das aus dem Judentum
stammende Christentum auch von den Heiden verstanden
und angenommen werden sollte – aber die neue Form hat
nicht über den Inhalt gesiegt.

Paulus hat das Christentum nicht hellenisiert! Zwar haben
das Bühnenbild und die Kostüme gewechselt, aber nach wie
vor wurde dasselbe Stück gespielt. Durch seine Anverwand-
lung an die hellenistische Umwelt hat das Christentum keinen Schaden an seiner Seele genommen. Es wurde nicht zu
einer griechischen Schöpfung mit christlichem Einschlag,
sondern blieb eine christliche Schöpfung mit griechischem
Einschlag. Obwohl Paulus Jesus nie gehört hat, hat er ihn von
allen Aposteln am besten, vielleicht als einziger überhaupt
wirklich verstanden.

So hat der Apostel Paulus das Christentum nicht nur in die
Weite der antiken Welt hinausgeführt, sondern hat es zugleich durch alle drohende Judaisierung und Vulgarisierung

hindurchgerettet. Wäre das Christentum durch ihn tatsächlich zu einer synkretistischen Religion geworden, so wäre
sein Sieg historisch unwahrscheinlich gewesen, denn dann
hätte es niemals die Auseinandersetzung mit der hellenistischen Geisteswelt überstanden.

Aber Paulus ist eine einsame Größe geblieben. Weil er un-
bequem war und die kirchlich-religiöse Routine störte,
wurde er in der Alten Kirche bald vergessen, und auch später
hat sich die Christenheit seinem Zeugnis immer wieder ent-
zogen. Seine Wirkungsgeschichte bildet keinen durchgehen-
den Trend, sondern vollzieht sich sporadisch, jeweils nur in
einzelnen Schüben. Aber immer wenn es um eine Erneuerung und Vertiefung des gängigen Christentums geht, bricht
Paulus mit seinem Christuszeugnis durch alle kirchliche Ent-
stellung, moralische Verflachung und politische Gleichschal-
tung hindurch und erinnert die Christenheit an ihren einmaligen Ursprung und bleibenden Grund, an den Anfänger und
Vollender ihres Glaubens:

»Zur Freiheit hat uns Christus befreit! So steht nun fest und
laßt euch nicht wieder das Joch der Knechtschaft auflegen! ...
Denn in Jesus Christus gilt weder Beschneidung noch Unbe-
schnittensein etwas, sondern der Glaube, der durch die Liebe
tätig ist.«

Der Erfolg der christlichen Heidenmission spiegelt sich wider in der Erzählung vom Sprachenwunder zu Pfingsten. In
ihr wird das Resultat der christlichen Missionsgeschichte im
ersten nachchristlichen Jahrhundert auf das erste Pfingstfest
in Jerusalem zurückdatiert.

Voller Staunen steht die junge Christenheit vor dem Ergebnis ihrer Mission: Menschen aus allen Völkern unter dem
Himmel sind zum Glauben gekommen – »Parther, Meder

und Elamiter, Bewohner von Mesopotamien, Judäa, Kappa-
dozien, Pontus und der Provinz Asien, aus Phrygien, Pam-
phylien, Ägypten, Libyen und Rom, Kreter und Araber«. Sie
alle hören, ein jeglicher in seiner Sprache, die großen Taten
Gottes verkündigen. Damit ist die babylonische Sprachver-
wirrung rückgängig gemacht. Aber es wird den Christen
nicht eine einheitliche Weltsprache, sozusagen ein christliches
Esperanto, verpaßt; vielmehr bleibt die Vielfalt der Sprachen
bestehen, jedoch so, daß durch sie nicht mehr Wirrwarr und
Zerstreuung, sondern gegenseitiges Verständnis und neue
Gemeinschaft entstehen.

Jesus Christus bringt die Welt zusammen! Weil es durch die
Kraft der gewaltlosen Liebe geschieht, ist es eine Einheit in
Vielfalt.

Warum hat von allen Religionen und Kulten, die damals vom
Osten nach dem Westen gewandert sind, gerade das Chri-
stentum sich durchgesetzt und ist am Ende allein auf dem
Platz geblieben?

Auch die anderen boten einen hohen sittlichen Idealismus
und eine tiefe Mystik; auch die anderen verehrten einen Kyrios, einen himmlischen Herrn, der von einer Jungfrau geboren, der gestorben und auferstanden war; auch die anderen
verhießen Erlösung und sicherten Teilnahme am göttlichen
Leben durch Sakramente zu. Und was die äußeren Startbe-
dingungen betrifft, so waren sie für alle gleich günstig.

Warum hat sich dennoch gerade das Christentum in der
antiken Welt durchgesetzt und keine der anderen Religionen?
Warum nicht Dionysos, Adonis, Attis, Isis, Osiris oder Sabazios? Warum nicht der männliche Mithras oder die Große
Mutter Kybele? Warum nicht Mose oder der Cäsar? Warum

schließlich nicht auch eine Einheitsreligion? Warum ausgerechnet der Kyrios Jesus Christus?

Es muß etwas Besonderes, Einmaliges, eben das spezifisch Christliche gewesen sein, das das Christentum im Konkurrenzkampf mit den anderen antiken Religionen und Kulten überlegen gemacht hat. Was war dies?

1. Im Christentum wird der Mythos durch die Geschichte überwunden und die Geschichte wiederum im Dogma auf den Begriff gebracht.

Was die antiken Kultlegenden von den christlichen Evangelien grundsätzlich unterscheidet, ist ihre Geschichtslosigkeit. Ob man das Heil schon gegenwärtig in der Teilnahme an dem Geschick eines göttlichen Heilands fand oder erst das Kommen eines zukünftigen Retters erwartete, ob Heros, Kultgott oder himmlischer Gesandter, in jedem Fall war der Heilsbringer ein mythisches Wesen. Sein Geborenwerden, Sterben und Auferstehen hat sich irgendwann und irgendwo und irgendwie ereignet, vielleicht auch gar nicht. Niemand hatte irgendein Interesse an der Geschichtlichkeit der Rettergestalt; kein Priester und kein Gläubiger fragte nach der historischen Bezeugung. Man interessierte sich nicht für die einmalige Geschichte, sondern scharte sich um das gegenwärtig-zeitlose Symbol. »Es geschieht niemals, ist aber immer.« (Sallust)

Anders dagegen im Christentum! Hier ist der verehrte Herr ein geschichtlicher Mensch. Der »Gottessohn« vom Himmel ist der Zimmermannssohn aus Nazareth und sein Schicksal daher kein mythisches Geschehen, sondern ein historisches Menschenleben. Es sind noch Augenzeugen da, die bestätigen können: Hier in der Herberge um die zehnte Stunde, dort im Tempelvorhof eine Woche vor dem Passah,

draußen vor den Toren von Jerusalem, auf diesem See, auf
jenem Berg, entlang der Straße – dort hat es sich *ereignet*.

Also nicht zeitlos-ewiges Geschehen des Mythos, sondern
einmalige, unwiederholbare Geschichte; nicht Idee, sondern
Ereignis; nicht kultisches Spiel, sondern geschichtlicher
Ernst; nicht Metaphysik, sondern Eschatologie; nicht Symbol, sondern Wort; nicht Anschauung, sondern Glaube.

2. Das Christentum antwortet auf die Sehnsucht der antiken
Welt nach Erlösung vom Zwang des Schicksals mit der Botschaft Jesu von der »Freiheit der Kinder Gottes«.

Daß Gott Vater sein will und die Menschen daher nicht
mehr Knechte, sondern Töchter und Söhne heißen sollen, bedeutete die Befreiung sowohl vom unentrinnbaren Zwang
des Schicksals als auch vom unerfüllbaren Streben nach
Selbstvervollkommnung. Wer sich in Gottes Liebe geborgen
weiß, ist gegenüber der Welt unbefangen. Wer angstlos und
frei mit dem Vater umgehen darf, kann auch frei und angstlos
mit sich selbst und mit der Welt umgehen. Er ist nicht mehr
Knecht, weder eines kosmischen Gesetzes noch seines eigenen Ichs, sondern Sohn des Vaters, und als Sohn des Vaters ist
er frei.

Nicht eine triumphale Übersteigerung des Allmachtsge-
dankens, sondern die Zusage der Nähe Gottes selbst im Leid
ist die Antwort des Christentums auf den antiken Schicksals-
glauben. Die Kristallisation der Allgegenwart Gottes in Jesu
Botschaft und Person wird zum Anhaltspunkt im widersprüchlichen Einerlei der Welt. Der christliche Glaube ent-
wirft in das unbegreifliche Dunkel der Welt rings umher das
Angesicht Gottes, wie es in Jesus Christus erschienen ist. Auf
diese Weise erfährt der Mensch – wider den Augenschein
eines undurchdringlichen, dunklen Schicksals –, daß der

letzte Grund allen Daseins nicht gnadenlos, sondern gnädig ist und deshalb trotz allem guter Grund zum Vertrauen besteht.

3. Das Christentum befreit die Welt aus den Händen der Götter und proklamiert ihre Profanität.

Der antike Mensch wußte sich abhängig von kosmischen Mächten und fügte sich scheu in ihr ewiges Walten – der Kosmos galt ihm als göttlich und heilig. Diese uralte mythische Weltordnung hat das Christentum aufgesprengt. Indem Jesus dem Menschen einen freien Zugang zu Gott eröffnet, zerbricht er den ehernen Ring des Kosmos, der ihn umschlossen hält, und stellt seine verlorene Sohnschaft wieder her. Im Sohnsein liegt beides beschlossen: ein neues Verhältnis zu Gott und ein neuer Umgang mit der Welt.

Für den Umgang des Menschen mit der Welt gilt als Leitfaden das Wort des Apostels Paulus: »Alles ist erlaubt – aber nicht alles ist zuträglich.«

»Alles ist erlaubt« – damit ist die Profanität der Welt proklamiert. Wenn dem Menschen alles erlaubt ist, dann ist die Unterscheidung zwischen sakraler und profaner Sphäre – die Basis aller antiken Kultpraxis – aufgehoben. Dann kann es in der Welt keine ausgegrenzten sakralen Bezirke, keine abgesonderten religiösen Provinzen, keine bestimmten heiligenden Handlungen mehr geben. Vielmehr ist dann alles profan und in die freie Verfügung des Menschen gegeben.

Das heißt jedoch nicht, daß es in seine Beliebigkeit gestellt wäre! Das Pauluswort geht weiter: »– aber nicht alles ist zuträglich«. Das besagt, daß im Handeln Unterschiede gemacht werden müssen, denn Gottes Schöpfung will in ihrer Güte bewahrt sein. Aber diese Unterschiede sind nicht eine Sache des Glaubens, sondern der Vernunft. Mit seiner Vernunft hat der Mensch darüber zu entscheiden, was zuträglich ist und was nicht, damit die Welt in Ordnung bleibt. Gott hat den Menschen nicht zum Heiland der Welt bestellt, sondern zu ihrem Hüter, damit er sie mit seinen Werken in behutsamer Liebe hüte.

Der Politiker soll Frieden schaffen und nicht das Reich Gottes aufrichten; der Arzt soll den Leib heilen und nicht die Seele retten; der Jurist soll Recht sprechen und nicht das Jüngste Gericht vollstrecken; der Historiker soll erforschen, wie es gewesen ist, und nicht den Willen Gottes ergründen.

Damit wird die Existenz des Menschen nicht in zwei Teile gespalten: hier Christ – dort Mensch. Vielmehr ist es gerade der Glaube, der das weltliche Tun der Vernunft überantwortet, damit es in seinem weltlichen Charakter erhalten bleibt und sich nicht anheischig macht, die Welt zu erlösen.

4. Im Christentum wird das Verhältnis von Religion und Sittlichkeit umgekehrt, aber gerade dadurch neu begründet.

Celsus, der erste große Spötter über das Christentum, hat den Gott der Christen mit einem Räuberhauptmann verglichen, der eine Verbrecherbande um sich sammle. Mit dem Scharfblick des Feindes ist hier der Kernpunkt herausgegriffen, wird das Neue, Fremdartige, ganz und gar Andere erkannt, das alles, was die Menschen sonst über Gott denken, auf den Kopf stellt, das aller Religion stracks entgegen ist und jeder Moral ins Gesicht schlägt. Während Gott sonst nur die Reinen und Heiligen in seinem Bannkreis duldet, liebt der Vater Jesu von Nazareth gerade die Ungerechten und Sünder; während von Gott sonst gesagt wird, daß er die Sünden der Väter heimsuche bis ins dritte und vierte Glied, ist dieser Gott gerade daran interessiert, die Sünder und Ungerechten vor seinem Gericht zu bewahren. Er läßt Gnade vor Recht ergehen.

Aber indem das Christentum die Beziehung zwischen Religion und Moral umkehrt, hebt es die Moral nicht auf, sondern begründet sie gerade neu. Denn Gottes Güte läßt den Menschen nicht gleichgültig bleiben, sondern gewinnt ihm das Herz ab. Sie überwindet den Sünder und ermutigt ihn, es Gott in seiner Liebe alsbald gleichzutun. Wem viel vergeben ist, der liebt viel. Das bedeutet den Anfang einer neuen Lebensordnung nach Jesu Vorbild.

Was das Christentum über die antike Religionswelt hinaus auf eine neue, für die Christenheit endgültige Stufe der Religionsgeschichte gehoben hat, ist alles in allem Jesu neue Botschaft von Gott. Sie bildet das genuin Christliche im Christentum. Um ihretwillen hat das Christentum sich im Konkurrenzkampf mit den anderen antiken Religionen behauptet und ist am Ende allein auf dem Platz geblieben.

Das Christentum hätte sich niemals in der von Kulten, Heiligtümern, Tempeln und Gemeinden übervollen hellenistischen Religionswelt durchgesetzt, wenn sich die Christen nicht so leidenschaftlich getrieben gefühlt hätten, ihren Glauben anderen zu bezeugen. Sie konnten es nicht lassen, von dem zu reden, was sie gehört und gesehen hatten. Ihre »propaganda fidei« geschah gleichsam durch persönliche »Ansteckung«, von Mund zu Mund, von Haus zu Haus, von Stadt zu Stadt, von einem Land zum andern.

Dabei wirkten die Gemeinden schon durch ihr bloßes Dasein. Die antike Welt war reich, fast überreich an Theorien und Ideen, an Geist und Magie, an Wissensdrang und Erkenntnis, an Frömmigkeit und auch Moral. Aber was ihr bei all dem weithin fehlte, war die wärmende Kraft der Liebe. Und diese trugen die Christen in ihre Umwelt hinein. »Seht, wie haben sie einander so lieb!« war der Eindruck, den sie bei den Zeitgenossen hervorriefen.

Das Christentum fand in allen Kreisen der Bevölkerung Eingang, vornehmlich jedoch zuerst in den sozial niederen Schichten, denn diese litten am meisten unter den Wechselfällen des Daseins. Während die Reichen und Mächtigen sich noch einigermaßen gegen die Launen des Schicksals zu wehren vermochten, waren die Armen und Ohnmächtigen ihnen fast hilflos ausgeliefert. Daher hörten sie auch am ehesten auf die christliche Erlösungsbotschaft.

Was die Christen zu all dem von anderen Gläubigen unterschied, war ihre Bereitschaft, ihren Glauben nicht nur öffentlich zu bekennen, sondern sich für ihn auch einzusetzen und, wenn es sein mußte, sogar zu leiden, ja zu sterben. Von Anfang an war »das Blut ein Same der Kirche« (Tertullian).

Das war damals keineswegs selbstverständlich. Ein Kennzeichen jedes religiösen Synkretismus ist seine Beliebigkeit. Da kann jeder nach seiner Façon selig werden – und nicht nur nach einer, sondern gleich nach mehreren. Dieses Fehlen einer letzten, absoluten Bindung und damit der Mangel an persönlichem Engagement kennzeichnete auch den Synkretismus der antiken Religionswelt. Deshalb erschienen die Christen in ihr, wie schon die Juden, als Fremdlinge. Sie zeigten sich zu keinerlei Angleichung ihrer Botschaft bereit, sondern bestanden auf Eindeutigkeit und Ausschließlichkeit der von ihnen bekannten Wahrheit. Während man sonst zwischen verschiedenen »Herren« wechseln, auch gleichzeitig mehreren dienen konnte, gab es für die Christen nur den einen Kyrios Jesus Christus: »Es ist in keinem anderen das Heil, auch ist kein anderer Name unter dem Himmel den Menschen gegeben, durch den wir gerettet werden sollen.«

So konnten die Christen sagen: »Unser Glaube ist der Sieg, der die Welt überwunden hat« – das war ein religiöses Bekenntnis und eine historische Feststellung zugleich.

Als die Urgemeinde unter Leitung des Petrus für den abtrünnigen Judas einen Nachfolger wählte, wurde zur Bedingung gemacht, daß es ein Augenzeuge sein müsse, einer, der Jesus nachgefolgt sei, von der Taufe des Johannes bis zum Tage seiner Auferstehung. Die Augenzeugenschaft sollte die Zuverlässigkeit der Überlieferung von Jesus gewährleisten, damit der Glaube sich nicht an irgend etwas halte, sondern seinen Halt an Jesus selbst habe. Damit erweist sich das Christentum wiederum als eine geschichtliche Religion. Es gründet seine Wahrheit nicht auf einen Mythos oder eine Idee, sondern auf eine einmalige geschichtliche Person, auf den Menschen Jesus aus Nazareth.

Später, als ein Apostel nach dem anderen starb, wurde für keinen mehr ein Nachfolger gewählt. Denn inzwischen hatte sich in den christlichen Gemeinden eine vielfältige, zunächst mündliche, bald aber auch schriftliche Jesus-Überlieferung gebildet. Diese verschiedenen Traditionsströme mündeten schließlich in die vier kanonischen Evangelien. Sie traten gleichsam an die Stelle der Apostel – deshalb war keine Nachwahl mehr nötig. Kirchlich abgesichert wurde die kanonische Tradition durch die Geschichtskonstruktion der »apostolischen Sukzession«, garantiert im Bischofsamt.

Die Überlieferung von Jesus begann schon zu seinen Lebzeiten, sobald Augenzeugen von ihren Begegnungen mit ihm berichteten: Der eine war von seiner Krankheit geheilt worden, der andere hatte die Vergebung seiner Schuld erfahren, ein dritter war betroffen von der Macht des Liebesgebotes, und wieder ein anderer fühlte sich von Gott und den Menschen neu angenommen. So hatte jeder seine persönlichen Erinnerungen an Jesus und erzählte von ihnen.

Nach der Auferstehung Jesu begann jedoch ein neues Stadium. Jetzt trat die Überlieferung aus der Sphäre des Privaten heraus und wurde zu einer Angelegenheit der Gemeinde, damit öffentlich und schließlich offiziell. Die Mission war der Anlaß, die Predigt das Mittel der Verbreitung, wobei zur »Predigt« alle Lebensäußerungen der Gemeinde gehörten: Gottesdienst und Liebestätigkeit, Apologetik und Polemik, Gemeindedisziplin und schriftgelehrte Arbeit.

Alle diese Interessen haben die Überlieferung von Jesus geformt, und so war diese von Anfang an durch den Glauben der Gemeinde geprägt. Auch die kleinste Überlieferungseinheit, selbst die kürzeste Szene und der knappste Spruch, war von dem Glauben bestimmt, daß Jesus der Christus Gottes sei; sie wurde weitergegeben, gesammelt und schließlich aufgezeichnet, um diesen Glauben zu bezeugen und als wahr zu erweisen – wie es am ursprünglichen Schluß des Johannes-Evangeliums heißt: »Diese Zeichen sind geschrieben, damit ihr glaubt, daß Jesus der Christus ist, der Sohn Gottes, und damit ihr durch den Glauben das Leben habt in seinem Namen.«

Dabei warf die Auferstehung Jesu ihr Licht auf alle Erinnerungen an ihn zurück. Was er zu seinen Lebzeiten gesagt und getan hat, wurde in ihrem Horizont erzählt. So sehr war das Verständnis seiner Geschichte davon bestimmt, daß sich die Grenzen zwischen seinem vorösterlichen und seinem nachösterlichen Wirken zu verwischen begannen. Wenn die christlichen Gemeinden von Jesu Worten und Werken erzählten, so taten sie es im Grunde nicht, um von einer historischen Gestalt der Vergangenheit zu berichten, sondern um ihren gegenwärtigen Herrn zu verkündigen.

Dies verleiht den neutestamentlichen Evangelien ihren einmaligen, von allen anderen Arten und Gattungen antiker Geschichtsschreibung und Literatur unterschiedenen Charakter. Sie sind keine historischen Berichte und Biographien, sondern Glaubensurkunden, Zeugnisse von geschehener Verkündigung, auf daß neue Verkündigung geschehe und also neu Glaube entstehe. Immer begegnet die Überlieferung von Jesus nur im »Kerygma«, daß heißt im Glauben und in der Verkündigung der Gemeinde.

Es konnte gar nicht ausbleiben, daß Jesus »persönlich« in sein Evangelium hineingeriet. Denn wer glaubt, daß wahr sei und stimme, was Jesus von Gott gesagt hat, wer mithin an Gott *durch* Jesus glaubt, der glaubt an Gottes Gegenwart *in* Jesus. Und so wurden die Worte und Taten eines jüdischen Wanderlehrers zu Gottes Wort und Tat in der Geschichte. Der in Gottes Namen geredet hatte, wurde jetzt selbst zum Namen Gottes. Und so schlug die Botschaft Jesu von Gott um in die Botschaft von Gott in Christus.

Wo immer dieser Umschlag geschah, dort entwarfen die Gläubigen jeweils in den Worten, Farben und Formen ihrer Umwelt ein Bild von dem Anfänger und Vollender des Glaubens. Da sie in Jesu Person und Botschaft die Gegenwart Gottes erfahren zu haben glaubten, war es ein Bild ihrer eigenen Glaubenserfahrung – aber nun nicht einfach nur ein Bild ihrer eigenen seelischen Kraft, vielmehr der Eindruck, den Jesus in ihrer Seele hinterlassen hat, und somit der göttlichen Kraft, die ihn selbst beseelt hat.

Bei der Sammlung und Sichtung der im Umlauf befindlichen mündlichen und schriftlichen Überlieferungen von Jesus wurden die verschiedenartigen Aspekte seiner Erscheinung immer zugleich theologisch reflektiert. Auf diese Weise entstanden etliche nebeneinander herlaufende und voneinander abweichende Überlieferungsstränge mit jeweils verschiedener theologischer Tendenz. Jede dieser »Glaubensrichtungen« beging das Gedächtnis Jesu auf ihre Weise: Jesus

als Wundermann, der sich durch sichtbare Krafttaten ausweist
– als Weisheitslehrer, der durch die Vollmacht seiner Rede
überzeugt – als Leidender und Sterbender, der sich für die
Vielen dahingibt – als Erhöhter, der den Seinen vom Himmel
herab erscheint – als Abwesender, der sehnsüchtig zu Gericht
und Erlösung erwartet wird – als Anwesender, der schon jetzt
das Heil der Endzeit in seiner ganzen Fülle spendet. »Konfes-
sionen« gab es schon in der frühesten Christenheit!

Dieser Vielfalt entsprachen die verschiedenen religiösen
Hoheits- und Würdetitel, die die Gemeinden aus ihrer jüdischen, griechischen oder orientalischen Umwelt übernahmen
und sie auf Jesus übertrugen, um ihren Glauben an ihn auszudrücken. Gar nicht genug Titel und Namen konnten sie häufen, um die einzigartige Bedeutung Jesu zu beschreiben. Und
so nannten sie ihn Messias (Christus), Menschensohn, Davidssohn, Prophet, Sohn Gottes, Gottesknecht, Hoherpriester, Hirte, Heiland, Retter, Mittler, Erlöser, Herr (Kyrios),
Logos (Wort), Gott.

Dabei handelte es sich freilich niemals nur um eine einfache
Übertragung vorhandener Titel und fertiger Würdenamen,
sondern stets zugleich um eine Umprägung. Wo immer jene
Titel zu Namen für Jesus, den Gekreuzigten und Auferstandenen, wurden, dort wurden sie in seine Verkündigung einge-
schmolzen, dort nahmen sie das Geheimnis seiner Person und
Geschichte in sich auf und bekamen einen neuen Sinn. So stark
setzte sich das Eigene, Einzigartige der Gestalt und Botschaft
Jesu trotz aller Erhöhungen durch.

Insgesamt verrät die Überlieferung von Jesus eine zuneh-
mende Steigerung seiner Person ins Hoheitsvolle, ja Wunderbare. Schaltet man die verschiedenen Stationen seiner Erhöhung hintereinander, so ergibt sich folgende Ereigniskette:

Der präexistente Gottessohn, der von Ewigkeit her beim Vater weilt, steigt aus der Himmelswelt herab und wird durch die Geburt von einer Jungfrau Mensch. Während seines Erdenwandels wird ihm seine göttliche Sohnschaft gleich zweimal – bei der Taufe am Jordan und bei der Verklärung auf einem Berg – durch eine Himmelsstimme bestätigt. In Erfüllung des göttlichen Heilsplans stirbt er für die Sünden der Menschheit am Kreuz und kehrt, nachdem er sein Erlösungswerk auf der Erde vollbracht hat, durch Höllenfahrt und Auferstehung hindurch in die Himmelswelt zurück. Dort herrscht er zur Rechten Gottes, bis er, diesmal für alle sichtbar auf den Wolken des Himmels, wiederkommen wird, um Gericht zu halten und am Ende einen neuen Himmel und eine neue Erde heraufzuführen.

Innerhalb dieses heilsgeschichtlichen Rahmens wurden auch die Taten, die Jesus auf Erden vollbracht hat, immer wunderbarer. Nun wurden von ihm auch Naturwunder, wie die Stillung eines Sturms auf dem See Genezareth, und sogar Totenerweckungen berichtet.

Bei den Totenerweckungen vollzog sich wiederum eine Steigerung: Zuerst ist es nur ein soeben eingeschlafenes, fast nur scheintot wirkendes Mädchen, die Tochter des Synagogenvorstehers Jairus, das Jesus auferweckt – der Jüngling zu Nain befindet sich schon auf dem Weg zum Friedhof, als Jesus dem Leichenzug begegnet – Lazarus schließlich ist schon drei Tage tot und sein Leichnam daher bereits in Verwesung begriffen.

Alle diese Wunder sollten zum Beweis der Göttlichkeit Jesu dienen. Tatsächlich aber drohten sie ihn zu einem morgenländischen Magier zu machen und damit zu einem Doppelgänger der vielen Wundertäter, die damals durch die Länder des Mittelmeers zogen und ihre Künste anpriesen.

Deutet man die verschiedenen Weiterbildungen der Überlieferung von Jesus und ihre Einkleidung in mythisches Gewand symbolisch, so verraten sie einen tiefen Sinn und erweisen sich als sachlich richtige Auslegungen des einmaligen
geschichtlichen Ursprungs. Die Jungfrauengeburt wird dann
zu einem Symbol dafür, daß sich hier nicht ein Mensch nach
Art griechischer Heroen zu Gott emporgearbeitet, sondern
umgekehrt Gott selbst in einem leibhaften Menschen gehandelt hat. Die Stillung des Seesturms zeigt an, daß der Glaube
eine Macht ist, die auch durch die Stürme und Untergänge
des Lebens hindurchträgt. Und die Totenerweckungen
schließlich bezeugen Jesus Christus als Herrn selbst über den
Tod.

Den Interpretationshorizont für die Deutung der Geschichte Jesu lieferte das Alte Testament – es war die Bibel der
ersten christlichen Gemeinden. Mit Hilfe des Schemas von
»Weissagung und Erfüllung« suchte man darzutun, wie sich
die Prophezeiungen des Alten Testaments in Jesu Geschick
erfüllt haben: »Mußte nicht Christus dies erleiden und in
seine Herrlichkeit eingehen? Und er fing an bei Mose und
allen Propheten und legte ihnen aus, was in der ganzen Schrift
von ihm gesagt war.«

Man fand Jesu Weg im Alten Testament sozusagen »vorge-
schrieben« – entsprechend lautete die übliche Zitationsfor-
mel »wie geschrieben steht«. Der Nachweis der Erfüllung
alttestamentlicher Texte ging häufig, vor allem in der Pas-
sionsgeschichte, bis ins Einzelne und Kleinste. Aber mögen
diese punktuellen Schriftbeweise oft auch nachträgliche
schriftgelehrte Fündlein sein, so haben sie ihr Recht und ihren
Ernst doch darin, daß Jesus selbst im Alten Testament gelebt
und aus ihm seine Sendung verstanden hat.

So haben die ersten christlichen Gemeinden aus frommer Verehrung und Liebe, gewiß bisweilen auch aus Aberglauben einen goldenen Schleier gewoben und ihn über die harten Konturen der Gottesgeschichte gebreitet. Aus dem irdenen Gefäß wurde eine goldene Monstranz. Der »Sohn Gottes« wurde teilweise so sehr ins Wunderbare, ja Wunderhafte gesteigert, daß seine Füße kaum noch den Erdboden zu berühren schienen.

Dennoch wird man, aufs ganze gesehen, nicht behaupten können, daß die Gemeinde die geschichtliche Gestalt Jesu aufgelöst und in einem mythisch-gnostischen Nebel habe verschwimmen lassen. Wohl hat sie das Bild des irdischen Jesus ausgeschmückt, sie hat es jedoch nicht verfälscht. Zwar wurde bisweilen vergessen, daß Jesus in Niedrigkeit am Kreuz gestorben war, aber noch der Auferstandene trug die Nägelmale des Gekreuzigten.

Daß das Christentum trotz allem eine geschichtliche Religion geblieben ist, beweist die einfache Tatsache, daß das Zeugnis von Jesus Christus in der Form von Evangelien überliefert wurde. Auch wenn diese die Geschichte Jesu bereits im Licht seiner Auferstehung erzählen, so verkündigen sie die Christusbotschaft doch immerhin im Rahmen des irdischen Lebens Jesu. Selbst der Vierte Evangelist, den die Überlieferung »Johannes« nennt, schreibt die Geschichte des erhöhten Herrn noch als Geschichte des irdischen Herrn.

Dies ist um so erstaunlicher, als in den Briefen des Neuen Testaments, die zeitlich meistens vor der Abfassung der Evangelien liegen, die Geschichte Jesu auf ein Minimum zusammengeschrumpft und fast nur noch auf die Heilsbedeutung seines Sterbens und Auferstehens konzentriert ist. Die Evangelien hingegen zeigen sich trotz aller Deutung von Ostern her erheblich an der vorösterlichen Geschichte Jesu interessiert. Sie schreiben ihr Kerygma dem irdischen Jesus zu und messen ihm damit eine besondere Autorität und bleibende Bedeutung bei. Das Kerygma ist für sie nicht anonym, sondern trägt einen Namen; sein Name ist Jesus von Nazareth – kein Mythos und keine Idee, auch kein Kulthaupt und kein Himmelswesen, sondern ein wahrhafter Mensch. Es beginnt mit Jesus von Nazareth.

Der Horizont der Verkündigung Jesu war nicht die Kirche, sondern das Reich Gottes, und er erwartete das Kommen des Reiches in Bälde, demnächst schon. Gleich am Anfang seines öffentlichen Auftretens steht wie ein Signal die Zeitangabe: »Das Reich Gottes ist herbeigekommen. Kehrt um und glaubt an das Evangelium!«

Diese Zeitangabe wird im Laufe der Verkündigung Jesu mehrfach wiederholt und genauer präzisiert. Da heißt es: »Wahrlich, ich sage euch: Dieses Geschlecht wird nicht vergehen, bis dies alles geschieht.« Oder: »Wahrlich, ich sage euch: Es stehen etliche hier, die werden den Tod nicht schmecken, bis sie das Reich Gottes kommen sehen in Macht.« Bei der Aussendung seiner Jünger gibt Jesus ihnen das Wort mit auf den Weg: »Wahrlich, ich sage euch: Ihr werdet mit den Städten Israels nicht zu Ende sein, bis der Menschensohn kommt.« Das Abendmahl beschließt er mit der Verheißung: »Wahrlich, ich sage euch: Ich werde von nun an nicht mehr von dem Gewächs des Weinstocks trinken bis zu dem Tag, an dem ich mit euch neu davon trinken werde in meines Vaters Reich.« Und schließlich beim Verhör durch den Hohenpriester: »Ihr werdet sehen den Menschensohn sitzen zur Rechten Gottes und kommen auf den Wolken des Himmels.«

Es kann kein Zweifel darüber bestehen, daß Jesus mit dem

endgültigen Hereinbruch des Reiches Gottes und auch wohl mit seiner eigenen Wiederkunft schon in der allernächsten Zeit gerechnet hat.

Dem entsprach die Stimmung in den frühesten christlichen Gemeinden. Sie lebten voller Ungeduld und Erwartung: Die Gestalt der Welt vergeht, ihre Tage sind gezählt, und jeden Tag kann es geschehen, daß der Herr wiederkommt – darum: »Erhebt eure Häupter! Eure Erlösung ist nahe.« Sehnsüchtig beteten sie beim Abendmahl: »Komm, Herr!« und richteten ihr tägliches Leben entsprechend darauf ein.

Aber die Tage gingen dahin, und die alte Welt nahm unverändert ihren Lauf. Gemeindemitglieder starben oder hatten vergebens, in Erwartung des nahen Weltendes, auf die Ehe verzichtet. Doch der Herr war nicht gekommen, wie er es verheißen hatte. Offenbar hatte Jesus sich – trotz der wiederholten feierlichen Versicherung »Wahrlich, ich sage euch« – im Termin geirrt.

Wie kamen die ersten Gemeinden über diesen Irrtum hinweg? Wie ist Jesus dennoch für sie der Anfänger und Vollender des Glaubens geblieben?

In der neutestamentlichen Überlieferung finden sich Spuren, wie die ersten Christen sich mit der unerwarteten neuen Lage auseinandergesetzt und ihre Enttäuschung verarbeitet haben. Da sind zunächst die immer wiederkehrenden Mahnungen, im Warten nicht müde zu werden und die Hoffnung nicht fahren zu lassen, sondern weiterhin zu wachen und sich bereit zu halten: Der Messias kommt unversehens wie ein Dieb in der Nacht oder wie ein Hausherr, der unerwartet, zu einer Stunde, die niemand kennt, zu seinen Knechten heimkehrt, oder wie ein Bräutigam, der lange ausbleibt und dann doch um Mitternacht plötzlich zur Hochzeit erscheint.

Begründet wurden diese Ermahnungen zum Warten und Wachen, wie schon in der jüdischen Apokalyptik, mit dem Hinweis auf Gottes geheimen Ratschluß: »Von dem Tag und der Stunde weiß niemand, auch die Engel im Himmel nicht, auch der Sohn nicht, sondern allein der Vater.« Später, als noch mehr Zeit verstrichen war und die Spötter zu fragen begannen: »Wo bleibt die Verheißung seines Kommens?«, verteidigte und tröstete man sich zugleich mit der Erinnerung an Gottes ganz anderes Zeitmaß: »daß *ein* Tag vor dem Herrn wie tausend Jahre ist und tausend Jahre wie ein Tag«.

Trotz dieser einzelnen Spuren aber bleibt es erstaunlich, wie undramatisch sich der Umschlag vollzogen hat und wie verhältnismäßig unangefochten die Gemeinde über das Ausbleiben der Wiederkunft Jesu hinweggekommen ist. Dies war nur möglich, weil auch die ersten Christen schon in der Gegenwart die Nähe ihres Herrn verläßlich erfuhren. Die Anzeichen für diese Gewißheit überwiegen bei weitem die Spuren der Verunsicherung und Enttäuschung.

Die Gründe für die Verlagerung des Heils aus der Zukunft in die Gegenwart waren mannigfach. Vorbereitet war dies schon durch Jesu eigene Reich-Gottes-Verkündigung. Sie lenkte den Blick nicht einseitig nur in die Zukunft, sondern forderte schon jetzt zur radikalen Umkehr auf, so daß der gegenwärtige Moment zum Kairos, zum erfüllten Augenblick, wurde – jede Stunde ist letzte Stunde, alle Zeit letzte Zeit!

Sodann verhießen die Erscheinungen des Auferstandenen auf eine neue Weise Jesu Gegenwart und konnten deshalb seine ausgebliebene Wiederkunft ersetzen.

Entscheidend für die Umpolung des Bewußtseins der Christenheit aber war die Erhöhung Jesu zum himmlischen Kyrios. Damit war auch die Erlösung aus der Zukunft in die Gegenwart verlegt.

Ihren Abschluß fand diese ganze Entwicklung schließlich
im Johannes-Evangelium. In ihm spricht Christus: »Wer
mein Wort hört und glaubt dem, der mich gesandt hat, der *hat*
(schon) das ewige Leben und kommt nicht in das Gericht,
sondern *ist* (schon) vom Tode zum Leben durchgedrungen.«
Damit war das ewige Heil vollends auf den Akt des Predigens
und Glaubens in der Gegenwart konzentriert, und nur ein
kirchlicher Redaktor fügte jeweils noch geflissentlich einen
formelhaften Hinweis auf Weltgericht und Totenauferste-
hung an. Der Verfasser selbst aber blickt nicht mehr aus auf
die Wiederkunft Christi, sondern hält sich an die Fleischwer-
dung des Logos. Und so rechnet man die Jahre fortan post
Christum natum – nach Christi Geburt.

Zum Zeichen des gegenwärtigen Heils wird das Wirken
des Heiligen Geistes. Als bei der sogenannten »Himmel-
fahrt« Christi, wie die Gemeinde die letzte, abschließende Erscheinung des Auferstandenen gedeutet hat, die Jünger Jesus
nach dem Termin der endgültigen Aufrichtung seines Reiches fragen, verbietet er ihnen diese Frage mit dem Hinweis
auf Gottes Vorbehalt: »Es gebührt euch nicht, Zeit oder
Stunde zu wissen, die der Vater in seiner Macht bestimmt
hat.« Statt dessen verheißt er den Jüngern die Gabe des
Heiligen Geistes: »Ihr werdet die Kraft des Heiligen Geistes
empfangen, der auf euch kommen wird, und werdet meine
Zeugen sein.«

Die Erfüllung dieser Verheißung hat die Gemeinde im
Bericht von der Ausgießung des Geistes zu Pfingsten geschil-
dert. Der Heilige Geist galt in der Urchristenheit als eine
Gabe der Endzeit. Er ist gleichzeitig Erweis der Gegenwart
Christi und Unterpfand der künftigen endgültigen Erlösung.
»Geistesgegenwart« heißt demnach: Es kommt die Zeit und
ist schon jetzt! So verbindet sich das »Noch nicht« mit dem

»Schon jetzt« und bestimmt die Existenz der Christen in der Gegenwart. Das aber entspricht genau der Situation der Kirche »zwischen den Zeiten«.

Die Erscheinungen des Auferstandenen und das Ausbleiben der Wiederkunft Christi haben ineins zur Entstehung der Kirche geführt. Sie ist gleichzeitig aus Not und Notwendigkeit geboren: Aus Not, weil die von Jesus entfachte endzeitliche Glaubens- und Sammlungsbewegung sich sonst wieder verlaufen hätte; aus Notwendigkeit, weil der geschichtliche Impuls des Anfangs, seine »Vorläufigkeit«, um in Gang zu bleiben, institutionell stabilisiert werden mußte. Auch der Heilige Geist braucht, wenn er bleiben soll, ein Dach über dem Kopf.

Jesus hat wie ein Blitz vom Himmel ein Feuer auf Erden angezündet – wie aber kann aus einem himmlischen Brand ein irdischer Dauerbrenner werden? Zu diesem Zweck mußte ein geschichtliches Gebilde entstehen, das, wie alle Gebilde in der Geschichte, seinen Bestand in der Welt mit den Mitteln der Welt behauptete. Und so ist fast von selbst die Kirche »gekommen« – mit heiligen Schriften, Dogmen, Ämtern und Riten, mit Kultus, Recht und Gesetz, mit Hierarchie, Bürokratie und Finanzen.

Damit vollzog sich jener Übergang, den Max Weber »Veralltäglichung des Charismas« genannt hat: Aus der Ausnahme wurde Gewohnheit, aus dem Feiertag Alltag, aus der Liebe Moral, aus der Ruhe Beruhigung, und die heroischen Ideale verblaßten oder verwandelten sich in alltägliche Pflichten. Jetzt wurde aus der Offenbarung gleichzeitig eine Überlieferung, aus dem Wort Gottes eine menschliche Urkunde, aus dem Heiligen Geist eine Amtsvollmacht, aus dem Leib Christi eine Körperschaft, aus der Nachfolge Jesu eine kirchliche Laufbahn.

Das Reich Gottes, das nicht von dieser Welt ist, als eine Institution in dieser Welt, ein göttliches Unternehmen als menschlicher Betrieb – das ist das Dilemma, in dem sich die Kirche befindet; das macht sie zu einem so zweideutigen Faktum. Der entscheidende Schade der Kirche liegt nicht darin, daß sie meistens, so oder so, hinter der Zeit her ist – oft genug ist sie ihr voraus! –, sondern daß sie ständig hinter dem Reich Gottes zurückbleibt.

Das Reich Gottes, wie Jesus es verkündet hat, gilt nun einmal zu Recht als der Maßstab, an dem die Kirche aufgrund ihres geschichtlichen Ursprungs zu messen ist. Und so erscheint die Kirche als ein notwendiges Übel: ein *notwendiges* Übel, weil es ohne sie die Sache Jesu gar nicht mehr gäbe – ein notwendiges *Übel* aber, weil jede kirchliche Institution, auch die beste, hoffnungslos hinter dem Reich Gottes zurückbleibt, weil jeder kirchliche Lehrsatz, auch der paradoxeste, die Fülle der göttlichen Offenbarung nur unzureichend zu fassen vermag, weil selbst die Heiligen, auch die reinsten, immer noch Menschen und damit Sünder bleiben.

So ist die Kirche schuldlos an ihrem Ursprung, schuldbeladen aber in ihrem Fortgang. Wo aber gibt es Menschengeschichte ohne Schuld? Und Kirchengeschichte ist Menschengeschichte – wie Staats-, Wirtschafts- und Kulturgeschichte.

Obwohl die Kirche das Reich Gottes, von dem es heißt, daß es nicht von dieser Welt sei, in dieser Welt eingebürgert und dabei auch kräftig verbürgerlicht hat, ist die Kraft des Ursprungs in ihr immer wieder so frisch und lebendig, daß es sie über sie selbst hinaustreibt. Während Bürokratie sonst schläfrig oder halbwach auf der horizontalen Ebene dahindämmert, schlägt in die kirchliche Bürokratie wie ein Blitz immer wieder ein vertikaler Anspruch ein: »Wachet, denn ihr wißt nicht, an welchem Tag euer Herr kommen wird!«

Diese Konfrontation mit dem »Herrn« kann sich zu jeder Zeit ereignen. Die Kirche sitzt auf dem von ihr bewahrten und manchmal auch bewachten Evangelium wie auf einem Pulverfaß, ständig in der Gefahr, durch seine Verkündigung sich selbst in die Luft zu sprengen. Darum wird ihr die Domestizierung des Heiligen Geistes, seine »Behausung«, auch nie endgültig gelingen.

So stellt die Geschichte der Kirche weder nur einen fortgesetzten Abfall vom Evangelium Jesu dar noch nur einen ununterbrochenen Fortschritt zum Reich Gottes. Vielmehr bleibt die Kirche in einem ständigen Auf und Ab, immer wieder nur durch den Bruch hindurch das »Aufgebot des Glaubens« in der Welt.

Wo immer Jesus als der Christus Gottes in der Welt verkündigt wird, dort bricht er selbst, der Anfänger des Glaubens, durch alle Erstarrungen und Verkrustungen neu in eine Zeit ein und bringt ihn zur Vollendung. »Er geht auf die Namenssuche. Der halbe Satz, die erste Hälfte des Satzes – das ist Jesus; die andere Hälfte ist der Gläubige. Erst beide zusammen bezeugen Jesus Christus. Denn nun ist er wahrhaftig auferstanden, weil Du seinen Satz zu Ende sprichst.« (Eugen Rosenstock-Huessy)

HISTORISCH-KRITISCHE EXKURSE

Von der unmöglichen Möglichkeit,
ein Leben Jesu zu schreiben

Die Wahrheit der platonischen Dialoge ist unabhängig davon, ob Sokrates gelebt hat; der Marxismus-Leninismus steht und fällt nicht mit dem Leben und Sterben von Marx, Engels und Lenin; Psychotherapie kann man treiben, ohne von Freud, Jung oder Adler die Namen zu kennen. Die Methode ist jeweils ablösbar von ihrem Entdecker.

Das Christentum dagegen ist und bleibt für alle Zeiten auf die Geschichte Jesu von Nazareth angewiesen, nicht nur auf seine Lehre, auch auf sein Leben. Um der Glaubwürdigkeit seiner Botschaft willen muß es ständig auf seine historische Basis »Rücksicht nehmen«.

Die Botschaft gilt nicht ohne den Boten. Was sich nach den Berichten der neutestamentlichen Evangelien in den Städten und Dörfern des jüdischen Landes – in Galiläa, Samarien und Jerusalem, am Jordan und am See Genezareth, in Gethsemane und auf Golgatha – ereignet hat, das mag im einzelnen ausgemalt, es darf aber nicht ausge*dacht* sein.

An keinem anderen Punkt mußte daher das geschichtliche Verstehen der Neuzeit für den christlichen Glauben bedrängender werden als in der Frage, wer und wie Jesus wirklich war. Da klaffte auf einmal ein Widerspruch zwischen dem »historischen Jesus« und dem »biblischen Christus«, das heißt, zwischen dem, was die historisch-kritische Bibelforschung über Jesus von Nazareth ausmachte, und dem, was die Kirche unter Berufung auf die Bibel in ihrer Verkündigung und Dogmatik über Jesus als den Christus aussagte.

Haben wir im Neuen Testament eine echte Bezeugung oder eine Verfälschung der Geschichte Jesu, seiner Gestalt und Botschaft, vor uns? Um diese Frage ging es. Sie führte zur »Leben-Jesu-Forschung«, die seit der Aufklärung fast zwei Jahrhunderte lang die protestantische Theologie beherrscht hat. Ihre Losung lautete: Vom biblischen Christus zurück zum historischen Jesus!

Und so begab man sich auf die Suche nach dem Jesus, wie er »ursprünglich« und »wirklich« war, bevor der Glaube der Urgemeinde, vorab der Apostel Paulus, ihn zum biblischen Christus umgestaltete. Wie ein Restaurator behutsam eine Übermalung nach der anderen entfernt, um das ursprüngliche Bild wieder freizulegen, so suchte die kritische Leben-Jesu-Forschung eine Überlieferungsschicht nach der anderen abzutragen, um unter der kirchlichen Übermalung wieder den ursprünglichen Jesus zu entdecken. Mit dem durch solche kritische Reduktion wiederhergestellten, vermeintlich »echten« Bild von der Person und Lehre Jesu hoffte man eine unanfechtbare Grundlage für den gegenwärtigen Glauben zu gewinnen.

Aber das Unternehmen der Leben-Jesu-Forschung ist gescheitert, und zwar sowohl historisch als auch theologisch.

Historisch ist die Leben-Jesu-Forschung gescheitert, weil die neutestamentlichen Evangelien weder ihrer Absicht noch ihrem Umfang nach den Stoff zu einer Biographie hergeben. Sie wollen kein »Leben Jesu« bieten, sondern wollen seine Worte und Taten als Gottes Offenbarung und Heil verkündigen. Darum legen sie auch keinerlei Wert auf historische Genauigkeit und biographische Vollständigkeit.

Schon die älteste Überlieferungsschicht vermittelt kein

neutrales historisches Bild von Jesus, sondern ist vom Glauben an ihn geprägt und in den Glanz der Osterereignisse getaucht. Eine vom Glauben freie Überlieferungsstrecke hat es nie gegeben.

Theologisch mußte die Leben-Jesu-Forschung scheitern, weil sie den Versuch unternahm, den Glauben aus der Geschichte zu begründen, indem sie das Ergebnis einer historischen Rekonstruktion, eben den sogenannten »historischen Jesus«, zum Gegenstand gegenwärtigen Glaubens erhob. Damit wurde der Historie nun doch wieder das Unmögliche abgefordert, daß sie heutige Wahrheit und sogar heutigen Glauben begründen sollte – als ob Lessing niemals geschrieben hätte: »Zufällige Geschichtswahrheiten können der Beweis von ewigen Vernunftwahrheiten nie werden«, und wiederum: »Wann wird man aufhören, an den Faden einer Spinne die ganze Ewigkeit aufhängen zu wollen?« Historische Forschung, mag sie auch noch so exakt sein, kann keinen Glauben begründen und historisches Wissen, mag es auch noch so gesichert sein, keine Gewißheit verleihen. Auf historische Resultate hin kann niemand leben und sterben!

Angesichts ihrer doppelten Verlegenheit suchten die Verfasser der zahlreichen »Leben Jesu« sich zu helfen, indem sie, was die Evangelien vermissen ließen, durch den eigenen Geist ergänzten. Die biographischen Lücken füllten sie mit ihrer Phantasie aus, die bestrittene dogmatische Grundlage ersetzten sie durch ihre eigene Weltanschauung. Damit aber hatte die Leben-Jesu-Forschung sich selbst widerlegt.

Es ist ihr ergangen, wie Albert Schweitzer es am Schluß seiner »Geschichte der Leben-Jesu-Forschung« schildert: »Sie zog aus, um den historischen Jesus zu finden, und meinte, sie könnte ihn dann, wie er ist, als Lehrer und Heiland in unsere Zeit hineinstellen. Sie löste die Bande, mit denen er

seit Jahrhunderten an den Felsen der Kirchenlehre gefesselt
war, und freute sich, als wieder Leben und Bewegung in die
Gestalt kam und sie den historischen Menschen Jesus auf
sich zukommen sah. Aber er blieb nicht stehen, sondern
ging an unserer Zeit vorüber und kehrte in die seinige zurück.«

Was von der Leben-Jesu-Forschung als wichtigstes Resultat bleibt, ist ihr negativer Ertrag: Es ist nicht möglich, ein
Leben Jesu zu schreiben – nicht, weil es grundsätzlich verboten wäre, über Jesus genauso eine Biographie zu verfassen
wie über Paulus, Augustinus, Luther oder Goethe, sondern
weil die Quellen dies praktisch nicht ermöglichen. Das ist in
der Theologie heute allgemeine Überzeugung:

»Ich bin der Meinung, daß wir vom Leben und von der
Persönlichkeit Jesu so gut wie nichts mehr wissen können.«
(Rudolf Bultmann, 1925)

»Niemand ist mehr in der Lage, ein Leben Jesu zu schreiben.« (Günther Bornkamm, 1956)

»Jesu Lebensgeschichte als Entwicklung ist nicht rekon-
struierbar.« (Karl Jaspers, 1957)

»Es ist nicht möglich, eine gültige Lebensgeschichte Jesu
zu schreiben.« (Joel Carmichael, 1965)

»Von einer Biographie Jesu kann ohnehin keine Rede
sein.« (Milan Machoveč, 1972)

Aber dann schreiben diese und andere Verfasser nun doch
zwar keine Lebensgeschichte Jesu, immerhin aber Bücher, in
denen trotz der Beteuerung, man könne kein Leben Jesu
schreiben, nach Umfang und Inhalt eine überraschend große
Fülle an Material über Jesu Leben und Lehre ausgebreitet
wird. Auf einmal heißt es, zu Resignation und Skepsis be-
stehe kein Anlaß; die Evangelien gäben überreichlich höchst
gewichtige Kunde vom Lebensgang Jesu und seinen Sta-

dien; seine Gestalt steht in ihrer unverwechselbaren Einmaligkeit und Besonderheit vor uns.

Woher diese Zuversicht der Autoren? Woher diese Fülle an Stoff?

Es ist zunächst die Faszination, die von dem Jesus der Evangelien ausgeht und die über den »garstigen Graben der Geschichte« hinweg die Autoren unmittelbar ergreift: Jesus ist einfach da!

Wer vorurteilslos an die Evangelien herangeht, gewinnt aus ihnen – trotz aller Verschiedenheit im einzelnen – den Eindruck einer einheitlichen, geschlossenen Persönlichkeit, die hinter allem steht. Besäßen wir literarisch nur ein einziges Evangelium und stammte dies zudem noch von einem einzigen Verfasser, so müßten wir damit rechnen, daß das geschlossene, einheitliche Bild der Persönlichkeit Jesu, das uns aus der Überlieferung entgegentritt, eine literarische Schöpfung und religiöse Fiktion sein könnte.

Nun aber haben wir literarisch nicht nur *ein* Evangelium, sondern deren mehrere, und diese sind nicht jeweils die Schöpfung eines einzelnen Verfassers, sondern Sammlungen, die allmählich aus vielen kleinen einzelnen Überlieferungseinheiten zusammengefügt worden sind.

Wie diese Sammlung und Formung des Überlieferungsstoffes vor sich gegangen ist, beschreibt Lukas im Vorwort zu seinem Evangelium folgendermaßen: »Viele haben es schon unternommen, Bericht zu geben von den Geschichten, die unter uns geschehen sind, wie es uns überliefert haben, die es von Anfang an selbst gesehen haben und Diener des Wortes gewesen sind. So habe auch ich's für gut gehalten, nachdem ich alles von Anfang an sorgfältig erkundet habe, es für dich, hochgeehrter Theophilus, in guter Ordnung aufzuschreiben, damit du den sicheren Grund der Lehre erfahrest, in der du unterrichtet bist.«

Wenn solche bruchstückhafte Überlieferung trotzdem das Bild einer einheitlichen, geschlossenen Persönlichkeit darbietet, so kommt man nicht um das Urteil herum, daß dieses Bild historisch echt sein muß. Das aber heißt, daß die einheitliche, geschlossene Persönlichkeit von vornherein am Anfang gestanden hat und nicht erst im Laufe eines literarischen Produktionsprozesses erschaffen worden ist.

So zieht sich durch die gesamte neutestamentliche Überlieferung eine durchgehende Linie von Jesu Glauben und Verkündigen zum Glauben und Verkündigen der Gemeinde, und das ist es, was der Überlieferung ihre Einheit gibt. Das Gesamtbild von Jesus ist nicht erst aus einzelnen Bruchstücken zusammengesetzt worden; vielmehr sind alle einzelnen Bruchstücke von vornherein durch sein Gesamtbild geprägt. In jedem ist Jesus selbst ganz da; er selbst ist der Urheber seines Bildes.

Darum gilt nach wie vor, was Martin Kähler bereits vor fast hundert Jahren in seiner bis heute nicht überholten Schrift »Der sogenannte historische Jesus und der geschichtliche, biblische Christus« geschrieben hat: »Aus diesen bruchstückhaften Überlieferungen, aus diesen unverstandenen Erinnerungen, aus diesen nach der Eigenart des Verfassers gefärbten Schilderungen, aus diesen Herzensbekenntnissen und aus diesen Predigten... sieht uns nun doch ein lebensvolles, in sich zusammenstimmendes, immer wieder zu erkennendes Menschenbild an. Da darf man wohl zu dem Schlusse kommen: hier hat der Mann in seiner unvergleichlichen und machtvollen Persönlichkeit, mit seinem Handeln und Erleben ohnegleichen bis in die Erweisungen des Auferstandenen hinein sein Bild in den Sinn und in die Erinnerung der Seinigen mit so scharfen, so tief sich eingrabenden Zügen hineingezeichnet, daß es nicht verlöscht, aber auch nicht verzeichnet werden konnte.«

Was Martin Kähler mehr intuitiv-naiv empfunden hat, das hat die neutestamentliche Forschung erhärtet, indem sie es durch das Feuer der historischen Kritik brachte. Der entscheidende Fortschritt über die Leben-Jesu-Forschung hinaus bestand im rücksichtslosen Ernstnehmen der Tatsache, daß Jesus nur im »Kerygma«, im Glauben und Verkündigen der Gemeinde, begegnet und dieses daher die letzte für uns erfaßbare historische Größe bildet. Mögen wir uns historisch noch so weit zurücktasten, von allem Anfang an ist die Überlieferung der Gemeinde von Jesus durch den Glauben geprägt und sind darum Bericht und Bekenntnis, Erzählung und Deutung in ihr zu einer unauflöslichen Einheit verwoben.

Aber gerade indem die Gemeinde Jesus im Glauben bezeugt, hat sie seine Geschichte aus der Vergangenheit in die Gegenwart hineingeholt. Sie konnte gar nicht anders verfahren, wenn sie Jesus nicht nur als ein merkwürdiges Ereignis der Vergangenheit aufbewahren, sondern als Grund gegenwärtigen Glaubens verkündigen wollte. Denn das bloße Aufdekken, Feststellen und Überliefern von historischen Tatsachen, seien diese auch noch so wunderbar und außerordentlich, stellt noch keine existentielle Beziehung zu ihnen her und begründet vor allem keinen Glauben. Vielmehr bedarf es stets des Verstehens und Auslegens, damit ein Ereignis der Vergangenheit für die Gegenwart Bedeutsamkeit erlangt.

Mit alledem hat die Erforschung der Geschichte Jesu eine höhere Stufe der historischen Reflexion erreicht. Es geht jetzt nicht mehr, wie einst in der Leben-Jesu-Forschung, darum,

Quellen historisch auszuwerten und die so gewonnene Rekonstruktion unmittelbar zur Grundlage gegenwärtigen Glaubens zu machen, sondern Glaubensurkunden in der Gegenwart so zu interpretieren, daß sie zur Anrede an den Zeitgenossen werden. Damit wird kein Glaubensurteil gefällt, sondern es ist das Ergebnis historischer Forschung. Hier hat sich Kants berühmtes Wort bewahrheitet: »Ich mußte das Wissen aufheben, um für den Glauben Platz zu bekommen.«

Aber löst sich die Geschichte Jesu dadurch nicht endgültig auf, diesmal nicht im Feuer der historischen Kritik, sondern in der Glut des Glaubens? Verschwimmen die Umrisse seiner Gestalt nicht im Licht von Ostern wie die Konturen einer Figur im Glanz einer allzu grellen Sonne? Hat der Glaube dann überhaupt noch Anhalt an Jesus selbst?

Das Lebensinteresse des Glaubens hängt daran, daß das Kerygma nicht nach rückwärts isoliert wird, sondern daß trotz des Bruchs, den Tod und Auferstehung Jesu bedeuten, zwischen der vorösterlichen Verkündigung Jesu und der nachösterlichen Verkündigung der Gemeinde von ihm, kurzum, zwischen dem »historischen Jesus« und dem »biblischen Christus« ein nachweisbarer Zusammenhang besteht. Das Kerygma muß dabei behaftet werden, daß es nicht anonym ist, sondern einen Namen trägt – sein Name ist Jesus von Nazareth. Anders hinge es in der Luft, und der Glaube hätte keinen Anhalt an Jesus selbst.

Natürlich kann die Historie mit ihren Mitteln niemals feststellen, daß Gott in der Geschichte Jesu von Nazareth gehandelt hat und diese Geschichte daher Gottes endgültiges Wort an die Welt ist. Was die Historie aber tun kann und tun muß, ist, daß sie – indem sie aufzeigt, wer Jesus gewesen ist, was er gewollt und wie er sich verhalten hat – den von ihm erhobenen Offenbarungs*anspruch* aufdeckt, falls er einen solchen erhoben hat. Denn dieser Offenbarungsanspruch darf nicht erst vom Glauben in Jesus hineingetragen worden sein, sondern muß auf ihn selbst zurückgehen und seinen Grund in seinem eigenen Verkündigen und Verhalten haben. Anders machte man den Glauben der Gemeinde zur zweiten, überhaupt erst entscheidenden Offenbarungsquelle.

Es kommt dem Glauben bei seinem Rückbezug auf Jesus selbst nicht auf historische Details, sondern auf das Gesamtergebnis an: daß Jesus von Nazareth eine geschichtliche Person ist und seine Botschaft im Kern zuverlässig überliefert. Es geht dem Glauben nicht um Richtung im einzelnen, sondern um die Richtung im ganzen: daß der Kernpunkt der Botschaft Jesu zugleich die Pointe seiner Existenz bildet und Verkündigen und Verhalten sich daher in seiner Person treffen.

Damit stehen wir vor der Frage nach den Quellen.

Die schematische Unterscheidung zwischen »echt« und »unecht«, zwischen »primär« und »sekundär«, zwischen »Herrenwort« und »Gemeindebildung« wird dem neutestamentlichen Überlieferungsbefund nicht gerecht. Sicher gibt es auf der einen Seite Worte und Geschichten Jesu, von denen man mit an Sicherheit grenzender Wahrscheinlichkeit sagen kann, daß sie authentisch seien, wie auf der anderen Seite Worte und Geschichten, von denen man mit gleich großer historischer Wahrscheinlichkeit sagen kann, daß sie von der Gemeinde stammten. Dazwischen aber liegt eine sehr große – wahrscheinlich sogar die größte – Gruppe von Worten und Geschichten, von denen man weder das eine noch das andere mit Sicherheit sagen kann – Mischbildungen, bei denen ursprüngliche Worte und Geschichten Jesu von der Gemeinde umgeformt oder weitergebildet worden sind.

Als primäre Quellen kommen nur Einzelüberlieferungen
in Frage, jene ältesten kleinen Einheiten, die sich mittels der
sogenannten »formgeschichtlichen Methode« herausarbei-
ten lassen: einzelne Sprüche, Gleichnisse, Streitgespräche
und Wundergeschichten, vor allem solche Worte, die ein un-
wiederholbares Situationsbewußtsein widerspiegeln. Im allgemeinen wird man damit rechnen können, daß die historische Treue im Redenstoff der Evangelien stärker gewahrt ist
als im Erzählungsgut. Der chronologisch-biographische
Rahmen, in den die Einzelüberlieferungen eingefügt sind,
stellt größtenteils die eigene Komposition der Evangelisten
dar und verrät deren theologische Absichten und Tenden-
zen.

Selbstverständlich braucht nicht alles, was die Gemeinde
gebildet und geformt hat, deshalb schon ungeschichtlich zu
sein. Sehr wohl können ein Spruch, ein Gleichnis oder eine
Wundererzählung, die ihre Entstehung der Gemeinde ver-
danken, eine authentische Auslegung der Botschaft und Gestalt Jesu bieten und damit zwar nicht wortwörtlich, wohl
aber inhaltlich echt sein. Legendäre Erzählungen können
den Inhalt der Verkündigung Jesu und die Eigenart seines
Verhaltens unter Umständen sogar deutlicher wiedergeben
als protokollarische Notizen, wie ein Gemälde das Wesen
einer Person oft schärfer erfaßt als eine Photographie. Wahrheit und Dichtung sind hier wie auch sonst keine sich aus-
schließenden Gegensätze.

Nicht auf die »verba ipsissima« Jesu, sozusagen auf die
wortgetreue Wiedergabe seiner Stimme kommt es an, sondern auf die Erfassung und Weitergabe seines überall zu-
grundeliegenden und durchscheinenden Wesens und Wollens. Weil den Evangelisten mehr am Inhalt als am Wortlaut
und mehr an der Sache als an der Form gelegen war, verra-

ten sie in ihrem Umgang mit den überlieferten Stoffen eine
ebenso große Sorgfalt im ganzen wie Sorglosigkeit im einzelnen. Zu einem Gesamtbild Jesu gelangt man durch einen Zir-
kelschluß. Mittels einer kritischen Einzelanalyse der Texte
sucht man Stück um Stück ein verläßliches Gesamtbild zu
gewinnen und an dem so gewonnenen Gesamtbild wiederum die Einzelanalyse kritisch zu überprüfen. Dabei wird
es kaum ein zeitliches Vorher und Nachher geben; vielmehr
werden sich Einzelanalyse und Gesamtkonzeption stets
gegenseitig stützen und durchdringen. Das ist bei der Erforschung der Geschichte Jesu nicht anders als bei jeder historischen Arbeit sonst. Das Ganze und das Einzelne sind aufein-
ander bezogen und halten sich gegenseitig. Wer zum Licht
der Wahrheit gelangen will, muß zuvor das Zwielicht der
Wahrscheinlichkeit durchschreiten.

Als bloße Chronik und Archäologie bleibt jede Geschichte,
mag sie auch noch so gut überliefert sein, stumm. Das gilt
auch für die Geschichte Jesu. Wer die Überlieferung von ihr
auf das reduziert, was sich mit keinerlei historischen Argu-
menten mehr bezweifeln läßt, behält am Ende ein Skelett
übrig, an dem sich kein Glaube zu entzünden vermag.

Das wahrhaft Geschichtliche an einer bedeutenden Gestalt
ist die persönliche Wirkung, die der Nachwelt spürbar von
ihr bleibt. Fraglos hat der »biblische Christus« in der Geschichte des Christentums, ja der Menschheit unvergleichlich mehr gewirkt als der »historische Jesus«. Wiederum aber
wäre die Verkündigung des biblischen Christus niemals zu
einer so bedeutungsvollen geschichtlichen Wirkung gelangt,
wenn hinter ihr nicht von Anfang an, als Ursprung und bleibende Kraft, die einzigartige, machtvolle Persönlichkeit Jesu

selbst gestanden hätte. Von nichts kommt nichts, und aus einem Gnom wird kein Riese. Das Bild des biblischen Christus lebt nur als Abbild des Urbildes Jesus von Nazareth.

Darum: Laßt uns neue Christusbilder machen – aber nur ein Bild, das Jesus von Nazareth gleich ist!

Geburt und Jugend Jesu

Die ersten Christen haben nicht an Jesus als den »Sohn Gottes« geglaubt, weil er auf wunderbare Weise von einer Jungfrau geboren war. Vielmehr verhält es sich umgekehrt: Weil sie Jesu Worte und Taten als Gottes Offenbarung erfahren und geglaubt haben, konnte es gar nicht ausbleiben, daß sie sich auch Gedanken über die Art seines Kommens in die Welt machten. Dabei lag ihnen vor allem daran, daß in Jesu Wort und Tat wahrhaftig Gott den Menschen begegnet.

Um dies auszudrücken und festzuhalten, übernahm die Gemeinde aus ihrer religiösen Umwelt die Vorstellung von der Jungfrauengeburt. Sie steht in der neutestamentlichen Überlieferung jedoch völlig am Rande. Nur Matthäus (1,18 ff.) und Lukas (1,26 ff.; 2,1 ff.) erwähnen sie gleich am Anfang, ohne jedoch je wieder darauf zurückzukommen. Bei Markus und Johannes fehlt ein entsprechender Bericht. Auch Paulus begründet Jesu Gottessohnschaft an keiner Stelle mit seiner Geburt von einer Jungfrau; er sagt im Gegenteil ausdrücklich: »geboren von einer Frau und unter das Gesetz getan« (Galater 4,4).

Im Neuen Testament wird die Gottessohnschaft Jesu mindestens auf viererlei verschiedene Weise begründet:

1. Durch Adoption. Bei der Taufe Jesu – später auch bei seiner »Verklärung« – ertönt vom Himmel eine Stimme:

»Du bist mein lieber Sohn…« (Markus 1,9 ff.; 9,2 ff.; Matthäus 3,13 ff.; 17,1 ff.; Lukas 3,21 f.; 9,28 ff.).

2. Durch Einsetzung in die Sohnschaft nach seiner Auferstehung (Römer 1,4).

3. Durch Jungfrauengeburt in den Geburtsgeschichten bei Matthäus und Lukas.

4. Durch die Lehre von der Präexistenz und Menschwerdung: Jesus ist der Sohn Gottes schon von Ewigkeit her (zum Beispiel Johannes 1,1 ff.; 8,58; Römer 8,3; Philipper 2,6 ff.).

Außer der göttlichen Erzeugung aus der Jungfrau finden sich auch in der neutestamentlichen Jesus-Überlieferung die bei der Geburt von Heroen und Göttersöhnen üblichen Begleiterscheinungen wie Verfolgung des Neugeborenen (Matthäus 2,1–12.16–18), Flucht und Verbergung (Matthäus 2,13–15.19–23), frühe wunderbare Weisheit (Lukas 2,41–52), Losreißung von der Mutter (Johannes 2,1 ff.).

Wie Jesu Leben bis zu seiner Volljährigkeit verlaufen ist, läßt sich – außer aus den Evangelien – aus dem erschließen, was zeitgenössische jüdische Quellen allgemein über das Aufwachsen eines Knaben zur Zeit Jesu mitteilen.

In der neutestamentlichen Überlieferung klafft zwischen der Volljährigkeit Jesu und seinem Anschluß an die Bewegung Johannes des Täufers eine zeitliche Lücke von gut fünfzehn Jahren. »Gnostiker« aller Richtungen und Schattierungen – Theosophen und Anthroposophen, Rosenkreuzer und Bhagwanjünger – haben diese Lücke mit allerlei Spekulationen und Mystifikationen auszufüllen versucht. Sie haben Jesus auf die Wanderschaft nach Griechenland, Indien, Ägypten oder Persien geschickt, um ihn sich dort geheime Weisheit aneignen zu lassen. Dies alles sind jedoch Phantastereien. Wäre auch nur ein Gran Wahrheit darin enthalten, so müßten sich irgendwelche inhaltliche Spuren davon in Jesu späterer Verkündigung zeigen. Doch dies ist nicht der Fall.

Aus allen jenen Fabeleien spricht die religiöse Phantasie, die sich im Grunde nicht damit abfinden will, daß es in dem von Jesus verkündeten Reich Gottes mit rechten Dingen zugeht. Zwar ist auch für Jesus bei Gott kein Ding unmöglich, aber darum ist noch nicht alles Mögliche von Gott. Wenn die neutestamentliche Überlieferung über jene Zeitspanne zwischen der Volljährigkeit und dem öffentlichen Auftreten Jesu nichts berichtet, so darum, weil es darüber nichts zu berichten gab, was für Jesu Sendung irgendwie von Bedeutung gewesen wäre.

Die Bergpredigt

Sind die Forderungen der Bergpredigt erfüllbar oder nicht? Diese Frage hat die Christenheit durch ihre Geschichte begleitet, von den Tagen der Urgemeinde an bis in unsere Gegenwart. Und sie hat verschiedene, teilweise widersprüchliche Antworten darauf gegeben, abgestuft von einem radikalen Ja bis zu einem energischen Nein:

1. Die Bergpredigt fordert »nur« eine neue Gesinnung, fragt aber nicht nach der Möglichkeit ihrer Verwirklichung. – Richtig daran ist, daß die innere Umkehr für Jesus in der Tat die Voraussetzung allen Tuns bildet, falsch aber, daß es ihm nicht auf das Tun ankomme.

2. Die Bergpredigt will »nur« ein Spiegel sein, in dem der Mensch seine Sünde erkennt und seine Zuflucht dann zum Kreuz Christi nimmt. – Richtig daran ist, daß die Bergpredigt dem Menschen in der Tat sein sündiges Wesen und Tun

vor Augen hält, falsch aber, daß sie damit auf Jesu Kreuzestod verweisen wolle.

3. Die Bergpredigt richtet sich »nur« an einen elitären Kreis, an solche, die mit ganzem Ernst Christen sein wollen. – Richtig daran ist, daß die Jüngergemeinde in der Tat der Adressat der Bergpredigt ist, falsch aber, daß es innerhalb ihrer eine Abstufung gibt zwischen den einen, für die nur die Zehn Gebote (mandata) gelten, und den anderen, die sich zum »großen Gehorsam« auch gegenüber den radikalen Forderungen der Bergpredigt (consilia evangelica) verpflichtet haben.

4. Die Bergpredigt gilt »nur« für das private Leben des einzelnen Christen, nicht jedoch für sein öffentliches, »amtliches« Tun im Staat und in der Gesellschaft (Lehre von den zwei Reichen). – Richtig daran ist, daß die Bergpredigt sich in der Tat an den einzelnen wendet, falsch aber, daß ihre Forderungen keinerlei Bedeutung für sein Handeln im politischen und sozialen Umfeld haben.

5. Die Bergpredigt verkündet »nur« eine »Interimsethik«, gültig allein angesichts des nahe bevorstehenden Weltendes. – Richtig daran ist, daß die Forderungen der Bergpredigt in der Tat im Licht des kommenden Reiches Gottes stehen, falsch aber, daß das bevorstehende Weltende das entscheidende Motiv für das Handeln der Menschen bilde.

6. Die Bergpredigt gilt für alle Lebensbereiche; sie kann aber »nur« verwirklicht werden, wenn man sie zur Grundlage einer Gesetzgebung macht, die dann doch wieder mit Gewalt durchgesetzt wird.

Die geschichtliche Erfahrung lehrt, daß man die Welt weder *mit* der Bergpredigt noch *gegen* sie regieren kann.

Alle Versuche, die Bergpredigt zur Grundlage des politischen und sozialen Handelns zu machen, sind immer wieder gescheitert. Entweder blieb die Erfüllung ihrer Forderungen nur auf eine kleine Lebensgemeinschaft beschränkt, die abgesondert von der übrigen Gesellschaft, jedoch in deren Schutz lebte, oder die Bergpredigt wurde zur politischen Utopie, die, mit Gewalt durchgesetzt, wieder nur grausame Unterdrückung erzeugte und schließlich im Chaos endete. Umgekehrt aber führte die totale Mißachtung der Bergpredigt im öffentlichen Leben genauso zu Unmenschlichkeit und Untergang.

Nicht mit der Bergpredigt, nicht gegen die Bergpredigt – wie aber dann? Aus diesem Dilemma gibt es keinen Ausweg, sondern nur einen ungefähren Weg hindurch, und es gibt Wegzeichen, die, ausgeworfenen Bojen gleich, drohende Untiefen anzeigen und so eine ungefähre Fahrrinne markieren, in der eine gewisse Navigationsbreite möglich ist:

1. Die Forderungen der Bergpredigt dürfen nicht in allgemeine ethische Maximen oder praktikable politische Handlungsanweisungen verwandelt werden. In ihnen sind der Glaube an Gott und die Liebe zum Nächsten zu einer unauflöslichen Einheit verbunden. Darum bildet die von Jesus gepredigte »Umkehr« in jedem Fall die Voraussetzung für ihre Erfüllung.

2. Die Forderungen der Bergpredigt zielen nicht nur auf eine neue Gesinnung, sondern wollen konkret praktiziert sein. Darum darf man sie nicht von vornherein als weltfremd abtun, sondern man muß sich auf sie einlassen. Ausdrücklich heißt es am Ende der Bergpredigt. »Wer diese meine Worte hört und tut sie...« Dieses Tun freilich geschieht im Horizont der ausgebliebenen Wiederkunft Christi und deshalb in einer noch unerlösten Welt. Aus diesem Grunde bricht sich das absolute Liebesgebot der Bergpredigt ständig in den Strukturgesetzen des jeweiligen Handlungsraumes. Über die Tat-

sache dieses Bruches sollte es unter Christen keinen Streit geben; gestritten werden muß freilich immer neu über den Grad des Brechungswinkels. Aber allein im konkreten Tun wird sich erweisen, was möglich und was unmöglich ist. Daß es keine »Patentlösungen« gibt, ist richtig, darf aber nicht zur Ausrede werden und zur Gleichgültigkeit verführen.

3. Statt sich mit der Unerfüllbarkeit der Bergpredigt zu entschuldigen und sich dabei zu beruhigen, soll sich die Christenheit durch ihre Nichterfüllung aufstören und beunruhigen lassen und dadurch ihrerseits wieder zu einer Unruhe in der Gesellschaft werden. Die Christenheit befindet sich hier in einem Lernprozeß. Die »Fahrrinne« ist im Vergleich zu früheren Zeiten sehr viel schmaler geworden und damit die einst erlaubte oder auch nur unerlaubt angemaßte Navigationsbreite nur noch eine enge Durchfahrt.

4. Wer die Forderungen der Bergpredigt nicht erfüllt, nimmt in jedem Falle Schuld auf sich; auch wenn er an die Vergebung seiner Schuld durch Gott glaubt, so hüte er sich doch, auf Christi Kreide zu zechen.

Der Prozeß Jesu

Der Prozeß Jesu läßt sich in seinem Verlauf nicht mehr genau rekonstruieren. Irgendwelche Protokolle oder Augen- und Ohrenzeugenbrichte gibt es nicht, und die verschiedenen Darstellungen in den Evangelien weichen voneinander ab. Würde man sie trotzdem kombinieren, so ergäbe sich folgender Verlauf:

Innerjüdischer Bereich:
Voruntersuchung durch Hannas, den immer noch einfluß-

reichen Schwiegervater des amtierenden Hohenpriesters
Kaiphas, als Einzelrichter.
Nächtlicher Vorprozeß unter Kaiphas.
Vollsitzung des Hohen Rats in der Morgenfrühe, endend mit
der Auslieferung Jesu an den römischen Statthalter Pontius
Pilatus.

Jüdisch-römischer Bereich:
Verhör durch Pilatus.
Zwischenspiel: Überstellung Jesu an seinen zum Passahfest
in Jerusalem weilenden Landesherrn Herodes Antipas.
Verurteilung zum Tod durch Pilatus.

Dieser Prozeßverlauf ist möglich, aus vielerlei Gründen jedoch wenig wahrscheinlich. Fraglich sind vor allem zwei
Episoden: die Voruntersuchung durch Hannas und die Befra-
gung Jesu durch Herodes Antipas. Auch wenn Hannas nach
seiner Absetzung als Hoherpriester noch immer ein einfluß-
reicher Mann war, ist dennoch kaum anzunehmen, daß er vor
dem Vorprozeß unter dem Vorsitz des amtierenden Hohenpriesters Kaiphas noch eine Voruntersuchung geführt hat.
Wahrscheinlich haben die Evangelisten aus Unkenntnis über
die jüdischen Verhältnisse die Namen der beiden Hohenpriester durcheinandergebracht. Ebenso fraglich ist, ob der Prozeß vor Pontius Pilatus durch die Überstellung Jesu an Herodes Antipas unterbrochen wurde – obwohl nicht erklärbar
ist, wie diese Szene in die Überlieferung hineingeraten
konnte.

Aber mögen die Berichte der vier Evangelisten auch im
einzelnen widersprüchlich und teilweise sogar unwahrscheinlich sein, so ist ein historisch sicherer Kern doch klar
erkennbar. Juden und Römer haben bei der Verurteilung Jesu
zusammengewirkt. Entsprechend fanden zwei Verhandlun-

gen statt: Zunächst ein nächtliches Verhör Jesu unter Vorsitz des amtierenden Hohenpriesters Kaiphas. Dieses endete mit einer Art Vorverurteilung, die jedoch keine Rechtskraft besaß, weil die Juden kein Todesurteil fällen durften. Um ein solches zu erwirken, wurde Jesus vom Hohen Rat als politisch gefährlich an den römischen Prokurator Pontius Pilatus ausgeliefert. Vor ihm fand dann die eigentliche Gerichtsverhandlung statt; sie endete mit der rechtskräftigen Verurteilung Jesu als eines politischen Aufrührers. Dieser historisch zuverlässige Kern enthält alles Wissensnotwendige. Er bildet die »Hauptsache«, die die Evangelisten dann, ein jeder in seiner Art und aufgrund des ihm zuhandenen Materials, jedoch an keiner Stelle phantastisch, ausgemalt haben, so daß ihre Berichterstattung als »sachlich richtig« gelten kann. Johannes hat den Prozeß vor Pilatus am weitesten ausgestaltet, damit aber zugleich auch den theologischen Kernpunkt am deutlichsten herausgearbeitet.

Die Datierung des Abendmahls und des Todes Jesu

Ob das Abschiedsmahl, das Jesus mit seinen Jüngern gehalten hat, ein Passahmahl war, hängt von der Datierung ab – und hier gehen die vier Evangelien auseinander.

Alle vier Evangelisten stimmen darin überein, daß Jesus am Freitag in der Osterwoche gestorben ist. Aber nach den Synoptikern ist dies bereits der erste Passahtag (15. Nisan) gewesen, nach Johannes hingegen erst der Rüsttag vor dem Passah (14. Nisan). Ein Ausgleich zwischen beiden Überlieferungen ist nicht möglich. Da das Todesjahr Jesu nicht exakt zu datieren ist, bleibt auch die Bestimmung des Tages – ob 14. oder 15. Nisan – unsicher. Sie läßt sich nur indirekt aus den Texten erschließen. Und hier hat die johanneische Überlieferung die höhere Wahrscheinlichkeit auf ihrer Seite. Für den 14. beziehungsweise gegen den 15. Nisan spricht:

– daß weder die Juden noch die Römer am ersten Passahtag Gericht gehalten und gar ein Todesurteil vollstreckt hätten;

– daß Simon von Kyrene, den die Soldaten zwingen, Jesus sein Kreuz nachzutragen, von der Arbeit auf dem Feld zurückkehrt, daß also Werktag ist (Markus 15,21);

– daß einige Leute Waffen tragen, was am Feiertag verboten war (Markus 14,47; Lukas 22,38).

So ist anzunehmen, daß Jesus am 14. Nisan gekreuzigt wurde, daß dies der Rüsttag vor dem Passah war und nicht der erste Passahtag. Dieser begann erst nach Sonnenuntergang und war in jenem Jahr ein Sabbat.

Für das letzte Mahl Jesu mit seinen Jüngern ergibt sich aus dieser Datierung, daß es kein Passahmal war. Johannes bringt überhaupt keinen Abendmahlsbericht, dafür hat die wunderbare Speisung der 5000 bei ihm fast schon sakramentalen Charakter (Johannes 6); anstelle des Abendmahls berichtet er die Fußwaschung (13, 1 ff.). In der synoptischen Überlieferung aber fehlen gerade die für die Feier des Passahmahls charakteristischen Riten, vor allem das gemeinsame Essen des am Nachmittag im Tempel geschlachteten Lammes. Immerhin wird man nicht davon absehen können, daß das letzte Mahl Jesu mit seinen Jüngern am Vorabend des Passahfestes stattfand und damit schon in seinem Licht stand.

Auch die von Jesus beim Abendmahl gesprochenen Einsetzungsworte stimmen in der synoptischen Überlieferung nicht wörtlich genau überein. Sie sind bereits durch die Liturgie der späteren Mahlfeiern in den christlichen Gemeinden beeinflußt und infolgedessen verschieden formuliert. Insge-

samt aber weisen sie auf den Tod Jesu am nächsten Tag und
auf das messianische Freudenmahl im Reich Gottes hin.

So ergibt sich folgende Datierung:

14. Nisan (Donnerstag / Freitag): Am Abend das Abschiedsmahl Jesu mit seinen Jüngern – Gebetskampf und Verhaftung
in Gethsemane – Verhör vor dem Hohen Rat unter dem Hohenpriester Kaiphas.

15. Nisan (Freitag): In der Morgenfrühe Auslieferung Jesu an
den römischen Prokurator Pontius Pilatus – Prozeß und Verurteilung zum Tode – Kreuzigung und Begräbnis.

Insgesamt haben Verhaftung, Verhör, Prozeß, Verurteilung, Kreuzigung und Tod Jesu keine 24 Stunden gedauert.

Jesu Worte am Kreuz

Insgesamt werden in den Evangelien sieben verschiedene
Worte Jesu am Kreuz überliefert.

Nach Markus und Matthäus stirbt Jesus mit dem Ruf:
»Mein Gott, mein Gott, warum hast du mich verlassen?«
(Markus 15,34; Matthäus 27,46) Es ist das einzige Kreuzes-
wort, das diese beiden Evangelien enthalten. Daß die Gemeinde ein solches Wort von ihrem Herrn überliefert, ist in
der Religionsgeschichte einmalig und läßt daher auf historische Echtheit schließen.

Lukas bietet drei verschiedene Kreuzesworte. Gleich zu
Anfang, unmittelbar nach seiner Kreuzigung, bittet Jesus
Gott um Vergebung für seine Feinde: »Vater, vergib ihnen;
denn sie wissen nicht, was sie tun.« (23,34) Sodann spricht er
zu dem mit ihm verurteilten Verbrecher, der seine Schuld
bereut: »Wahrlich, ich sage dir: Heute wirst du mit mir
im Paradies sein.« (23,43) Und er stirbt schließlich mit

den Worten: »Vater, ich befehle meinen Geist in deine Hände!« (23,46)

Johannes überliefert ebenfalls drei Worte Jesu am Kreuz. Zu seiner Mutter und seinem »Lieblingsjünger« spricht er, sie in einer Art letztwilliger Verfügung aneinander weisend: »Frau, siehe, das ist dein Sohn!« und »Siehe, das ist deine Mutter!« (19,26 f.) Später sagt er dann noch einmal: »Mich dürstet« (19,28), und er stirbt mit dem Wort: »Es ist vollbracht!« (19,30)

Diese sieben Kreuzesworte bieten sicher keine wortwörtlich zuverlässige Überlieferung. Sie sind auch zu verschieden, als daß sich einfach eines an das andere reihen ließe. Trotz dieser Verschiedenheit aber stimmen sie darin überein, daß sie alle Jesu unverbrüchliche Einheit mit seinem Vater bezeugen. Hier ist einer gestorben, der das doppelte Liebesgebot vollkommen erfüllt hat: Er hat Gott über alles geliebt und seinen Nächsten wie sich selbst. Darum hat die Gemeinde dem Gekreuzigten diese Worte zu Recht in den Mund gelegt. Sie sind zwar nicht im Wortlaut, wohl aber in der Sache echt.

Hoheitstitel und Würdenamen Jesu

Alle ernsthaften Forscher, die sich heute um das Problem des historischen Jesus bemühen, ob Neutestamentler, Historiker oder Dogmatiker, stimmen – trotz der Verschiedenheit ihrer Ansatzpunkte und vielfacher Nuancierungen, ja Gegensätze im einzelnen – im Entscheidenden überein. Diese Übereinstimmung drückt sich zunächst in zwei negativen Feststellungen aus.

Einerseits denkt niemand mehr daran, Jesus nur als Vorbild und Lehrer, als Verkündiger der Botschaft vom Reich Gottes in dem Sinne zu nehmen, daß sich der Botschafter von der Botschaft abtrennen ließe und die Botschaft nun auch ohne den Botschafter als eine allgemeine, zeitlose Wahrheit Kraft, Geltung und Dauer besäße. Vielmehr sehen alle Jesus und seine Verkündigung, die Person und die Botschaft, als eine unauflösliche Einheit an. Sein Wort setzt sein Dabeisein, sein Glaube seine Person voraus. Wenn irgendwo in der Geschichte, dann gilt hier, daß Person und Werk nicht voneinander zu trennen sind.

Andererseits denkt aber auch niemand mehr daran, Jesu Botschaft und Geschichte aus seiner »Messianität« oder »Gottessohnschaft« als einem vorgegebenen Glaubens- und Vorstellunggefüge abzuleiten, ohne welches diese Botschaft und Geschichte sinnlos und unverständlich wäre. Jesus hat seine Würde nicht zu einem eigenen, vorgängigen Thema seiner Verkündigung gemacht und seine Sendung nicht von einem vorgegebenen Amt her legitimiert. Er hat also nicht etwa gesagt: Ich bin der »Messias« oder der »Sohn Gottes« oder der »Menschensohn«, und weil ich das bin, darum müßt ihr mir glauben und das und das tun.

Wir haben keinen sicheren Beweis dafür, daß Jesus einen der Hoheitstitel, die ihm von der Gemeinde in den Mund gelegt worden sind, selbst für sich in Anspruch genommen hat, weder den des Messias noch den des Gottessohnes noch den des Menschensohnes. Was den Titel »Menschensohn« betrifft, so spricht meines Erachtens viel dafür, daß Jesus ihn für sich gebraucht und in seinem Licht seine Sendung verstanden hat. Man könnte sagen: Er hat die aus der Apokalyptik (Daniel, Henoch) stammenden Hoheitsaussagen über den Menschensohn mit der deuterojesajanischen Vorstellung vom leidenden Gottesknecht (Jesaja 53) kombiniert und auf sich bezogen. Das ist gewiß mehr existentiell im Erleben und

Handeln als in rational-theologischer Reflexion geschehen. Aber ich kann mir nicht denken, daß Jesus nicht auch über sich nachgedacht haben soll. Eine sichere Entscheidung ist jedoch auch hier nicht möglich.

Aber wie immer es sich damit verhalten mag – angesichts des neutestamentlichen Überlieferungsbefundes ist die einst von der Leben-Jesu-Forschung so wichtig genommene Frage nach dem messianischen Selbstbewußtsein Jesu und nach den Würdetiteln, die er für sich in Anspruch genommen hat, historisch und theologisch gleicherweise irrelevant.

Doch das ist keineswegs nur ein negatives, sondern im Gegenteil ein höchst positives Ergebnis. Denn gerade die Tatsache, daß Jesus niemals den Anspruch auf Messianität erhoben hat, ist außerordentlich charakteristisch und bestätigt die Besonderheit seiner Erscheinung. Zugleich ist sie ein Beweis dafür, daß der verborgene indirekte Anspruch, der in all seinem Reden, Handeln und Verhalten liegt, nicht von anderen erfunden sein kann, sondern auf ihn selbst zurückgeht. Denn eben damit unterscheidet er sich sowohl von der zeitgenössischen jüdischen Erwartung als auch von der späteren Verkündigung seiner eigenen Gemeinde. Jesus hat nicht ein Zukunftsbild vom Reich Gottes entworfen, in dem er selbst die entscheidende endzeitliche Rettergestalt ist, sondern er hat »das in der Gegenwart Nötige getan« (Ernst Käsemann). Und er hat nicht über sein Selbstbewußtsein geredet und irgendeinen Titel beansprucht, sondern er hat einfach gelebt und verwirklicht, wozu er sich von Gott berufen wußte.

Es handelt sich sozusagen um eine »Christologie im Vollzug«: Das »Messianische« liegt *in* Jesu Reden und Tun, in der ganzen Art seines Auftretens. Darum hat man ihm den Messiastitel später auch nicht einfach von außen übergestülpt, sondern ihn zu Recht aus seiner geschichtlichen Erscheinung abgeleitet.

Historisch-theologische Erwägungen zur Auferstehung Jesu

Wer den neutestamentlichen Zeugnissen von der Auferstehung Jesu unvoreingenommen begegnet, muß zwei Tatsachen konstatieren.

Die *erste* ist, daß sich innerhalb des Jüngerkreises Jesu in kurzer Zeit ein auffälliger Stimmungsumschwung vollzogen hat. Einen Eindruck von der Stimmung der Jünger nach dem Tode Jesu vermittelt noch die Erzählung von den beiden Emmausjüngern (Lukas 24,13–35), auch wenn sie sonst sicher stark legendäre Züge aufweist oder überhaupt im ganzen eine Legende ist. Die beiden Jünger, die sich auf dem Weg nach Emmaus befinden, machen keinen »Osterspaziergang«, sondern setzen sich von Jerusalem ab. Sie streichen die letzten Jahre ihres Lebens durch. Sie sind traurig, enttäuscht und ohne Hoffnung. Die Sache mit diesem Jesus aus Nazareth hat sich wieder einmal als ein Irrtum erwiesen: »Wir aber hofften, er sei es, der Israel erlösen würde.«

Dasselbe gilt auch von den anderen Jüngern Jesu. An Auferstehung denkt von ihnen keiner. Genau das Gegenteil ist der Fall. Sie geben die Sache ihres Herrn verloren, sie drängen sich voller Furcht zusammen, sie sind ratlos, am Ende.

Doch kurze Zeit darauf – und das Bild hat sich gewandelt. Dieselben Jünger, die sich eben noch versteckt haben oder davongelaufen sind, weil ihnen die Sache Jesu verloren schien, sind wieder beieinander, predigen öffentlich davon und sind sogar bereit, dafür ins Gefängnis, ja in den Tod zu gehen: »Wir können's ja nicht lassen, daß wir nicht reden sollten von dem, was wir gesehen und gehört haben.«

Selbst der römische Geschichtsschreiber Tacitus, ein in Sachen des Christentums unfreundlicher und daher unverdächtiger Zeuge, schreibt in seinen »Annalen«, nachdem er von der Hinrichtung Jesu durch den Prokurator Pontius Pilatus berichtet hat: »Trotz solcher augenblicklichen Schwächung kam der verderbliche Aberglaube wieder auf.« (XV, 44)

Wie ist dieser Wandel zu erklären: Zuerst ein Bild des Scheiterns – Ratlosigkeit, Furcht, Flucht und Verstummen – und alsbald darauf genau das Gegenteil davon, die unaufhaltsame Verkündigung Jesu in aller Welt?

Auch der unvoreingenommene Historiker muß zugeben, daß inzwischen etwas geschehen sein muß, das diesen Umschwung verständlich macht – etwas, das die Jünger wieder von Galiläa nach Jerusalem zurückführt, das sie zu neuer Aktivität motiviert, das sie den Entschluß zur »christlichen« Predigt fassen läßt und zur Gründung einer Gemeinde veranlaßt. Ohne dieses »Etwas« bleibt die Entstehung der christlichen Kirche unverständlich.

Was ist nun dieses »Etwas«, das dies alles bewirkt hat?

Damit stehen wir vor der *zweiten* Tatsache, die der Historiker zu konstatieren hat. Petrus und die anderen Jünger behaupten nach dem einhelligen Zeugnis des Neuen Testaments, daß Jesus nicht im Tode geblieben, sondern auferstanden sei. Wohlgemerkt, der Historiker kann nicht konstatieren, daß Jesus auferstanden ist. Denn »Auferstehung« ist kein historisches Ereignis im strengen Sinne mehr, sondern sprengt die Grenzen der Geschichte, so gewiß alle Geschichte ihre Grenze am Tode hat. Der Historiker kann darum immer nur feststellen, Petrus und die anderen Jünger behaupteten, daß Jesus auferstanden und ihnen erschienen sei. Diese Behauptung der Jünger ist das Letzte, das sich konstatieren läßt. Was man darüber hinaus noch tun kann, ist, daß man die neutestamentlichen Berichte über die Erscheinungen des Auferstandenen mit den Mitteln und Maßstäben der historischen Kritik untersucht.

Berichte über Erscheinungen des Auferstandenen finden sich im Neuen Testament eine ganze Reihe, sowohl in den Schlußkapiteln aller vier Evangelien als auch bei dem Apostel Paulus. Der älteste und zuverlässigste Bericht steht *1. Korinther 15,3ff.* Dort schreibt *Paulus*:»Ich habe euch als Hauptstück überliefert, was ich selbst auch übernommen habe: daß Christus gestorben ist für unsere Sünden nach den Schriften, daß er begraben worden ist und daß er erschienen ist dem Kephas, dann den Zwölfen. Danach erschien er über fünfhundert Brüdern auf einmal, von denen die meisten jetzt noch leben; einige aber sind entschlafen. Danach erschien er dem Jakobus, dann allen Aposteln. Zuletzt von allen aber, gleichsam als der Fehlgeburt, erschien er auch mir.«

Dieser Bericht ist ebenso exakt wie knapp; er klingt beinahe monoton wie eine Liste. Eigentlich enthält er nur eine Aufzählung der grundlegenden Erscheinungen Jesu. Paulus leitet ihn mit der Versicherung ein, daß er hier nur weitergebe, was er selbst bereits übernommen habe. Das heißt, daß wir es hier mit altem, zur Formel geprägtem und dadurch konserviertem Traditionsgut zu tun haben , das zeitlich über Paulus hinaus zurückweist.

Der 1. Korintherbrief ist im Frühjahr 56 oder 57 von Paulus in Ephesus geschrieben worden, also etwa 25 Jahre nach Jesu Tod. Der Tod Jesu fällt in das Jahr 30 oder 33; die Bekehrung des Paulus hat etwa drei Jahre danach, zwischen 33 und

35, stattgefunden. Paulus wird die von ihm zitierte Bekennt-
nisformel bald nach seiner Bekehrung, entweder noch in Damaskus selbst oder etwas später in Antiochien oder Jerusalem, übernommen haben. Zwischen ihrer Entstehung und
den durch sie überlieferten Ereignissen liegt also nur eine
kurze Zeitspanne; sicher waren es nicht mehr als zehn Jahre,
wahrscheinlich aber weniger.

Das bedeutet: Wir reichen mit dem Bericht des Paulus
chronologisch ganz nahe an die Erscheinungen des Auferstandenen selbst heran, so nahe, wie dies nur bei wenigen
Ereignissen der antiken Geschichte der Fall ist. Damit unterscheidet sich die Auferstehung Jesu auch grundlegend von
der Auferstehung anderer Kultgottheiten, die man damals
feierte und verehrte. Ihre »Auferstehungen« weisen in eine
nebelhafte mythische Ferne; sie sollen irgendwann und irgendwo und irgendwie einmal stattgefunden haben, vielleicht auch gar nicht.

Hinzu kommt eine zweite Sicherung in dem von Paulus
überlieferten Bericht. Er nennt die Namen von Zeugen und
fügt ausdrücklich hinzu, daß die meisten von ihnen noch am
Leben seien – das mußte seinen Bericht der Kontrolle aussset-
zen. Überdies hat Paulus die Hauptzeugen auch persönlich gekannt. Er hat Petrus und Jakobus im Anfang seiner Laufbahn
in Jerusalem aufgesucht und ist auch später wieder mit ihnen
zusammengetroffen. Sollten bei diesen Begegnungen nicht
auch jene entscheidenden Ereignisse und Erfahrungen, auf die
sich die christliche Predigt gründete, zur Sprache gekommen
sein? Das kann man sich kaum vorstellen. Paulus war also über
das, was er weitergibt, aus erster Hand informiert.

Mithin handelt es sich bei den im Bericht des Paulus überlieferten Ereignissen um klare, bestimmte historische Fakten.
Wer ihre Zuverlässigkeit trotzdem bezweifelt, muß eigent-

lich die gesamte neutestamentliche Jesus-Überlieferung bezweifeln, und nicht nur diese.

Die historische Zuverlässigkeit des Berichtes, den Paulus von den Erscheinungen des Auferstandenen gibt, wird noch durch eine weitere Beobachtung gestützt. Am Ende desselben 1. Korintherbriefes zitiert Paulus den aramäischen Gebetsruf »Maranatha – komm, Herr!«. Wenn Paulus im Brief an eine griechisch sprechende Gemeinde einen aramäischen Gebetsruf gebraucht, so beweist dies, daß es sich hier um eine allgemein bekannte, auch von den griechischen Gemeinden verstandene, also festgeprägte Formel gehandelt haben muß. Eine solche Formel aber kann nicht auf griechischem Sprachboden entstanden sein – denn wie sollte eine griechische Gemeinde dazu kommen, eine aramäische Gebetsformel zu prägen? Das zwingt dann aber zu dem Schluß, daß Jesus nicht erst in Antiochien – beim Übergang des Christentums in die Welt des Hellenismus und also unter dem Einfluß bestimmter Vorstellungen der griechischen Religion – zum »Herrn« erhöht worden ist, sondern bereits in der aramäisch sprechenden Urgemeinde als der erhöhte Herr angerufen und verehrt wurde. Mit anderen Worten: Die Entstehung des Osterglaubens läßt sich mit Sicherheit in Jerusalem lokalisieren. Wieder kommen wir damit chronologisch ganz nahe an das Ereignis selbst heran.

Im Vergleich zur paulinischen Überlieferung sind die *Ostergeschichten,* die die *vier Evangelien* enthalten, zeitlich jünger und vor allem historisch unzuverlässiger. Sie bieten zwar eine Fülle konkreter Einzelangaben; bei näherem Zusehen zeigt sich jedoch, daß diese das Werk frommer Ausmalung sind. Und so enthalten die neutestamentlichen Ostergeschichten viele legendäre Züge, Widersprüche, Unstimmigkeiten und Ungereimtheiten. Aus ihnen den Ablauf der Ereignisse nach dem Karfreitag zuverlässig zu rekonstruieren, ist ein äußerst heikles, wenn nicht hoffnungsloses Unternehmen.

In den Ostererzählungen aller vier Evangelien kommt das *leere Grab* vor. Während die Erscheinungsgeschichten die Auferstehung Jesu positiv bezeugen, tun es die Grabesgeschichten gewissermaßen negativ von der Entdeckung her, daß das Grab Jesu leer gewesen sei. Aber die Entdeckung des leeren Grabes läßt sich nicht als ein ausschlaggebendes Argument für die Auferstehung Jesu ins Feld führen. Vielmehr ist den Grabesgeschichten gegenüber sowohl historische Vorsicht als auch theologische Einsicht geboten.

Historisch hat das leere Grab keine zulängliche Beweiskraft. Denn die Tatsache, daß das Grab leer gewesen ist, könnte ja auch anders gedeutet werden und ist im Laufe der Geschichte auch mehr als einmal böswillig mißdeutet worden, nämlich als ein geschickter Betrug der Jünger: Sie seien es gewesen, die das Grab leergemacht hätten – sprich: die den Leichnam Jesu gestohlen und beiseite geschafft hätten –, um auf diese Weise die verlorene Sache ihres Herrn für sich zu retten.

Aber auch *theologisch* hat das leere Grab für den christlichen Osterglauben nicht jene Bedeutung, die seine Verfechter ihm beimessen. Auf keinen Fall kann man den Glauben an die Auferstehung Jesu durch den Glauben an das leere Grab stützen, denn das hieße, einen Glauben durch den anderen zu sichern. Was könnte das leere Grab auch schließlich anderes beweisen als die Rückkehr eines Toten in die diesseitige Welt? Rückkehr von Toten in das Leben aber kennt man auch sonst im mythischen Bereich; Wiedergänger kommen in vielen Sagen vor. Jesus Christus aber ist kein Wiedergänger.

Nirgendwo in den neutestamentlichen Evangelien wird die Auferweckung Jesu als Ereignis im Vollzug beschrieben, etwa wie der Verschlußstein vom Grab weggerollt wird und

Jesus heil aus dem Grab heraustritt. Es wird gleichsam immer nur das Ergebnis der Auferweckung mitgeteilt: in den Erscheinungsgeschichten, daß die Jünger den Herrn »gesehen« hätten, in den Grabesgeschichten, daß das Grab leer gewesen sei. Das bedeutet, daß wir Nachricht von der Auferstehung Jesu nur durch die Glaubenszeugnisse der Jünger haben, mithin, wie von aller göttlichen Offenbarung in der Bibel, nur den Reflex des Ereignisses, seine Widerspiegelung und Deutung im gläubigen Bewußtsein.

Allen neutestamentlichen Zeugnissen ist es eigen, daß sie das Wirklich- und Wirksamwerden der Auferstehung Jesu an den Glauben binden. Die Wahrheit des Ostergeschehens erschließt sich nicht dem historischen Wissen, sondern allein dem Glauben. Dieser Zusammenhang zwischen Auferstehung und Glaube wird durch eine überraschende Beobachtung bestätigt: Alle Erscheinungen des Auferstandenen, die im Neuen Testament berichtet werden, geschehen vor solchen, die glauben, oder richtiger, vor solchen, die in diesem Geschehen zu Glaubenden werden. Von niemandem wird berichtet, daß ihm der Auferstandene erschienen sei, ohne daß er eben dadurch zu einem Zeugen der Auferstehung geworden wäre. Damit wird das Wesen der Erscheinungen deutlich: Sie setzen nicht den Glauben an den Auferstandenen voraus, sondern sie schaffen ihn; durch sie vollzieht sich die Entstehung des Glaubens an den Auferstandenen. Denen, die nicht glauben, »erscheinen diese Worte, als wären's Märchen«. Darum werden auch im ganzen Neuen Testament, im Gegensatz zu den »apokryphen«, das heißt den nicht in den biblischen Kanon aufgenommenen Evangelien, keine Erscheinungen Jesu vor neutralen Zeugen oder gar vor seinen Gegnern erzählt, etwa vor den Schriftgelehrten, dem Hohenpriester, Pontius Pilatus oder dem Hohen Rat. Es bedarf der Öffnung des Auges durch den Glauben, wenn der Auferstandene erkannt werden soll. Vorher sind die Augen der Menschen »gehalten«, wie es von den beiden Emmausjüngern heißt. Aber sie zeigen auch, wie diese Öffnung des Auges, also die Entstehung des Glaubens gerade durch die Erscheinung des Auferstandenen geschieht.

Wie zurückhaltend die neutestamentlichen Berichte trotz aller legendären Ausschmückungen sind, lehrt beispielhaft ein Vergleich mit dem apokryphen »Petrusevangelium«. Es kann gar nicht genug Zeugnisse und Beweise häufen, um die Tatsächlichkeit der Auferstehung Jesu vor aller Augen sichtbar und handgreiflich zu demonstrieren. Es scheut auch nicht davor zurück, den Vorgang der Auferstehung Jesu selbst zu beschreiben. Die Soldaten, Ältesten und Schriftgelehrten, die sich vor dem gleich siebenfach versiegelten Grab versammelt haben, sehen »drei Männer« aus dem Grabe herauskommen, und die zwei stützen den einen, und ein Kreuz folgt ihnen nach. Und bei den zweien reicht das Haupt bis zum Himmel, das des von ihnen Geleiteten aber ragt über die Himmel hinaus. Und sie hörten eine Stimme aus den Himmeln rufen: »Hast du den Entschlafenen gepredigt?« Und vom Kreuze her erscholl die Antwort: »Ja!«

Zu der weitverbreiteten Scheu, die Erscheinungen des Auferstandenen als »Visionen« der Jünger zu bezeichnen, besteht kein Anlaß. Denn der Begriff »Vision« beinhaltet ja, daß es sich hier um etwas handelt, was man nicht aus sich selbst hervorbringt, sondern was einem von außen widerfährt. Gegen den Verdacht, daß es sich bei der Auferweckung Jesu nur um ein Phantasieprodukt der glaubenden Gemeinde handelt, hilft die Abweisung des Visionsbegriffs im übrigen gar nichts.

Hier steht Aussage gegen Aussage: Der Unglaube behauptet, die Auferstehung Jesu sei nur die – bewußte oder unbewußte – Realisierung eines Wunschbildes gewesen. Die Jünger hätten eben so stark unter dem Eindruck der Persönlichkeit Jesu gestanden, daß sie einfach nicht glauben konnten, daß er tot sei – er war zu groß, um sterben zu können.

Dem hält der Glaube entgegen, daß die Jünger beim Tode Jesu in keiner Weise für den Glauben an seine Auferstehung »disponiert« gewesen seien; sie hätten keinerlei Anlaß zu der Einbildung gehabt, daß er leben würde. Aber wie die Entscheidung über die Wahrheit nicht im historischen Zirkel fällt, so auch nicht im psychologischen.

Das Bekenntnis der Christenheit zur Auferweckung Jesu lautet nicht: Der Herr ist *tatsächlich* auferstanden, sondern: Er ist *wahrhaftig* auferstanden! Darin kommt zum Ausdruck, daß es sich hier nicht um eine historische Feststellung, sondern um eine Glaubensaussage handelt. Entscheidend ist allein, daß Jesus von Nazareth sich dem Glauben als lebendig und bleibend erweist.

Daß »Jesus lebt«, wird nicht durch historische Forschungen und theologische Spekulationen bewiesen, sondern allein durch »Erweise des Geistes und der Kraft« beglaubigt. Wo immer Menschen im Neuen Testament an die Auferstehung Jesu glauben, dort »tut sich etwas« in ihrem Leben: Besitz wird geteilt, Wahrsagebücher werden verbrannt, Gemeinschaft entsteht neu, Angst und Leid werden bestanden, Menschen sind bereit, für die Wahrheit ins Gefängnis und in den Tod zu gehen.

Christlicher Osterglaube bewahrheitet sich nicht darin, ob einer ein bestimmtes wunderbares Ereignis der Vergangenheit für wahr hält, sondern wie er die gegenwärtige Wirklichkeit der Welt wahrnimmt: ob er an den von Jesus von Nazareth erfahrenen und verkündeten Gott glaubt.

Auch hier gilt die Mahnung Lessings: »Die Religion ist nicht wahr, weil die Evangelisten und Apostel sie lehrten: sondern sie lehrten sie, weil sie wahr ist. Aus ihrer inneren Wahrheit müssen die schriftlichen Überlieferungen erklärt werden, und alle schriftlichen Überlieferungen können ihr keine Wahrheit geben, wenn sie keine hat.«

Nachweis der Bibelzitate

Zwischen den Zeiten

Der Anfänger des Glaubens

S. 91 Gleichnis vom reichen Kornbauern: Lk 12,16–21
»Wo euer Schatz ist...«: Mt 6,21
Gleichnis vom Schatz im Acker: Mt 13,44
S. 92 Gleichnis von der kostbaren Perle: Mt 13,45 f.
Gleichnis vom großen Abendmahl: Mt 22,1–10; Lk 14,16–24
S. 93 Gleichnis vom Feigenbaum: Lk 13,6–9
S. 94 Gleichnis vom ungerechten Verwalter: Lk 16,1–12
»Dies Geschlecht wird nicht vergehen«: Mt 24,34; Mk 13,30; Lk 21,32
»Es stehen einige hier«: Mt 16,28; Mk 9,1; Lk 9,27
»Von dem Tag und von der Stunde«: Mt 24,36; Mk 13,32
S. 95 »Heute, wenn ihr seine Stimme hört«: Hebräer 3,15 (Psalm 95,8)

Der Meister: Gottes Anspruch

S. 96 Motti: Joh 13,13; Mt 4,19 (Mk 1,17; Lk 5,10)
S. 98 »Die Füchse haben ihren Bau«: Mt 8,20; Lk 9,58
»Es ist niemand...«: Mt 19,29 f.; Mk 10,29 f.; Lk 18,29 f.
»Wenn ihr alles getan habt«: Lk 17,10
S. 99 »Laßt die Toten ihre Toten begraben«: Lk 9,60; Mt 8,22
S. 100 »Wer seine Hand an den Pflug legt...«: Lk 9,62
Der reiche Jüngling: Mt 19,16–22; Mk 10,17–23; Lk 18,18–27
S. 101 »Wer kann gerettet werden?«: Mt 19,23–26; Mk 10,24–27; Lk 18,25–27
»Einer nur ist euer Meister«: Mt 23,10
»Wer sich selbst erhöht...«: Mt 23,12
S. 102 Rangstreit der Jünger: Mt 20,20–28; Mk 10,35–45; Lk 22,24–27
»Wer mir nachfolgen will...«: Mt 6,24 f.; Mk 8,34 f.; Lk 9,23 f.

S. 103 f. Maria und Martha: Lk 10,38–42
S. 104 f. Weltgerichtsrede: Mt 25,31–46
S. 106 Salz der Erde: Mt 5,13; Mk 9,50; Lk 14,34 f.
Licht der Welt: Mt 5,15–16; Mk 4,21; Lk 8,16
Stadt auf dem Berge: Mt 5,14

Der Freund: Gottes Menschlichkeit

S. 107 Motti: Mt 9,13; Mk 2,17; Lk 5,32; Mt 11,19; Lk 7,34
»Wer zu mir kommt...«: Joh 6,37
S. 108 »Kommt her zu mir alle«: Mt 11,28
S. 109 »Nicht die Gesunden bedürfen des Arztes«: Mk 2,17; Lk 5,31–32; Mt 9,12
S. 110 »Dieser nimmt die Sünder an«: Lk 15,2
»Der Menschensohn ist gekommen«: Lk 19,10; Mt 18,11
Gleichnis vom verlorenen Schaf: Lk 15,3–7
Gleichnis von der verlorenen Münze: Lk 15,8–10
S. 111 ff. Gleichnis vom verlorenen Sohn: Lk 15,11–32
S. 115 f. Salbung durch die Sünderin: Lk 7,36–50
S. 116 f. Disput über die Ehescheidung: Mt 19,1–12; Mk 10,1–12
S. 117 f. Ehebrecherin: Joh 8,3 ff.
S. 118 ff. Die Syrophönizierin: Mt 15,21–28; Mk 7,24–30
S. 121 »Er ißt mit Zöllnern und Sündern«: Mk 2,16; Mt 9,11; Lk 5,30
S. 122 »Nicht die Gesunden...«: Lk 5,31; Mt 9,12; Mk 2,17
Zachäus: Lk 19,1–10
S. 123 f. Speisung der 5000: Mt 14,13–21; Mk 6,32–44; Lk 9,10–17; Joh 6,1–15
S. 125 f. Gleichnis von Pharisäer und Zöllner: Lk 18,9–14
S. 126 f. Gleichnis von den Arbeitern im Weinberg: Mt 20,1–15
S. 128 f. Von der Vergebung (»Der Schalksknecht«): Mt 18,23–35

S. 129 »Wie oft muß ich meinem Bruder vergeben?«: Mt 18,21 f.

Der Heiland: Gottes Allmacht

S. 130 Motto: Lk 4,18 f. (Jesaja 61,1.2)
S. 130 f. Heilung des Gelähmten: Mt 9,1–8; Mk 2,1–12; Lk 5,17–26
S. 132 f. »Wer hat gesündigt?«: Joh 9,1 ff.
Predigt in Nazareth: Lk 4,16–30; Mt 13,53–57; Mk 6,1–4
S. 134 Hauptmann von Kapernaum: Mt 8,5–13; Lk 7,1–10
S. 135 f. Heilung eines epileptischen Knaben: Mk 9,14–29; Mt 17,14–21; Lk 9,37–43
S. 136 Heilung der zehn Aussätzigen: Lk 17,11–19
S. 137 f. Austreibung eines Dämons in der Synagoge: Lk 4,31–37; Mk 1,21–28
S. 138 f. Streitgespräch über die Dämonenaustreibungen: Mk 3,22–30; Mt 12,22–32; Lk 11,14–23
S. 139 Sünde wider den Heiligen Geist: Mk 3,29 f.; Mt 12,31–32; Lk 12,10
S. 140 Bildwort vom Sperling und Kopfhaar: Mt 10,29 f.; Lk 12,6 f.
S. 140 ff. »Sorget nicht!«: Mt 6,25–34; Lk 12,22–32
S. 143 Die ermordeten Galiläer: Lk 13,1–5
S. 144 »Alles, was ihr bittet«: Mt 21,22
»Bittet, so wird euch gegeben…«: Mt 7,7 f.; Lk 11,9 f.
»Welcher Mensch ist unter euch?«: Mt 17,9–11; Lk 11,11–13
S. 145 Gleichnis vom Richter und der Witwe: Lk 18,1–8
Vom Beten, Almosengeben und Fasten: Mt 6,1–8.16–18
S. 146 ff. Das Vaterunser: Mt 6,9–15; Lk 11,2–4

Der Befreier: Gottes Liebe

S. 150 Motti: Joh 1,18; 8,36
S. 150 ff. Gleichnis barmherziger Sa-

mariter: Lk 10,25–37
S. 153 Das Doppelgebot der Liebe: Mt 22,34–40; Mk 12,28–31; Lk 10,25–28
»Die Wahrheit wird euch frei machen«: Joh 8,32
S. 156 »Mensch, wenn du weißt…«: Einfügung der Handschrift D vor Lk 6,5
Tempelsteuer: Mt 17,24–27
S. 157 »Was zum Mund eingeht«: Mt 15,10–20; Mk 7,14–23
S. 158 Ährenabreißen am Sabbat: Mt 12,1–8; Mk 2,23–28; Lk 6,1–5
S. 159 Heilung einer verkrüppelten Hand am Sabbat: Mt 12,9–14; Mk 3,1–6; Lk 6,6–11
»Wer unter euch…«: Mt 12,11 f.
S. 160 »Kommt her zu mir alle«: Mt 11,28–30
S. 161 Heuchelei der Schriftgelehrten und Pharisäer: Mt 23,1–33
S. 162 Niemand setzt einen alten Flicken…«: Mt 9,16 f.; Mk 2,21 f.; Lk 5,36–39

Der Lehrer: Gottes Gerechtigkeit

S. 163 Motto: Mt 5,20
Einleitung zur Bergpredigt: Mt 5,1–2
S. 164 f. Seligpreisungen: Mt 5,3–12; Lk 20,20–23
S. 166 »Denkt nicht, ich sei gekommen«: Mt 5,17 f.
S. 167 f. »Siehe, es kommt die Zeit«: Jeremia 31,31–33
»Ihr habt gehört – ich aber sage euch«: 5. Gebot: Mt 5,21–26 – 6. Gebot: Mt 5,27–32; 8. Gebot: Mt 5,33–37
S. 168 ff. Rechts- und Gewaltverzicht: Mt 5,38–42; Lk 6,29–30
S. 170 f. Gebot der Feindesliebe: Mt 5,43–48; Lk 6,27–28.32–36
S. 171 »Richtet nicht!«: Mt 7,1–5; Lk 6,37–42
Die Goldene Regel: Mt 7,12; Lk 6,31
S. 172 »Darum seid vollkommen«: Mt 5,48

Die Entstehung des Christentums

In den Historisch-kritischen Exkursen (S. 273 ff.) sind die Stellenangaben jeweils beigefügt.

Register der neutestamentlichen Bibelstellen

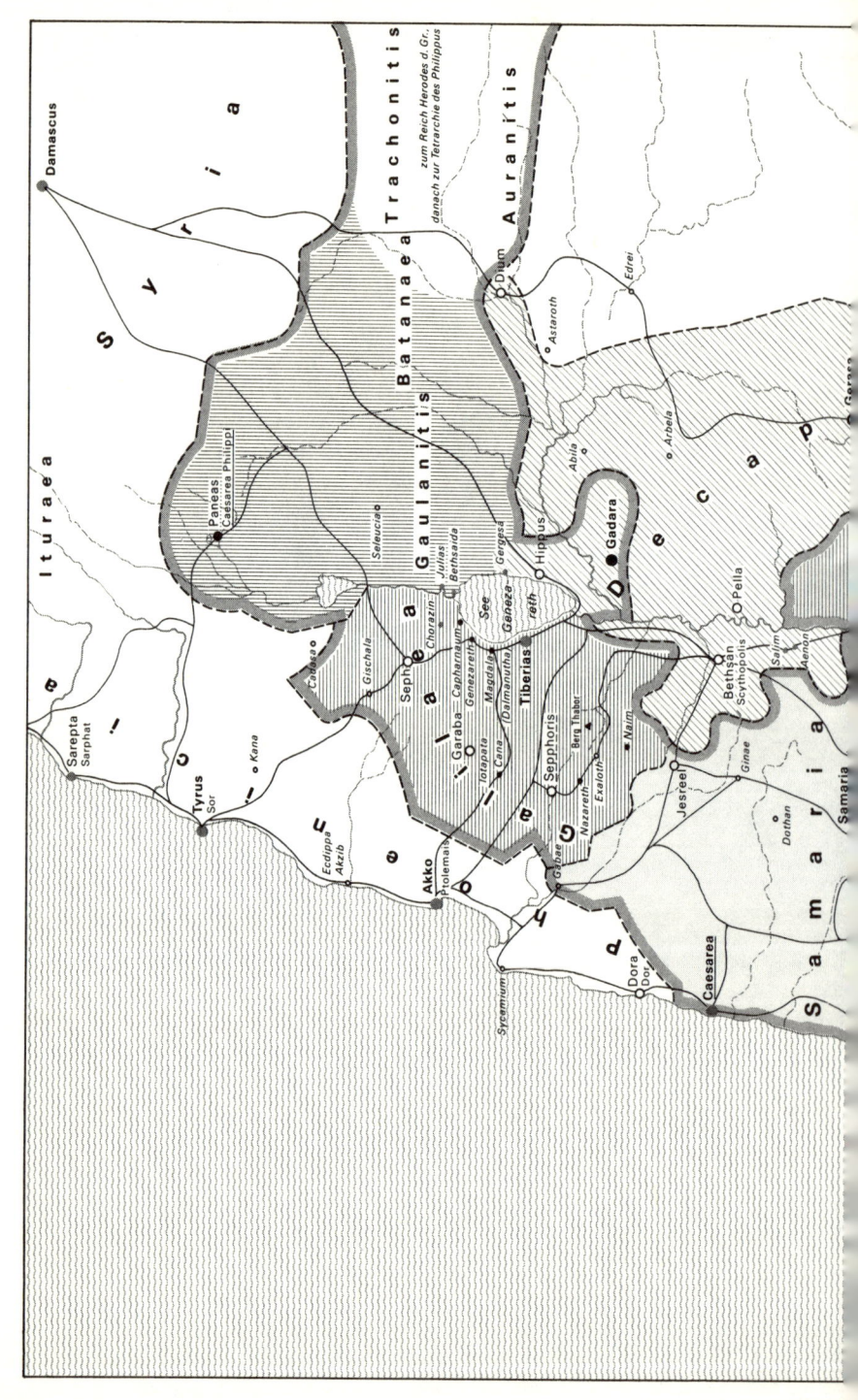

Damascus

S y r i a

Trachonitis

Batanaea

zum Reich Herodes d. Gr.
danach zur Tetrarchie des Philippus

Auranitis

Dium

Astaroth

Edrei

Gerasa

I t u r a e a

Paneas
Caesarea Philippi

Seleucias

Gaulanitis

Abila

Arbela

D e c a p

Sarepta
Sarphat

Kana

Chorazin
Caphernaum

Julias
Bethsaida

Gergesa

Hippus

Gadara

Pella

Tyrus
Sor

Gischala

Garaba

Genezareth

See
Genezar

Keth

Bethsan
Scythopolis

Salim

Aenon

Cadasa

Sepha

Magdala

Dalmanutha

Tiberias

Ecdippa
Akzib

Jotapata

Cana

G a l i l a e a

Ben Thaber

Ginae

Samaria

Akko
Ptolemais

Sepphoris

Nazareth

Naim

Jesreel

Ginae

Dothan

S a m a r i a

Gabae

Exaloth

Dora
Dor

Caesarea

Sycaminum

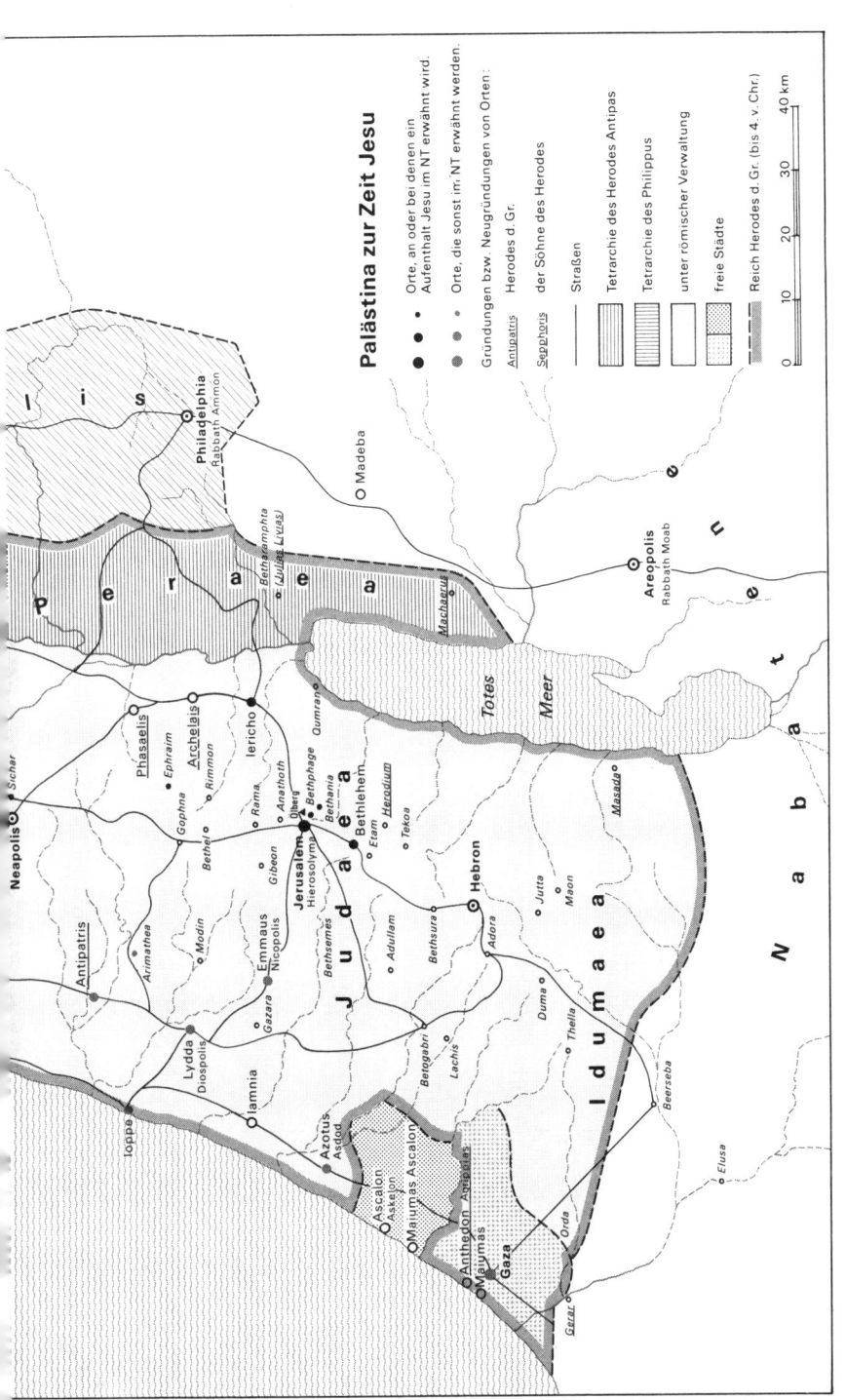

Palästina zur Zeit Jesu

- ● Orte, an oder bei denen ein Aufenthalt Jesu im NT erwähnt wird.
- ○ Orte, die sonst im NT erwähnt werden.

Gründungen bzw. Neugründungen von Orten:

- *Antipatris* ● Herodes d. Gr.
- *Sepphoris* ● der Söhne des Herodes
- —— Straßen

Tetrarchie des Herodes Antipas

Tetrarchie des Philippus

unter römischer Verwaltung

freie Städte

Reich Herodes d. Gr. (bis 4. v. Chr.)

0 10 20 30 40 km

Heinz Zahrnt

Wie kann Gott das zulassen?
Hiob – Der Mensch im Leid.
2. Aufl., 13.Tsd. 1985. 96 Seiten. Serie Piper 453

Wann immer heute von Gott die Rede ist, ist auch vom Leid
in der Welt die Rede, stellt sich die uralte Menschheitsfrage:
Leiden – wie kann das Gott zulassen?
Ist er nicht mächtig oder nicht gütig genug, das Leiden des
Menschen zu verhindern?
Heinz Zahrnt hat sich bei seinem Versuch einer Antwort
vom biblischen Buch Hiob, einer der großen Dichtungen
der Weltliteratur, leiten lassen: Hiob wird zum Urbild des
leidenden Menschen in der Welt. Ausgelöst durch ein
furchtbares persönliches Schicksal, geht es im Buch Hiob
(und entsprechend in Zahrnts Buch) um die Frage
nach dem Wesen der Religion und ihrem Sinn und Wert,
ja Nutzen für die Menschheit.

Vom gleichen Autor ist lieferbar:

Aufklärung durch Religion
Der dritte Weg. 1980. 122 Seiten. Serie Piper 210

Westlich von Eden
Zwölf Reden an die Verehrer und die Verächter der
christlichen Religion. 1981. 238 Seiten. Kart.

PIPER